O QUE OS MÉDICOS NÃO CONTAM

Matt McCarthy

O QUE OS MÉDICOS NÃO CONTAM

Entre a Razão e o Coração, as Confissões de um Jovem Médico

Tradução
Flávio Ricardo Vassoler

nVersos

Nota do autor:
Esta é uma história verdadeira, e as pessoas sobre as quais eu escrevi são reais. No entanto, para garantir a privacidade dos pacientes, ao longo do livro, nomes, datas e detalhes pessoais foram alterados para se a manter a confidencialidade dos temas tratados. Em determinada ocasião, uma personagem fictícia foi utilizada.

Diretor Editorial e de Arte: Julio César Batista
Produção Editorial: Carlos Renato
Preparação: Juliana Queiroz
Revisão: Richard Sanches
Arte da capa: Carlos Renato
Editoração Eletrônica: Vivian Kaori

Dados Internacionais de Catalogação na Publicação (CIP)
(Câmara Brasileira do Livro, SP, Brasil)

McCarthy, Matt
O que os médicos não contam : entre a razão e o coração, as confissões de um jovem médico /
Matt McCarthy; tradução Flávio Ricardo Vassoler. --
São Paulo : nVersos, 2016.
Título original: *The real doctor will see you shortly: a physician's first year.*

ISBN 978-85-8444-111-2
1. Estudantes de Medicina - Nova York (Estado) - Nova York - Biografia 2. Internos e residentes (Medicina) - Nova York (Estado) - Nova York - Biografia 3. McCarthy, Matt I. Título.

16-08729 CDD-610.92

Índices para catálogo sistemático: 1. Médicos : Biografia 610.92

1ª edição – 2016
Esta obra contempla o Acordo Ortográfico da Língua Portuguesa
Impresso no Brasil
Printed in Brazil

nVersos Editora Av. Paulista, 949, 18º andar 1311-917 – São Paulo – SP
Tel.: 11 3382-3000
www.nversos.com.br
nversos@nversos.com.br

Para Heather

Sumário

PRÓLOGO

Tudo começou com uma casca de banana.

Após anos de estudos tranquilos em livrarias, laboratórios e salas de aula da Escola de Medicina de Harvard, finalmente, no verão de 2006, fiz a drástica mudança para a vida hospitalar. O terceiro ano do curso de Medicina marca uma despedida surpreendente das ilusões acadêmicas em termos de grupos de estudos e de aprovação/reprovação em exames. Estava transtornado de ansiedade. Eu mal conseguia dormir. Não tinha certeza sobre como lidaria com críticas destrutivas, já que eu era famoso por ser muito "sensível".

Minha primeira atribuição foi em cirurgia, um trabalho árduo de três meses, com 120 horas de trabalho semanal, no Hospital Geral de Massachusetts, que foi projetado para identificar os verdadeiros futuros cirurgiões em nossa classe de aproximadamente 165 alunos. No primeiro dia, eu fui designado para a equipe do raquítico Axel, um cirurgião residente do quinto ano que tinha olhos penetrantes, com olheiras, e um pomo-de-adão inusitado que fazia meus olhos saltarem enquanto ele falava. Axel bem que poderia ser descrito como um membro dos mortos-vivos: ele havia trocado a melhor parte da juventude por aulas de treinamento cirúrgico e não tinha certeza de ter feito uma troca justa.

Pouco depois de ser apresentado a Axel, na cafeteria, ele me mostrou uma casca de banana, depois a partiu em duas e disse: "Você não botará as mãos em nenhum dos meus pacientes até que tenha suturado devidamente essa casca de banana". Axel enfiou a mão no bolso traseiro da calça, me entregou uma agulha e linha e disse: "Vá achar algum lugar para fazer isso e, por favor, pare de ranger os dentes".

No começo, eu não sabia o que fazer; com certeza, nenhum dos outros estudantes de medicina tinha recebido essa tarefa, e eu não conhecia tão bem assim o lugar que chamávamos de o "Maior Hospital do Homem" para encontrar alguém que pudesse me ajudar. Eu segurei a casca com cuidado, como se ela fosse um pássaro ferido, e comecei a vagar pelos longos corredores, espreitando as salas a esmo. Por fim, voltei à sala onde o dia havia começado – a biblioteca cirúrgica –, onde um assistente administrativo nos havia dado uma dúzia de *folders* com um uma lista das expectativas do trabalho. Não havia qualquer menção a cascas de bananas.

Enquanto eu inspecionava a sala, repleta de retratos de homens que eu deveria conhecer (mas não conhecia), lembrei-me de algo que um professor frustrado havia dito recentemente: "Quando um paciente está tendo um ataque cardíaco, o instinto de um estudante de Harvard é sair correndo não para o lado do paciente, mas para a biblioteca, para ler mais sobre a natureza da dor peitoral. Nunca faça isso". E no entanto, ali estava eu, cercado de livros, em vez de pacientes.

Peguei um livro da estante e comecei a folheá-las. O que meus colegas de classe estariam fazendo naquele momento? Aprendendo a fazer esterilização cirúrgica? Auxiliando uma apendicectomia? Removendo vesículas biliares? Isso é o que eu esperava estar fazendo: cirurgia de verdade, e não me metendo com frutas. Será mesmo que aquilo tudo estava à minha espera? Eu olhei para a casca de banana e suspirei.

Provavelmente, eu poderia remendar a casca com alguns nós básicos de cadarço de sapato, mas não era essa a tarefa. A sutura envolve um conjunto específico de técnicas para dar nós que deixam rastros muito pequenos de sua existência, como seria esperado em um paciente que precisasse deles para fechar uma ferida. Mas as instruções que eu encontrei nos livros não estavam ajudando. As páginas estavam repletas de descrições detalhadas de estruturas anatômicas misteriosas e representações artísticas de cirurgias intestinais complexas, coisas que, naquele contexto, eram muito avançadas para mim.

Com base em minhas tentativas incipientes, a casca de banana me renderia um processo por imperícia e negligência. Uma miscelânea de soluções pululava em minha mente: *Pagar um estudante de cirurgia já escolado para que ele me mostre como suturar? Usar algum tipo de supercola para restaurar a casca? Alegar que eu havia usado pontos que se dissolveram?*

Eu ouvi uma batida à porta e fechei o livro. Uma voz de fora da biblioteca me chamou: "Ei, quer ajuda?".

Abri a porta e vi um homem calvo, com óculos de uma fina armação de metal, sentado em uma cadeira de rodas.

"Oi", eu disse, como se estivesse recebendo alguém que não havia sido convidado para jantar. Presumi que se tratava de um paciente perdido, até que o homem entrou na sala e acendeu um segundo conjunto de luzes. "Meu nome é Charlie", ele disse. "Você deve ser o..."

"Matt. Sou um dos novos estudantes de Medicina."

Seu rosto brilhou, e ele tirou os óculos. "Charlie McCabe", ele disse. "Prazer em conhecê-lo."

Eu tremi quando ouvi aquele nome. McCabe havia sido um dos mais promissores cirurgiões de sua geração quando começou a residência no Hospital Geral de Massachusetts (HGM), na década de 1970. Ao final do treinamento, ele foi aceito pelo programa de capacitação em subespecialidade cardiotorácica do HGM, mas, pouco antes de se graduar, começou a desenvolver um formigamento nas mãos. Pouco tempo depois, foi diagnosticado com esclerose múltipla e ficou impossibilitado de operar. Depois do diagnóstico, McCabe começou a ensinar cirurgia para os estudantes de Medicina e, agora, liderava a ala cirúrgica do HGM. Ele havia sido agraciado com o título de professor do ano da Escola de Medicina de Harvard em várias ocasiões, e todos conhecíamos sua biografia comovente.

"Você está alguns minutos adiantado", ele disse. "Eu estava para mandar uma mensagem para vocês. Nós vamos revisar alguns princípios básicos da cirurgia."

Quando me sentei, busquei um lugar para colocar a casca de banana.

"Está buscando uma lata de lixo?", McCabe perguntou, movendo a cabeça em direção ao grande receptáculo no canto da sala.

"O meu, hum..., o meu residente me deu isso hoje..."

"O Axel e suas cascas de banana." McCabe balançou a cabeça de um lado para o outro.

"Pois é..."

"Pois tente, e se você não conseguir, eu te mostro como fazer."

"Sério?"

"Tente."

Nos três dias seguintes, eu me dirigi à sala cirúrgica às seis da manhã para passar horas frustrantes mutilando a casca de banana, cada vez mais mole e enegrecida. Ao final do terceiro dia, eu fui falar com McCabe perto da entrada do hospital.

"Conseguiu?", ele perguntou. Eu lhe mostrei a casca; ele a viu e disse: "Vamos para a minha sala".

Quando entramos em sua sala, eu me sentei, e McCabe me deu um kit de sutura que ele mantinha em sua mesa. "A técnica é crucial", ele disse. "Você é destro ou canhoto?"

"Canhoto."

"*Southpaw*!",[1] ele exclamou. "Muito bem."

A última vez que haviam me chamado assim tinha sido em um campo de beisebol, quando a vida parecia me levar em uma direção bem diferente. Antes de conhecer McCabe, eu havia passado quatro anos no time de Yale, sonhando com a carreira de atleta profissional. Uma semana depois da graduação, em 2002, fui selecionado pelo Anaheim Angels, na 21ª rodada da seleção para a liga principal de beisebol e fui parar em um time da liga secundária, em Provo, Utah.

Logo se tornaria evidente, no entanto, que nosso herói não estava destinado a uma carreira esportiva. E foi durante aquele verão dedicada a uma busca para me encontrar, ainda na liga secundária, que eu me dei conta de algo que a minha irmã havia dito durante a nossa infância, na Flórida: eu era um dos poucos atletas que

1 A expressão *southpaw* (pata do sul) se refere ao lutador canhoto, que tem como base o pé e a mão direita à frente. A mão direita, sendo a mais fraca e com menos domínio, fica à frente da esquerda, que tem mais força, e a ideia é resguardar o soco da mão com mais domínio para tentar nocautear o oponente. (N. do T.)

não ficavam bem com um boné de beisebol. Então, quando minhas limitações como jogador de fato despontaram, me inscrevi na faculdade de Medicina. Harvard me aceitou no mesmo mês em que fui cortado pelo *Anaheim Angels*.

As mãos de McCabe tremiam enquanto ele colocava as minhas mãos, sobre a casca de banana e aproximava as extremidades dela. Aquela sensação me dava arrepios – o que eu tentava esconder. McCabe parecia tão delicado quanto a casca de banana. Mas, apesar do tremor, ele se movia com grande destreza. Sua confiança e perícia não haviam diminuído, e eu podia imaginar, naquele momento, como ele devia ter sido bom em seu ofício. "Não dê uma picada muito grande", disse McCabe, referindo-se à profundidade da inserção da agulha. "Mas tenha confiança, seja assertivo."

Eu fiz uma sutura, e ele balançou a cabeça. "Não está ruim nem está bom. Tente novamente." Eu recolhi a agulha e busquei um novo caminho. "Você está pensando", ele disse. "Não pense, faça." Fiz outra sutura, e a casca voltou a se unir. "Perfeito!" Eu lembrei rapidamente da cena da cerâmica no filme *Ghost*. O que a princípio me pareceu desajeitado logo se tornou confortável. A casca foi suturada em alguns minutos. "Você tem um talento inato", ele disse. "Acho que temos um cirurgião florescendo em nossas mãos."

O elogio acalmou meu estômago revolto. Ter aprendido algo tão rapidamente me trouxe um pouco da confiança que eu havia sentido com o beisebol, antes de me distanciar das ligas mais importantes e começar a ouvir dos treinadores que eu não tinha o talento necessário. É verdade que ainda havia um longo caminho a ser percorrido na faculdade de Medicina, mas esse tipo de afago vindo de alguém como McCabe me abria uma porta para um possível futuro.

Passei a admirar a casca de banana desagradável e combalida e mostrei-a ao Axel no dia seguinte, durante o café da manhã que tomamos antes de amanhecer. "Muito bem", ele disse, segurando delicadamente a casca sobre o seu prato de panquecas. "Você está quase pronto para o show."

Enquanto eu ouvia o elogio, pensava sobre a sala de cirurgias e o "show". Eu me imaginava extraindo e suturando calmamente uma vítima de violência ferida por bala.

"Vamos esclarecer algumas regras por aqui." Axel murmurava, enquanto devorava a comida. "Um: você deve ser sempre o primeiro a se higienizar. Dois: não fale, a menos que seja interpelado. Três: vista um par limpo de luvas cirúrgicas, diariamente, e tenha sempre uma camisa e uma gravata em seu armário para os dias em que houver clínica."

"Anotado." Eu comecei a escrever "gravata" em minha mão.

"Por favor, não escreva em suas mãos."

Nós terminamos nossas panquecas e, quando Axel descartou sua bandeja e a combalida casca de banana, eu me dei conta, não sem uma ponta de tristeza, de que eu havia me afeiçoado a ela. Enquanto nos dirigíamos à sala de operações, ele colocou a mão direita sobre o meu ombro esquerdo e me parou. Ele era alto e rijo, sem ser impositivo.

"Vou lhe dizer algumas palavras de sabedoria", ele disse, "palavras que me foram ditas quando eu me tornei um cirurgião. Considere-as um guia de sobrevivência do cirurgião". Eu fechei meus olhos brevemente, indicando a ele que eu estava pronto a absorver o que estava por vir. "Quando você puder comer, coma. Quando você puder dormir, durma. Quando você puder foder, foda. Mas não foda com o pâncreas."

Com a casca de banana devidamente suturada, Axel começou a me passar uma série de tarefas cada vez mais complexas. Fui convidado para a sala de operações e me permitiram comandar o laparoscópio enquanto Axel removia órgãos doentes, e pouco tempo depois era eu quem estava extraindo o apêndice ou a vesícula biliar (mas não o pâncreas, é claro). Parecia que a faculdade de Medicina era como o beisebol ou as artes: neófitos que mostravam atitude recebiam mais atenção dos instrutores e eram colocados em melhores posições para ter sucesso.

Na sala de emergências do Hospital Geral de Massachusetts, eu aprendi a suturar a pele humana. Meus primeiros pacientes foram uma série de vítimas inconscientes de acidentes automobilísticos precisando de alguns pontos nos braços ou nas pernas, e eu me emocionava ao ver feridas abertas se fechando com regularidade conforme o fio as transpassava. A partir daí, passei para pacientes conscientes, e logo estava suturando rostos. Conforme o terror dos olhos dos meus pacientes cedia, meu terror também se esvaía. A primeira face lacerada com a qual eu lidei era de uma mulher cujo lábio havia sido mordido por seu tucano. Axel enfatizou a importância de alinhar devidamente seu lábio antes de dar o primeiro ponto.

"Se a borda avermelhada do lábio estiver mal alinhada", ele disse, manipulando seus lábios, "ela ficará permanentemente desfigurada. Agora, vamos lá, mãos à obra".

Suturar pessoas logo se revelou um ofício sofisticado, ou talvez uma arte, para a qual eu poderia me devotar. Tal ofício despontava como uma tela repleta de microdecisões, mas havia sempre a solução ideal para cada questão cirúrgica – a maneira correta de alinhar as bordas de uma ferida, o melhor lugar para dar o primeiro ponto. Era possível ver como cirurgiões com aptidão dominavam a técnica por meio da repetição, como eles chegavam a brincar sobre como eram capazes de fazer certas cirurgias enquanto dormiam.

O processo de restaurar mexia profundamente comigo. Dia após dia, eu vasculhava a sala de espera em busca de lacerações, de modo a desenvolver minhas habilidades. Eu percebi que o meu papel como estudante promissor também havia afetado

Axel. Ele parecia menos temerário, menos veemente, e logo passou a me presentear com fragmentos de sabedoria com uma crescente frequência:

"Não use gravata borboleta para trabalhar antes dos quarenta anos. Ela faz com que você pareça arrogante e leviano."

"Cirurgiões de trauma não se preocupam com consultas de acompanhamento após a operação."

"Não cague onde você come."

"Não compre uma moto."

Ao fim do terceiro mês na ala cirúrgica, Charlie McCabe me chamou em sua sala. Enquanto eu tirava o kit de sutura do meu bolso traseiro para que eu pudesse me sentar, ambos olhamos para o ponto em sua mesa junto ao qual ele havia me mostrado como usar a agulha e a linha. McCabe tirou seus óculos e, de forma estabanada, limpou as lentes com um lenço.

"Vamos direto ao ponto", ele disse. "Você tem talento. Eu conversei com o Axel e com os meus colegas. Eu mesmo vi a sua capacidade." Dei um sorriso. "Ao meu ver, você só poderia estar louco se quisesse fazer outra coisa além de passar o resto da sua vida na sala de operações." Eu tive formação católica, e apesar de ter parado de ir à igreja à época da universidade, as palavras de McCabe me ungiram como se o aspersório estivesse me borrifando com água benta. "Mas eu não vou mentir para você", ele prosseguiu. "É algo difícil. A essa altura, você precisa se fazer uma pergunta bastante básica e, talvez, enganosa: 'Será que eu consigo me ver feliz se não for um cirurgião?'"

Até esse momento, eu havia me esforçado muito para fazer Charlie McCabe feliz. Mas, aos 26 anos, sentado à sua frente eu sabia que a resposta a essa pergunta era, provavelmente, sim. Eu nunca havia considerado ter uma vida cirurgião até algumas semanas atrás e, ainda que eu gostasse do trabalho – tudo era novo e emocionante –, eu não estava convencido de que a cirurgia era a minha vocação. Agora, eu conseguia acordar às 4h15 da madrugada, mas e quando eu tivesse quarenta anos? Ou, então (suspiro...), aos cinquenta? Nenhum dos cirurgiões que eu conhecia parecia, de fato, feliz. Mas quem é feliz?

Axel era alguém que eu admirava, mas ele não era alguém que eu invejasse. Nas poucas vezes em que pude ouvir suas conversas ao telefone, ele não estava fazendo planos, ele os estava desfazendo. Sua maneira brusca e as olheiras sob seus olhos abriam uma fresta pela qual se uma vida difícil e estressante, e que eu não sabia se era para mim.

"Eu gosto de estar na sala de operações", eu disse de forma hesitante. McCabe era um homem que havia treinado alguns dos melhores cirurgiões do país. Eu não queria estragar uma oportunidade que poderia mudar minha vida, mas eu também não queria ser desonesto com ele e comigo. Eu ia estragar tudo. "Eu posso lhe responder mais tarde?", perguntei.

McCabe olhou para sua mesa e sorriu, de maneira espirituosa. "Mas é claro", ele disse suavemente, "é lógico".

As habilidades que eu havia desenvolvido na cirurgia – suturar, utilizar um laparoscópio, colocar um clipe em uma artéria desobediente – são as minhas melhores memórias da faculdade de Medicina. Eu detinha um conjunto de capacidades intrincado e altamente especializado, mas ele não tinha muita utilidade duas semanas depois de ter acabado a graduação na Faculdade de Medicina de Harvard, em junho de 2008, enquanto eu me preparava para enfrentar minha primeira noite na Unidade de Cuidados Cardíacos do Centro Médico da Universidade de Columbia.

Parte I

Carl Gladstone acordou na zona oeste de Manhattan, nas primeiras horas da manhã do dia 18 de junho de 2008. Como era seu costume, o professor começou a preparar o café e logo foi tomar banho. Após aparar seu bigode e inspecionar sua fina cabeleira castanha, ele se lembrou de uma questão que estava lhe incomodando. Será que, de fato, ele se parecia com Theodore Roosevelt, como um de seus alunos havia dito recentemente?

Gladstone pegou sua pasta e o boné dos Yankees e saiu de seu apartamento, no bairro de Hell's Kitchen, Nova York, rumo ao seu escritório. Um trem em direção ao norte o deixou em uma universidade no condado de Westchester, onde ele havia passado toda a sua carreira acadêmica ensinando contabilidade. Depois de verificar um e-mail, dar uma olhada na classificação dos Yankees, e agonizar por conta da única coisa que poderia levá-lo mais cedo à aposentadoria – criar novas questões para suas provas –, Gladstone se levantou, ajeitou a camisa para dentro da calça e caminhou pelo corredor até uma sala de aula vazia.

Enquanto os alunos iam chegando para a aula das onze horas, Gladstone começou a escrever metodicamente na lousa. Satisfeito com seu trabalho, ele virou a cabeça para ver a sala. Então limpou a garganta para chamar a atenção dos estudantes. Nesse momento, ele sentiu uma pontada em seu braço direito.

Algum tempo depois, ele estava caído no chão.

Os estudantes mais sagazes abandonaram suas mochilas e telefones e se puseram em ação; eles chamaram uma ambulância e, apesar de algumas dúvidas momentâneas, tais como "Será que a gente deve fazer respiração boca a boca no nosso professor?", um jovem começou a ressuscitação cardiopulmonar (RCP). Depois de várias tentativas desajeitadas de compressão peitoral, Gladstone recobrou a consciência tão rapidamente quanto a havia perdido. Ele se levantou, afastou-se dos estudantes e pediu a todos que voltassem para seus lugares.

Em alguns minutos, a ambulância chegou. Após regatear um pouco com os técnicos da emergência médica, Gladstone reconheceu que ainda senti uma dor peitoral e concordou em ser transportado para o Centro Médico da Universidade de Columbia. Enquanto a ambulância seguia em disparada, os médicos e as enfermeiras da emergência começaram a receber notificações sobre a chegada iminente de Gladstone, e, quando a maca despontou pelas portas da sala de emergência, um cardiologista já esperava por ele.

As enfermeiras prontamente colocaram doze condutores de eletrocardiograma em seu peito, enquanto a equipe o transferia da maca da ambulância para uma cama da emergência. Gladstone certamente não tinha consciência dos relatórios incomuns que os condutores do eletrocardiograma estavam gerando a apenas alguns centímetros da sua cabeça. O relatório, que se parecia com um sismógrafo em vermelho e branco, ia sendo analisado pelo cardiologista ao lado de sua cama.

Ele revelava ondas vastas e irregulares que iam se planificando em vez de formarem cumes pontiagudos, algo conhecido como *tombstoning*,[2] por conta de suas graves implicações prognósticas. Um grande segmento de seu coração perdera, súbita e inesperadamente, o fluxo sanguíneo.

Ao ver os *tombstones*, o cardiologista informou à equipe da sala de emergência que não havia tempo para raios x e exames de sangue. Gladstone foi rapidamente levado para a sala escura, no andar de cima – o laboratório de cateterismo cardíaco –, onde uma equipe de cardiologistas intervencionistas começou a trabalhar em seu coração falho e convulsivo. Tentando buscar ar, Gladstone foi rapidamente sedado, e um grande tubo chamado cateter cardíaco foi introduzido em sua virilha, passando a serpentear ao longo de sua aorta. Um médico injetou corante através do cateter e das veias cardíacas, e a imagem foi projetada na tela de um monitor para que a equipe a observasse. Alguns acenos silenciosos começaram a despontar conforme a imagem ficava clara. A principal artéria coronária esquerda estava bloqueada – uma anormalidade conhecida como lesão faz-viúvas –, e os cardiologistas rapidamente a abriram, inflando e desinflando um pequeno balão que havia em um fio-guia, ao fim do cateter.

O tempo para o tratamento é crítico; a restauração da corrente sanguínea na artéria obstruída é o ponto chave para as recuperações de curto e longo prazo nos pacientes que sofrem ataques cardíacos. Os hospitais passaram a ser avaliados pelo tempo que decorre entre a chegada do paciente à sala de emergência e o balão ser inflado dentro da artéria entupida. De acordo com a Associação Norte-Americana de Cardiologia, o prazo para a introdução do balão não deve ultrapassar noventa minutos.

Depois de o cardiologista-intervencionista sênior ter considerado o procedimento bem-sucedido, Gladstone, ainda sedado, foi colocado em outra maca e transportado para a Unidade de Cuidados Cardíacos, que ficava no quinto andar do hospital e na qual havia dezoito vagas para pacientes cardíacos que necessitavam de monitoramento contínuo. O dr. Gladstone viveria para ver outro dia, e, felizmente, ele não faria parte da danosa estatística que inclui aqueles colocados sob os cuidados de um médico que estava praticando a medicina havia menos de uma semana, ou de um médico que não sabia interpretar um dado clínico sutil e potencialmente devastador: eu.

2

Ao ver um novo paciente sendo levado de cadeira de rodas para a Unidade de Cuidados Cardíacos, eu logo me levantei da cadeira.

"Calma", disse o médico próximo a mim. Ele pôs a mão em meu ombro e me levou de volta à cadeira como um treinador que estivesse domando um potro

2 Analogia com o perigoso ato de pular de pedras (*tombstone*) ou estruturas muito altas rumo à agua com o corpo mantido em linha reta. (N. do T.)

descontralado. "Dê alguns minutos às enfermeiras para que elas possam fazer o trabalho delas." Ele falou suavemente e com um surpreendente ar de Scott Baio em *Charles in Charge*,[3] com seu cabelo preto e seu sorriso bondoso. Seu nariz talvez fosse levemente pequeno para seu rosto, em contraste com o meu, que passava pelo fenômeno inverso. "As enfermeiras vão fazer muito mais por ele hoje à noite do que você e eu".

Eu acenei com a cabeça e voltei para a minha cadeira. "Ok", eu disse para Baio enquanto ajeitava meu pijama cirúrgico. Eu estava ansioso. Acabara de tomar um grande copo de café gelado e mal conseguia ficar parado.

Depois da minha experiência de cirurgia com Axel e McCabe, eu havia me mudado para as alas de Harvard voltadas para neurologia, psiquiatria, radiologia, medicina interna, pediatria e, finalmente, obstetrícia, na qual uma jovem jamaicana me deixou dar à luz o seu bebê em meu primeiro dia. Ela insistiu em fazer o parto com suas mãos e joelhos, as costas abauladas como as de um gato, enquanto o bebê surgia vagarosamente. Uma parteira impressionada me disse depois que eu parecia um *quarterback* nervoso recebendo um passe em câmera lenta.

Conforme a residência em Medicina se aproximava, a escolha da especialidade provou ser algo difícil. Ao fim, eu me estabeleci em medicina interna, porque se tratava do campo mais vasto, aquele que permitiria que eu me sentisse um *pau pra toda obra*. Mas aquela noite era o início do grande show, um plantão de 34 horas para cuidar de pacientes criticamente doentes que chamavam, a todo momento, qualquer um que passasse pelo corredor.

"Nós temos alguns minutos", Baio continuou, "e eu sei que essa é a sua primeira noite no hospital. Então, vamos repassar algumas coisas".

"Ótimo!", eu redargui. Nossos líderes de orientação, um grupo enérgico de residentes do segundo e terceiro anos, nos haviam instruído a sempre valorizar os altos graus de entusiasmo, o que não era nada difícil agora que havia mais cafeína do que hemoglobina em meu sangue.

"Apenas relaxe", ele disse, "e dê uma olhada ao seu redor".

Juntos nós observamos o quarto fluorescente, um espaço do tamanho de uma quadra de tênis onde havia pacientes criticamente doentes e enfermeiras filipinas atentas circulando entre eles. O perímetro, pintado em um lamentável tom de amarelo, abrigava os pacientes em cubículos de vidro, enquanto o centro, onde eu estava sentado, era o local de controle, repleto de cadeiras, mesas e computadores.

"Somos só você e eu hoje à noite", disse Baio, girando seu estetoscópio para a frente e para trás, ao redor do pescoço. "E dezoito dos pacientes em piro condição no hospital".

Toda noite, um internista e um residente do segundo ano comandavam a Unidade

---

3 *Charles in Charge* (Charles no comando) foi uma série exibida pela rede de TV norte-americana CBS entre 1984 e 1985 e depois revivida entre 1987 e 1990. (N. do T.)

de Cuidados Cardíacos (UCC). Aquela noite era a nossa vez, como aconteceria a cada quatro noites, no próximo mês. Todos os pacientes na unidade estavam submetidos a ventiladores mecânicos, exceto um deles, um latino grande que andava em uma bicicleta ergométrica e assistia ao programa *Judge Judy*[4] em seu quarto. "Esses pacientes estão recebendo algumas das mais complexas e sofisticadas terapias do mundo", disse Baio, pegando uma rosquinha de uma bandeja próxima. "Os pacientes vão para a UCC quando já não há esperança ou após algo devastador ter acontecido. Balões infláveis, mecanismos de assistência ventricular, transplantes cardíacos, você escolhe."

Até uns dias antes, eu nunca tinha posto os pés em uma UCC. Nada naquele lugar me parecia familiar. Eu continuei a estudar o quarto, tentando decodificar a sinfonia de incessantes bipes e alarmes, e me perguntava o que cada um deles significava. Parecia que eu estava sentado em meio a uma equação gigante com infinitas variáveis.

"Todos esses pacientes deveriam estar mortos", Baio continuou. "Quase todos eles estão vivos por conta de métodos artificiais. E todos os dias eles vão tentar morrer em nossas mãos. Mas nós vamos mantê-los vivos." Ele fez uma pausa solene. "E isso é muito bom!"

Era muito bom. Antes de todo aquele cenário, eu havia estudado biofísica molecular e flertado brevemente com a ideia de fazer a residência sobre esse tema, usando minha formação para desvelar a estrutura de moléculas que eram muito pequenas para serem vistas com um microscópio. Mas aquela área me perdeu quando um professor, um jovem cristalógrafo, introduziu a importância dos números imaginários na biofísica. Eu até que tentei, mas eu realmente não conseguia entender esse conceito quixotesco. Eu queria traduzir a ciência em algo mais concreto, mais tátil, eu queria seguir uma profissão por meio da qual eu pudesse tocar, ver e sentir. Então mudei de rumo e segui a Medicina. E, àquela altura, eu parecia ter tomado uma sábia decisão. Nada a respeito daquele momento com Baio parecia imaginário. Muito pelo contrário, tudo parecia excessivamente real.

Baio sacudiu as migalhas de seu pijama cirúrgico e se inclinou próximo a mim, deixando os cravos de seu nariz à vista. "Nós temos que trabalhar em equipe. Tudo aqui é trabalho de equipe. Então, eu preciso saber o que você sabe fazer. Quanto mais você souber fazer, mais tempo eu terei para pensar sobre os pacientes. Assim, em vez de listar as merdas que você não fez, me diga o que você sabe fazer."

Tive um branco. Ou, mais precisamente, procurei por algo e aí me deu um branco. "Bem...", eu dei uma olhadela para o paciente sedado à nossa frente. Ele estava com um ventilador mecânico e tinha meia dúzia de tubos em seu pescoço, braços e veias, quase todos pulsando com medicações sobre as quais eu nunca tinha ouvido falar. Como estudante de Medicina, eu havia sido exposto a todos os tipos de pacientes. Mas todos aqueles encontros foram com indivíduos que caminhavam, conversavam e

4 Série norte-americana de TV, exibida pela emissora CBS desde 1996 em que Judy Sheindlin, uma ex-juíza de Nova York, julga pequenas causas reais. (N. do T.)

estavam em estado razoável. Deitado, inerte e despido de quaisquer cores, o paciente à minha frente parecia muito além do alcance de minhas capacidades limitadas. Se ele precisasse remover o apêndice ou se o rosto tivesse que ser devidamente suturado, eu era o cara. Mas e quanto a um tratamento cardíaco intensivo?

A curva de aprendizagem em medicina era implacavelmente íngreme. O que é que eu poderia fazer para ajudá-lo?

Finalmente, Baio rompeu o silêncio. "Tudo bem", ele disse. "Eu vou começar. Você sabe tirar sangue?"

"Não."

"Você sabe fazer um acesso intravenoso?"

"Não."

"Você sabe colocar um tubo nasogástrico?"

"Eu posso tentar."

"Rá! Isso quer dizer não. Já fez uma paracêntese?"

"Eu gostaria muito de aprender."

Ele sorriu. "Você foi realmente para a faculdade de Medicina?"

Até mesmo eu tive que pensar. Se Baio estivesse me pedindo para recitar a página de um artigo científico sobre a Bioquímica dos rins ou cascatas de coagulação, eu poderia ter dado um show. Mas eu não havia aprendido muita coisa sobre como manter as pessoas vivas, ou sobre habilidades como tirar sangue ou colocar um cateter urinário. Harvard não havia priorizado essas coisas. Na verdade, eu havia sido autorizado a pular o mês na UCC durante o meu treinamento médico, no Hospital Geral de Massachusetts, para que eu pudesse aprender medicina tropical, na Indonésia. E quem havia me falado sobre aquilo?

"Eu me formei em Harvard, no começo deste mês."

"Ah, eu sei que você estudou em *Haaahvaahd*", Baio disse com reverência falsamente exagerada. "Mas você sabe como prescrever medicações?"

Um ponto brilhante surgiu. "Algumas!" Eu praticamente chutei.

"Você sabe como fazer uma anotação?"

"Sim." No momento em que disse isso eu me dei conta da reles contribuição que lhe poderia parecer. Baio deve ter visto minha cara no chão.

"Isso será de grande ajuda", ele disse. "Examine todos os pacientes e escreva anotações em seus gráficos. Isso poupará tempo. Você tem que ser conciso, porém preciso."

Eu peguei meu caderninho e anotei: *examine todos / escreva anotações*.

"E ouça", ele disse, enquanto mastigava a rosquinha já velha. "Se eu quiser um lanche hoje à noite, vá à cafeteria para comprar um. E se eu pedir um café quando você voltar e me der o sanduíche, você sabe o que fazer?"

"Ir ao Starbucks."

"Exatamente."

Uma das enfermeiras resvalou o meu ombro e pediu para que eu prescrevesse um anticoagulante para um paciente, mas Baio a interrompeu. "O doutor McCarthy ainda não é um membro funcional da nossa sociedade", ele disse antes de fazer a prescrição. Eu observava por cima de seus ombros enquanto ele escrevia.

"As enfermeiras saberão de que tipo de medicação o paciente precisa antes de você", Baio disse.

"Eu ouvi falar disso."

Depois de terminar a prescrição, Baio se virou e me olhou de cima a baixo enquanto pegava outra rosquinha. "Você deve estar pensando: Por que esse cara é um cuzão?"

Eu balancei a cabeça. "Não estou." Eu não estava.

"Bom, eu não sou um cuzão." Ele voltou ao computador. "Eu vou ficar preso nessa unidade pelas próximas vinte e tantas horas. Eu não posso sair daqui. A única forma de eu sair dessa unidade é se o resgate cardíaco for chamado pelo intercomunicador para que eu traga alguém de volta à vida."

"Entendi".

"E se isso acontecer, você estará sozinho aqui. Só você, totalmente sozinho com eles", ele disse, girando a mão uma vez ao redor da cabeça.

Jesus!

"Agora, se você me mantiver bem alimentado e cafeinado, vou ficar contente. E se eu estiver contente, vou me sentir inspirado para ensinar a você algumas coisas sobre como ser um médico de verdade."

E essa era a verdade sobre tudo isso. Baio, residente sênior, um ano mais velho do que eu, seria aquele que me ensinaria a ser um médico. Era difícil acreditar que ele havia sido um interno há apenas uma semana; ele parecia um modelo de fotos do famoso salão de cabeleireiro Supercuts. Na Universidade de Columbia, assim como na maioria dos hospitais de ensino, os internos eram acompanhados por residentes do segundo ano para lidar com algo entre doze e dezoito pacientes, e lhes eram fornecidos níveis variáveis de supervisão e atendimento; havia também médicos cadastrados que nos encontravam todas as manhãs, às 7h30, para discutir nossos planos para o dia. Mas os desafios do dia, o verdadeiro cotidiano, eu enfrentava ao lado de Baio.

"Eu não quero nada mais a não ser manter esses pacientes vivos", eu lhe disse, talvez com mais seriedade do que o devido.

Ele abanou a mão para mim. "Sim, sei, sei. Apenas chegue no horário e faça seu trabalho." Isso eu podia fazer. Era uma filosofia que um antigo técnico de beisebol havia me ensinado. "Olhando para você, eu fico pensando em duas coisas", disse Baio. "A primeira é que você se parece um pouco com alguém que eu conheço. Vocês dois se parecem com almôndegas grandes e velhas."

Não era a primeira vez que minha evidente aparência de atleta branco, anglo-saxão e protestante era dissecada por um membro da comunidade médica. Na faculdade de Medicina, uma colega de classe chamada Heather havia dito, sem muita cerimônia, que parecia que meu nome era Chad e que eu havia feito a escola preparatória em Connecticut. Aquela moça, que se parecia com a atriz Anna Chlumsky, do filme *Meu primeiro amor*, ficaria surpresa em saber que eu havia passado a primeira década da minha vida em Birmingham, Alabama, e a segunda em um subúrbio em expansão fora de Orlando, na Flórida. Ela passou a gostar de mim depois que aceitei um desafio para perguntar a um pesquisador conceituado de diabetes se ele já havia considerado chamar a doença de "vivabetes" para lhe dar um ar mais positivo.[5] Ele não ficou surpreso. Mas ela, sim. Nós começamos a sair pouco depois disso e fomos a Nova York juntos para nos inscrevermos no programa de treinamento de medicina interna da Universidade de Columbia. Heather estava em seu segundo ano de residência, um ano na minha frente. Eu gostaria que ela estivesse aqui para sussurrar um conselho em meu ouvido.

"Qual é a segunda coisa?", perguntei a Baio.

Ele sorriu. "Você parece com medo."

"Eu estou."

"Bom. Vá examinar nosso novo paciente."

3

"Ainda dormindo", a enfermeira disse, enquanto eu abria a cortina e colocava a cabeça em uma das subdivisões cúbicas de vidro no perímetro da unidade. "Ele é todo seu."

Atrás da enfermeira, as janelas de vidro se abriam para o rio Hudson, mas a visão estava obstruída por uma montanha de equipamentos médicos. No centro do quarto, havia um paciente sedado em uma grande cama com proteções laterais que havia sido ergonomicamente desenvolvida para evitar escaras. Se muita pressão fosse aplicada em um lado, os sensores seriam ativados e o colchão inflaria para balancear a força. Atrás da cama, havia o que parecia ser um porta-casacos de aço inoxidável, no qual estavam pendurados nove diferentes bolsas de plástico repletas de fluido claro, cada uma mais ou menos do tamanho de um implante de mama. Acima delas, monitores levemente maiores do que a tela de um iPhone mostravam os nomes das medicações nas bolsas e a taxa com que eram administrados. Se uma bolsa se esvaziasse, logo tocaria um alarme. Se alguém modificasse os níveis, um apito soaria. Todo aquele aparato parecia uma instalação de arte críptica envolvendo sirenes, máquinas,

5 "Vivabetes", tradução da expressão original "live-abetes", pretende se contrapor em inglês à doença diabetes, que, por eufonia, é pronunciada como se a primeira parte da palavra fosse composta pelo verbo "to die" (morrer). (N. do T.)

botões, tubos, fios e luzes piscando. Eu havia recebido instruções muito claras durante a orientação: não toque em nada no quarto além do paciente.

Eu respirei fundo e me aproximei do paciente inconsciente, um homem de bigode que se parecia um pouco com Teddy Roosevelt. Peguei um par de luvas e me preparei para examinar aquele homem misterioso que havia caído em nosso colo por um destino qualquer que o havia acometido. Eu me lembrei das lições da faculdade de Medicina sobre como realizar um exame físico.

"Comece com as mãos", meu instrutor tinha me avisado. "Isso deixará o paciente à vontade e lhe revelará como ele vive, come e trabalha, se fuma..."

Eu coloquei as luvas e tomei a mão direita do paciente. Ela parecia normal e suave, e não havia sujeira sob as unhas. Não havia evidências de pequenas hemorragias conhecidas como Lesões de Janeway, ou protuberâncias conhecidas como Nódulos de Osler, nomeadas em homenagem a médicos de tempos passados, cada uma indicando uma válvula cardíaca infectada. Da mão, subi até o braço buscando pistas – sinais do uso de drogas intravenosas, os quais também poderiam predispor o coração a infecções. Dali, dirigi minha atenção para a cabeça, na qual notei uma pequena abrasão em sua calvície. Ao longo do meu exame, seu peito oscilava levemente para cima e para baixo conforme o ventilador mecânico forçava meio litro de ar em seus pulmões a cada cinco segundos.

"Senhor Gladstone", eu disse.

Não houve resposta. Eu estava quase aliviado, mas, então, lembrei-me de outra pílula de sabedoria da faculdade de Medicina. "Você não vai querer ser o médico que pressupôs que o paciente estava dormindo", o instrutor nos tinha dito, "quando ele, de fato, estava morto".

"Senhor Gladstone!", eu gritei bem alto.

O paciente emitiu um ganido suave. Eu passei para seus olhos, levantando cada uma das pálpebras com minha mão esquerda, enquanto usava a direita para iluminar os olhos com uma caneta de ponta luminosa; ambas as pupilas se contraíram como deviam. Eu movi meu dedo em direção ao nariz para verificar a habilidade de se concentrar em um objeto próximo, processo que se chama acomodação. Suas pupilas, que reagiram facilmente à luz, não conseguiam se acomodar. Antes de me dirigir ao nariz, notei que a pupila esquerda parecia dois milímetros menor do que a direita.

Conforme eu anotava minhas descobertas em meu pequeno bloco de notas, o barulho ambiente da unidade se esvaía. Éramos apenas nós dois sozinhos em um vácuo. Eu levantei os olhos das minhas notas e mirei o peito do paciente, observando-o atentamente a cada respiração. O que seu coração estaria fazendo sob o peito? Será que ele estava se recuperando ou morrendo? "Você vai sair dessa", sussurrei mais para mim do que para ele. Eu me perguntei de onde Carl Gladstone era e como ele passava seus dias. Será que ele trabalha? Será que ele tem família?

ALERTA PARA O JARDIM SEIS SUL! O intercomunicador soou. *ALERTA, JARDIM SEIS SUL!*

Eu tirei meus olhos do paciente e vi Baio correndo ao longo do corredor, e então ele exclamou: "Agora é com você, velho!", ele disse, enquanto abria as portas da unidade. "Proteja o forte!"

E, assim, fiquei sozinho na unidade, as portas se movendo suavemente após a passagem de Baio. Eu fechei os olhos e praguejei sob a minha respiração. Após completar rapidamente o exame de Carl Gladstone, compilei as anotações para refletir sobre minhas descobertas. A cada frase, eu olhava ao redor do quarto, com a certeza de que o coração de alguém havia parado. Eu estava sozinho e repleto de um senso eletrizante de imediatismo.

Baio voltou após vinte longos e agonizantes minutos.

"Como foi?", perguntei.

"Acabei de salvar uma vida", ele disse sorrindo. Seu orgulho atlético me lembrou de meus antigos colegas de time e da minha vida pregressa. "Como está o nosso novo paciente?"

"Nossa, isso é ótimo! O que aconteceu?".

"Prioridades, meu amigo. Fale-me sobre o nosso novo paciente, antes."

"Claro, claro", respondi, e então peguei minhas anotações. "Homem de cinquenta e oito anos que teve um ataque cardíaco. Um pouco ao acaso. Ele apenas trabalhar, foi dar uma aula, e caiu no chão".

"Não é casual", Baio disse peremptoriamente.

Eu fiz uma pausa para relembrar nossa conversa, um dia antes. Baio havia mencionado que as funções cardiovasculares são influenciadas por ritmos circadianos e, como resultado, os ataques cardíacos são muito mais comuns pela manhã.

"Certo."

"Continue", disse Baio. "Sou todo ouvidos."

"Eles o levaram para o laboratório de cateterismo e o trataram."

Seus olhos se voltaram para os meus e ele enrugou as sobrancelhas. "Isso é tudo?"

"Ele está um pouco adormecido agora, mas, sim, isso é tudo."

"Há algo mais que você gostaria de me dizer?"

"Acho que isso lhe dá o quadro geral. A partir do exame, ele me parece muito bem. Ainda sedado, mas estável. Tenho certeza de que há mais detalhes aqui", eu disse, buscando seu gráfico.

Baio pegou o gráfico avermelhado antes de mim e balançou a cabeça com frustração. "Você quase não me trouxe informações úteis."

Eu cocei o queixo tentando evitar contato visual. Odiava desapontá-lo. Queria ser como ele. Queria ser ele. "Uma pupila está menor do que a outra", eu disse.

Baio observou. "Bem, isso é interessante. O que você faz com isso? Qual é o seu diagnóstico diferencial?", ele perguntou, referindo-se ao processo sistemático de eliminação no qual um clínico considera uma série de enfermidades antes de chegar a um diagnóstico. Era assim que eu havia aprendido a me aproximar de qualquer sintoma ou descoberta clínica, na faculdade de Medicina. A causa de algo simples – uma tosse, por exemplo – poderia ser, ao fim e ao cabo, tão obscura que nós éramos encorajados, de início, a pensar da forma mais vasta possível. Essa lista expansiva, que logo era encurtada, é conhecida como diagnóstico diferencial. Nossos professores de Harvard rotineiramente nos surpreendiam com as listas longas e inconcebíveis que eles conseguiam gerar.

Eu havia ficado satisfeito comigo mesmo por ter notado as pupilas desiguais, mas, de fato, eu não havia dado o passo seguinte para buscar a causa. Eu era a internet discada frente à banda larga de Baio, era o MySpace frente a seu Twitter. Lembrei-me de um acrônimo mnemônico que me fora ensinado na faculdade de Medicina para gerar um diagnóstico diferencial: VINDICATE.[6]

V – Vascular

"Ele pode estar sofrendo um derrame", eu disse. "Talvez haja um processo vascular em seu cérebro causando a constrição de uma pupila."

I – Infecção

"Ele pode ter uma infecção na pupila – algo como herpes do globo ocular."

N – Neoplasma

"Ele pode estar com um processo neoplásico – um tumor no olho ou um câncer no cérebro."

D – Drogas

"Ele recebeu dosagens de analgésicos na ambulância e sedativos antes do cateterismo. Eu sei que a medicação pode afetar as pupilas."

Baio tocou o meu peito com seu dedo indicador, quase com doçura. "Estou impressionado."

"Muito obrigado", eu lhe disse, devolvendo um sorriso.

"Bom, é muito importante estabelecer uma lista de possíveis causas, mas em que nós vamos realmente apostar?"

A faculdade de Medicina servia para gerar uma lista, pensei. Mas ser um médico significa aparar tal lista. "Bem", eu disse, enquanto meus olhos se moviam rapidamente de um lado para o outro, "eu duvido que seja câncer, pode ser um derrame. É menos provável que seja uma infecção. É provável que se trate da medicação".

"Parece razoável", disse Baio ao fechar o gráfico. "Ouça, nós precisamos melhorar suas apresentações. Eu preciso receber dados sobre esses pacientes com muito mais detalhes do que você acaba de dar."

"Tudo bem". Eu peguei meu bloco de notas e imediatamente comecei a anotar detalhes.

6 O acrônimo também forma um jogo de palavras com "vindicate", que quer dizer "reabilitar". (N. do T.)

"Mas, antes, deixe-me contar sobre aquela emergência cardíaca."

"Sim, claro. O que aconteceu?"

"Sempre que eu corro até uma emergência, eu sussurro 'VRRC, VRRC' para me lembrar de que é preciso começar com as vias respiratórias, respiração, circulação."

Eu escrevi VRRC.

"Não anote isso, apenas ouça", ele disse. "Então, eu entro no quarto e o rapaz não está se movendo. Seus olhos estão abertos, mas não há ninguém em casa. Não há resposta para nada. Então, imagine que você está no meu lugar. O que você faria?"

Aquele pensamento me paralisou. "Não faço ideia."

"Essa não é a resposta certa, Dr. McCarthy. Pense."

"Vamos ver..."

"Mas não se esqueça de que, na vida real, você não tem o privilégio de pensar a respeito."

"Tem que ser de forma instintiva", eu disse atabalhoadamente.

"O que você fica dizendo para si mesmo quando está correndo?"

"VRRC...", Baio esboçou um sorriso. "Então", eu prossegui, "vias respiratórias. Eu verificaria as vias respiratórias."

"Isso."

"O paciente tinha as vias respiratórias livres?"

"Eu verifiquei suas vias respiratórias e elas estavam bloqueadas, então, nós o entubamos."

"Tudo bem."

"E, quando o tubo entrou em sua garganta, toda essa merda saiu."

Baio tirou seu casaco branco e mostrou diversas nódoas em seu jaleco.

"O que você acha que era isso?", perguntei.

"Ah, era merda, fezes de verdade."

Eu cobri minha boca com a mão. Segurando a camiseta de baixo com a mão direita, Baio tirou o pijama cirúrgico com a mão esquerda e o embolou.

"Mas como foi possível..."

Antes que eu pudesse terminar o pensamento, o pijama tocou meu rosto.

"Falaremos sobre isso mais tarde", ele disse, e foi examinar Carl Gladstone. "Vá se apresentar para o restante dos convidados."

4

Buscando um paciente com o qual eu pudesse interagir, escolhi o único que estava no ambulatório: o grandão na bicicleta ergométrica.

"Olá", eu disse, batendo gentilmente contra o vidro que separava o quarto dos pacientes do resto da unidade. Ele parou de pedalar e tirou os fones de ouvido. Latino, com quarenta e poucos anos, tinha a cabeça raspada e o quarto repleto de livros, revistas e pedaços de anotações. Ele era forte, com grande envergadura de peito e ombros, como se tivesse sido um jogador de futebol americano, e, pelo jeito, estava na unidade havia algum tempo.

"Oi", prossegui conforme entrava no quarto. "Eu sou..."

"Um dos novos médicos."

"Sim."

"Benny Santos", ele disse ao me estender a mão. "Prazer." Ele falava de forma vagarosa e deliberada e tinha uma mão surpreendentemente suave. Diferentemente dos outros pacientes, ele não estava trajando roupas do hospital. Em vez disso, vestia uma camiseta do New York Giants e calças jeans.

"Eu sou um dos novos médicos daqui", eu disse, tentando evitar a palavra interno.

"Bem-vindo."

Ao ver um caderno perto de sua cama, parei e tentei pensar em uma maneira de perguntar a esse homem corpulento e de boa aparência sobre o porquê de ele estar em uma unidade de terapia intensiva.

"Por que eu estou aqui?... É isso que você está tentando imaginar?", ele disse, esboçando um sorriso. Sua voz era tão macia que me senti embalado por suas palavras.

"Sim."

"Eu preciso de um novo coração", ele disse, apontando para o peito.

Fora do seu quarto, nós ouvimos um médico sênior conduzindo estudantes de Medicina, em um *tour* noturno. "Muitos dos pacientes nesta unidade", o guia disse, "estão entre os mais de cinco milhões de norte-americanos que vivem com falência cardíaca – uma doença que faz com que o coração não seja capaz de bombear sangue suficiente para o corpo".

"Sou eu", disse Benny com alegria, "a estrela do filme".

"Ao falhar em bombear sangue para os órgãos", o guia continuou, "o fluido gradualmente retorna ao pulmão conforme os rins e o fígado, inevitavelmente, entram em colapso. Nesse momento, nenhuma medicação ou modificação alimentar pode salvá-los. É o transplante ou o fim".

"Estou aqui há vários meses", disse Benny, suavemente, "só esperando".

Pensei em como eu havia passado as últimas semanas – festas de fim de curso, mudança para Manhattan, coquetéis de orientação. "Que dureza", eu lhe disse. No entanto, sua situação relativamente estável significava um paciente a menos com o qual eu deveria me preocupar.

"Estou tentando entrar na lista da UNOS", ele disse. Em debates, ainda como estudante de Medicina, eu havia sido informado sobre a Rede de Trabalho Unificada para Doação de Órgãos (em inglês, United Network for Organ Sharing, UNOS) e seu sofisticado algoritmo para alocar órgãos; ele variava significativamente em termos de cidade, mas o tempo médio de espera por um novo coração tendia a ser de mais de 150 dias. Benny, no entanto, e infelizmente, estava à beira de ficar fora da lista.

"O que você está ouvindo?", perguntei. Aquilo era um erro. Eu queria estabelecer um vínculo, mas falar sobre música era meu ponto fraco. Na faculdade, eu havia sido expulso de um dormitório às gargalhadas por ter dito que parecia que os *Goo Goo Dolls* haviam composto a trilha sonora da minha vida.

"A Little Babyface", ele disse. "Você gosta?"

"Hum, não muito".

"Tudo bem, sem problemas."

"Mas, ", acrescentei, olhando para a televisão, "eu sou um grande fã da juíza Judy."

Ele sorriu e nós olhamos para a televisão. "Sim, ela é ótima. Muito sábia."

Meus dentes pararam de ranger e eu me sentei na ponta de sua cama. "Eles a chamam de a 'Oprah branca'", eu disse.

Benny franziu a sobrancelha quando Judy bateu o martelo. "Quem é que a chama assim?"

"Não a chamam assim?"

"Eu acho que não", ele disse. "Definitivamente, não."

Benny olhou através da janela e sua vista alcançou as ruas em direção ao Parque Hudson, onde não havia tráfego. "Eu gosto muito que vocês venham aqui para me verificar periodicamente e conversar comigo."

"Mas é claro."

"Sabe, uma das minhas colegas costumava vir aqui, passava quinze ou vinte minutos comigo todos os dias. Falávamos sobre as Escrituras, música, sobre tudo".

"Isso é ótimo."

"Um dia, ambos estávamos aqui, em um feriado. Eu estava para baixo, e ela viu que eu não estava em meus dias normais e charmosos. Então nós ficamos olhando pela janela exatamente assim, e ela disse, 'Você sabia que nos feriados acontecem mais acidentes de trânsito? Motoristas bêbados, mais pessoas nas ruas, coisas assim'."

Eu acenei com a cabeça.

"E ela sorriu e disse, 'Todos os motoristas bêbados, todas as famílias voltando da praia... todos eles poderiam ser doadores de órgãos'. Cada acidente me torna mais próximo de um transplante."

Ele deixou de olhar pela janela e se voltou para mim.

Eu não sabia que reação esboçar agora. "Acho que essa é uma maneira de olhar para isso", eu respondi.

Ele franziu a testa. "Essa é uma maneira horrível de olhar para isso!"

"Sim, essa é uma maneira horrível de olhar para isso!"

Eu fiquei corado e embaraçado pela situação.

"Ela teve boas intenções", ele disse, engatando um sorriso, "mas ninguém confundiria sua colega com a 'Oprah branca'".

5

"O novo paciente parece bem", assim Baio falou sobre Gladstone, alguns minutos depois, enquanto ele pegava duas cadeiras e me conduzia para a parte de trás da unidade. "A esposa dele já está vindo. Ele precisa acordar um pouco, então, interrompi os sedativos."

"Entendi, vou fazer o pedido."

"Já cuidei disso. Tudo bem, vamos fazer um jogo."

Nossa última conversa havia terminado com uma roupa cagada em meu rosto; eu estremecia só de pensar em que resultaria o próximo "jogo".

"Daqui a um ano, você vai ser o responsável por uma emergência cardíaca. Haverá dezenas de médicos abarrotando um quarto e olhando para você, enquanto um paciente sem vida jaz em meio a tudo isso. Esse ano vai passar num instante – você apenas faz compressões peitorais ou tira sangue ou faz um acesso intravenoso (IV). Mas, no ano que vem, você será o condutor."

"Fantástico", brinquei. Comandar uma emergência cardíaca não era um cenário que havia sido trabalhado devidamente na faculdade de Medicina. E, talvez, por uma boa razão – o mero pensamento sobre tudo isso nos teria trazido pesadelos. Nós nos voltamos para a aprendizagem e o aperfeiçoamento dos princípios básicos de ouvir os pacientes e examiná-los.

"Eu vou mostrar alguns cenários e quero que você me diga como lidaria com eles. Preparado?"

Eu dei risada. "Acho que nós dois sabemos que a resposta é não. Mas... vamos lá."

"Muito bem. São seis horas da manhã, você vem trabalhar e começa a verificar os pacientes. Você entra no quarto e o paciente não lhe responde. Uma garota negra de vinte e quatro anos. E agora?"

Ele apontou para mim, e eu exalei vagarosamente. Ventiladores pulsantes e monitores de sinais vitais foram momentaneamente ignorados. "Não me responde?"

"Inconsciente, não responde. Seja lá o que for. Ela não se move quando você mexe com ela. E agora?"

"Eu acho que... eu acho que eu começaria com o VRRC".

"Muito bem. Ela tem as vias respiratórias patentes, mas não está respirando e seu coração não está batendo."

Eu sorri tentando ganhar tempo. "Nós temos que dar um jeito isso." Minha cabeça estava fervilhando, e eu tentava me basear nos eventos da emergência cardíaca que havia presenciado no Hospital Geral de Massachusetts.

"De fato."

"Eu a entubaria", eu disse, "e começaria a fazer compressões cardíacas".

"Bom, mas você pode fazer essas coisas ao mesmo tempo?"

“Não, não ao mesmo tempo”.

“E então?...”, ele disse, jogando o queixo para frente.

“Eu buscaria ajuda. Eu gritaria por socorro.”

“Excelente!”, Baio deu um tapinha no meu braço. “Nesse caso, sua inclinação para agir como uma criancinha está correta. Tudo na medicina está baseado em trabalho de equipe. Nunca se esqueça disso. Então, o que mais?”

“Eu não tenho certeza.”

“Você deu início a uma ressuscitação cardiopulmonar (RCP), você está lhe dando oxigênio. Mas por que o coração de uma jovem teria parado?” Seus olhos se estreitaram de leve e focaram em mim, intensamente.

Não devia ter parado, pensei. “Alguma coisa congênita ou algo assim?”, eu disse.

“Eu disse que ela era uma garota negra de vinte e quatro anos. Isso lhe traz alguma pista?”

“Talvez ela tenha tido uma overdose?”

“Vá com calma”, – ele deu risada e se afastou de mim, – “nem todos os jovens negros usam drogas”.

Eu fiquei horrorizado. “Não, não, não, eu só...”

“Eu estou brincando – a ideia das drogas é razoável. O que você faria a respeito?”

“Talvez eu pudesse dar algo para anular o efeito das drogas.”

“Sim, Narcan. É incrível. Ele transforma uma pessoa de zumbi estuporado a alguém agitado e irritante, em segundos. E se eu lhe dissesse que ela tem uma fístula no braço?”

“Ela poderia ter uma doença nos rins.”

“Continue...”

“Talvez ela tenha perdido a hemodiálise ou talvez os eletrólitos estejam desligados. Eu pediria a alguém para fazer análises. Talvez o potássio...”

Ele balançou a cabeça. “O coração da mulher não está batendo. Você tem ideia de quanto tempo levaria para o laboratório processar o sangue e lhe dizer algo sobre o potássio?”

“Não.”

“Ela estaria no necrotério antes de você receber a resposta.”

Eu cocei a testa. “Merda.” Eu tinha recorrido aos manuais novamente, e a paciente estava morta. Então, quando eu deveria buscar os manuais? Como eu poderia saber o que fazer se eu não sabia o que fazer?

“Você tem que estar um passo à frente”, disse Baio. “Atue empiricamente. Presuma que o potássio dela se foi e trate-o. Você tem que se sentir confortável ao agir às cegas. E, por favor, pare de ranger os dentes.”

“Estou tentando.”

“Vamos a outro exemplo. Você entra no quarto e agora é um banqueiro que não lhe responde.”

"Que tipo de banqueiro?"

"Sei lá", ele disse chacoalhando a mão, "um banqueiro. Que dá telefonemas e ganha muito dinheiro, um banqueiro."

"Vamos ver", eu disse olhando para o teto. "Poderia ser... cocaína?"

"Todo mundo usa droga para você, hein?", ele disse sorrindo conforme pegava uma pequena lata de suco de maçã. "Gostei, continue."

Enquanto ele dava um longo gole, uma enfermeira correu em nossa direção. Seus passos pesados interromperam minha concentração, e ambos olhamos, enquanto ela se aproximava.

"É a senhorita Franklin!", ela disse.

Baio se levantou e instintivamente tocou na minha manga. "Vamos lá", ele disse radiante e começou a correr pelo corredor. Eu o segui o mais rápido que pude. Conforme corríamos, ele disse por sobre os ombros, "faça tudo o que eu disser, tudo".

Nós logo alcançamos a cama de uma mulher mais velha, que estava com um ventilador pulmonar. Ela era tão frágil e magra que era possível ver as fibras musculares de seu pescoço.

"O que aconteceu?", Baio perguntou a uma enfermeira ao lado da cama. Antes que ela pudesse responder, Baio se voltou para mim. "Matt, desconecte-a do ventilador pulmonar."

Uma equipe de enfermeiras veio trabalhar na mulher. "Ela sofreu uma parada cardíaca", uma delas disse.

Eu olhei para a máquina de respiração e meu estômago se revirou. Subitamente, senti uma urgência absurda de ir ao banheiro. Desconectar uma paciente do ventilador pulmonar era um cenário sobre o qual eu só havia lido em manuais de ética. Terri Schiavo veio à minha mente.

"Desconecte", Baio repetiu calmamente, enquanto colocava uma mão sob o vestido da paciente e a outra junto à virilha, procurando pulsação.

Eu puxei o tubo respiratório do ventilador pulmonar, mas nada aconteceu. Eu tentei outra vez, mas, de novo, nada aconteceu. Uma enfermeira com a metade do meu tamanho veio à minha frente e puxou o tubo do ventilador com um movimento rápido, enquanto Baio fazia uma série de questões e atribuía a cada enfermeira uma tarefa específica para a reanimação. Alguém começou a transpassar uma bexiga de oxigênio através de sua garganta, enquanto eu observava o vaivém das atividades, tentando fazer alguma coisa. Baio fechou os olhos brevemente, enquanto tentava sentir, mais uma vez, sob a virilha. "Não há pulso. Matt, comece a fazer compressões peitorais."

"Eu me posicionei do lado esquerdo da cama e coloquei uma mão sobre a outra. Eu havia feito RCPs dezenas de vezes em Janet, a manequim para testes do Hospital Geral de Massachusetts, mas nunca havia lidado com um ser humano antes. Um momento de terror se apoderou de mim, enquanto eu ponderava as implicações de meu corpo de quase noventa quilos pressionando aquela mulher de quarenta quilos.

Baio notou minha hesitação. "Aceite que você poderá quebrar suas costelas. Apenas faça. Ela está morta, vamos!"

Com a primeira compressão, as costelas racharam como fios de macarrão sem cozimento. "Ai!", eu murmurei. Com minha segunda compressão, mais costelas racharam. Na terceira compressão, sua cavidade peitoral se tornara mole e eu podia sentir as pontas afiadas de suas costelas quebradas sob a sua pele.

Então, Baio falou para a enfermeira ao seu lado, "Eu vou precisar de uma dose de epinefrina e de uma dose de atrofina". Colocando luvas esterilizadas, ele pegou uma grande agulha e novamente tocou a virilha buscando pulso. "Vá com calma, Matt, você está pressionando com muita rapidez. Cem batidas por minuto."

Ele começou a inserir um grande tubo pela pélvis.

"'Staying Alive' (ficando viva)", ele disse.

"Sim, ela está...", eu disse já com falta de ar.

"Não, ela está morta. Sabe a música 'Staying Alive'? Faça as compressões naquele ritmo."

Eu não me lembrava, porque eu tinha estado no banheiro mais cedo, enquanto a equipe discutia que as compressões peitorais deveriam ser feitas, aproximadamente, cem vezes por minuto. No calor daquele momento, era quase impossível manter o ritmo, mas a música "Staying Alive", dos Bee Gees, que rodava a 103 batidas por minuto, era útil para me ajudar a manter o ritmo.

"Pare as compressões peitorais", disse Baio, com firmeza.

Eu parei e busquei ar. O peito da paciente estava afundado onde eu estivera pressionando. Nós olhamos para o monitor de desfibrilação. Desesperadamente, eu queria fazer alguma coisa a mais, qualquer coisa. Eu não estava pronto para ver a segunda paciente em que eu tocava morrer na minha frente depois de eu ter rachado seu corpo com as compressões peitorais.

"O monitor está mostrando uma batida cardíaca", eu disse, ofegante.

Baio colocou a mão no pescoço dela. "Não há pulso. Retome as compressões."

A batida cardíaca que eu havia visto não era, de fato, uma batida, mas algo chamado atividade elétrica sem pulsação. Seu coração emitia espasmos conforme as correntes elétricas transpassavam as paredes das células; para olhos inexperientes (os meus), isso poderia se parecer, no monitor cardíaco, com batidas. Mas sem um pulso não havia fluxo sanguíneo suficiente para o corpo. Baio estava certo: a RCP tinha que continuar.

Eu parei de fazer as compressões em sua cavidade peitoral quando uma enfermeira começou a injetar na paciente uma medicação após a outra. As pontas afiadas de suas costelas quebradas pareciam prestes a furar a pele.

Baio manteve os olhos atentos ao monitor. "Pare com as compressões – Matt, ouça o pulso."

Eu coloquei minha mão em seu pescoço e não senti nada. Meu coração naufragou. "Eu não..."

Simultaneamente, Baio sentiu o oposto.

"Oh, sim!", ele sorriu, "Há pulso. Parabéns, você acabou de salvar sua primeira vida."

Ele levou minha mão vários centímetros para cima, onde, de fato, havia um pulso vigoroso e pulsante.

"Minha nossa!", eu disse quando nos olhamos.

"Realmente, minha nossa! Agora, coloque-a de volta no ventilador."

Foi assim. Depois de anos de preparação, eu acabara de ajudar a trazer uma pessoa de volta do mundo dos mortos. Meu coração acelerou, eu conseguia sentir o meu próprio pulso vibrando em meu pescoço. Essa era a sensação que eu vinha buscando, a sensação de que eu sentia falta nas cirurgias. É claro que eu fizera exatamente o que Baio havia me dito, e meu procedimento trouxe danos à paciente que pareciam criar um novo conjunto de problemas, mas ela havia sobrevivido. Ela havia ficado viva e viveria para ver outro dia com seu marido, filhos e quem quer que fosse. A Medicina era uma bagunça, mas também era muito incrível. Enquanto ficávamos juntos ao lado da cama, eu olhei para Baio com uma pitada de orgulho. Ele parecia perceber isso.

"Sabe", ele disse dando um tapinha nas minhas costas, "não há nada mais gratificante do que trazer uma mulher demente, de noventa e cinco anos e com um câncer de pulmão repleto de metástases, de volta para a vida. Muito bem, Matt!".

6

Eu passei as horas seguintes espreitando por cima dos ombros de Baio, enquanto ele apagava um incêndio após o outro. Era como estar diante de um pequeno concerto, obcecado por uma banda inusitada que acaba de iniciar sua trajetória, e aí você se pega pensando, mas por que eu nunca aprendi a tocar guitarra? Em cada uma das minhas idas à cafeteria para pegar salgados, eu enchia meu bloco de notas com termos e frases a serem verificados. Eram três da manhã antes de eu me dar conta, e 21 horas do meu plantão tinham passado num piscar de olhos.

Será mesmo? Eu tinha visto e feito mais nessa noite do que em meses inteiros na faculdade de Medicina. Um coração havia parado e eu o fizera bater novamente com os golpes de minhas mãos. Eu havia quebrado costelas, apalpado virilhas, ajustado ventiladores pulmonares e ministrado medicações tão novas que elas sequer apareciam nos manuais. Claro que era divertido suturar, delicadamente, uma laceração facial, mas havia algo único na medicina de cuidados intensivos. Os pacientes estavam muito doentes e próximos da morte; não havia números imaginários na unidade de cuidados cardíacos. A sala de operações, em comparação, parecia algo quase mundano. Axel certamente riria dessa sugestão, mas ele estava perdendo muita coisa.

A cirurgia acabou me parecendo algo limitado; tudo isso envolvia decisões complexas que requeriam o processamento de dezenas de informações de uma só vez.

De volta à área das enfermeiras, Baio digitou uma carta enfaticamente e veio em minha direção. "Tudo bem, eu estou vibrante e feliz. É hora de novos ensinamentos. Vamos ver alguns eletrocardiogramas. Vou presumir que você é muito ruim para lê-los", ele disse, dando risada.

Eu peguei minha caneta e levei minha cadeira para perto dele. "Essa é uma excelente presunção."

"Vamos começar com o seu novo paciente, Gladstone", ele disse, segurando o eletrocardiograma que horas antes havia colocado tantas cadeiras em movimento. "Tudo o que fazemos em medicina precisa ser sistemático."

Sistemático, eu disse para mim mesmo, pronto a fazer daquilo um mantra.

"Do contrário, as coisas viram um caos e merdas passam a acontecer".

"Entendido."

"Quando eu observo um eletrocardiograma, eu digo a mesma coisa, todas as vezes: velocidade, ritmo, eixo, intervalo. Eu começo com a velocidade. Você sabe por que eu começo por ela?"

Eu balancei a cabeça.

"Se a velocidade for absurdamente anormal – digamos, cento e noventa batidas por minuto... ou vinte e cinco batidas por minuto –, você precisa largar o eletrocardiograma e ir avaliar o paciente. Entendido?"

Eu escrevi velocidade *absurdamente anormal, largar o eletrocardiograma*. "Sim, sim, entendido. Isso já virou uma tatuagem cerebral."

"Você me lembra um pouco – ele murmurou – aquele cara daquele filme *Amnésia*."

Eu me lembrei do galã do filme por um momento e disse "muito obrigado".

"Não é um elogio. Depois, eu examino o ritmo. Se o ritmo não for compatível com o ritmo normal da cavidade, pode haver um problema."

Pelas próximas duas horas e meia, Baio me mostrou como ler um eletrocardiograma, interpretar um relatório de gás sanguíneo arterial e processar o dilúvio de dados gerado, em poucas horas, para cada paciente. Eu queria ter feito isso desde o primeiro dia da faculdade de Medicina. Incontáveis aulas de anatomia e farmacologia tinham me munido com toneladas de informações críticas e, ainda assim, não havia um modo de traduzi-las para a prática efetiva do médico. Lidar com situações de vida ou morte demandava o conhecimento não apenas da Bioquímica corporal e física, mas também, da maneira de diagnosticar corretamente a condição do paciente e de como tomar decisões rápidas. E sem um panorama que organizasse todo o conhecimento na minha cabeça para uma aplicação rápida, eu certamente naufragaria. O que Baio estava fazendo na UCC, eu percebi, era fornecer um modo para que o conhecimento emergisse na minha cabeça com a realidade dos sintomas dos meus pacientes.

Por volta das 5h30, os médicos, incluindo meus três colegas internos, começaram a lotar a UCC. Eu havia sido designado, aleatoriamente, para passar os três anos do meu treinamento de residência com as mesmas três mulheres: Ariel, Lalitha e Meghan. Nós faríamos turnos de trinta horas a cada quatro dias, durante a maior parte do ano. Mas o nosso tempo juntos era algo limitado na UCC, porque cada um de nós faria pares com médicos do segundo ano – no meu caso, Baio – para aprender as lições. A cada quatro semanas, ao longo do ano, nós quatro nos mudaríamos para novas áreas – doenças infecciosas, medicina geral, geriatria, cuidados médicos intensivos, oncologia etc. No nosso segundo ano, nós repetiríamos o ciclo ao supervisionarmos, cada um, um interno – essencialmente, eu me transformaria em Baio, uma ideia que era misericordiosamente remota. Eu não poderia dizer aqui, ao certo, o que os residentes do terceiro ano faziam, além de buscar trabalho ou bolsas de estudo em sub-especialidades.

"Café da manhã!", Ariel disse, trazendo-me uma sacola de papel marrom e um café. Ela tinha cabelos ruivos e crespos, e um pijama cirúrgico verde, com listra azul de corrida.

Baio pegou a sacola para examinar o conteúdo. Insatisfeito com as opções, ele perguntou: "Como estão as suas 'vagens'?", que era a maneira pela qual o hospital chamava cada equipe de internos.

"Elas parecem boas. Ótimas, de fato."

"É melhor torcer para que você consiga lidar com elas. Você não as vê muito, agora, mas você as verá. Você tem oito horas por semana, todas as semanas, pelos próximos três anos."

"É difícil de acreditar."

"Conflitos de personalidade", ele falou com um sorriso pernicioso, "podem ocasionar trilhas acidentadas".

A dinâmica interpessoal de trabalhar sempre com três outros internos, por três anos, em um ambiente de grande responsabilidade, ainda não estava clara para mim. Mas parecia que essas amizades forjadas a fogo emergiriam em pequenas explosões e estariam baseadas inteiramente em confiança. Se meus colegas não pudessem confiar em mim, se eles não pudessem ter certeza de que eu cuidaria dos seus pacientes tão bem quanto eles cuidariam dos meus, nosso grupo simplesmente não funcionaria. Bondade, humor e empatia não poderiam superar algo assim. Sem um senso de confiança compartilhada, nós não faríamos nada.

Eu passei a hora seguinte revisando meus pacientes e me preparando para discussões. Às sete horas da manhã, um novo grupo de enfermeiras chegou.

"Dê a elas um pouco de espaço", disse Baio. "Vamos conversar."

Andei com ele para um canto da unidade.

"Nossa supervisão vai acontecer logo", ele disse, se referindo ao cardiologista certificado que viria supervisionar a todos. "Ele é muito foda. Cardiologista das estrelas. Ele é brilhante, mas muito duro. Não gosta de desperdiçar seu tempo. Então, faça apresentações curtas. Vá direto ao ponto. Diga a ele o que é preciso saber sobre o paciente e siga em frente. Entendeu?"

Trinta minutos depois, as discussões começaram. Onze de nós nos reunimos em uma roda de uniformes cirúrgicos e sapatos brancos ao redor do Sr. Fodão: quatro internos, quatro residentes, um estudante de Medicina, um farmacêutico e um colega cardiologista chamado Diego, que era da Argentina. Diego fizera seu treinamento de residência em Columbia, e agora estava recebendo a prestigiosa bolsa de estudos em cardiologia. Ele tinha um estrabismo permanente, e me lembrou Axel, quando o conheci – cansado, brusco e totalmente indiferente a mim.

Nosso grupo ficou em silêncio, esperando o Fodão falar. Eu estava acordado havia 26 horas, e o delírio estava se alojando. Quando se somaram doze horas, eu estava cansado. Com dezesseis horas, um segundo baque me tomou. Mas, depois de 24 horas, as faculdades básicas começaram a falhar, e agora eu me sentia a três horas de precisar que eu mesmo fosse internado. A maratona de resistência do turno de trinta e quatro horas me confundia. Como é que eu poderia ser responsável pelos meus pacientes se eu estava em pior forma do que eles?

Vagarosamente, as cabeças se voltaram para minha direção e o Fodão disse, "E então?".

Baio me cutucou e sussurrou, "Agora é você, cara".

Dizem por aí que se você olhar ao redor de uma mesa de pôquer e não conseguir manjar imediatamente quem é o trouxa, é porque o trouxa é você. Eu temia estar agora em uma situação similar. Peguei minhas notas e as aproximei do meu rosto.

A palavra *Gladstone* despontou ao lado de *anisocoria*, e, em uma margem, eu aparentemente havia rabiscado *nado solo sincronizado – um esporte olímpico?*, algo que não me recordava de ter escrito.

"Carl Gladstone tem cinquenta e oito anos, não tem um histórico médico significativo e sofreu uma dor no peito em seu trabalho, ontem", eu comecei a ler a partir de minhas anotações. "Ele entrou em colapso e foi levado à nossa sala de emergência."

Eu tinha a atenção de todos, à exceção de Baio, que estava sussurrando no ouvido de uma enfermeira. Quando terminei, nós entramos no quarto e examinamos coletivamente o meu paciente. Eu falei por mais alguns minutos, enquanto Diego olhava para os azulejos do chão e, gentilmente, chacoalhava a cabeça, antes de o Fodão me interromper.

"Muito bem. Próximo paciente. Essa coisa a respeito da pupila é estranha. Faça uma tomografia de sua cabeça."

Com os olhos turvos e aos bocejos, eu continuei a apresentação dos eventos de cada paciente conforme nós andávamos pela unidade. A maioria do que havia para dizer foi expressa de maneira correta; eu errei apenas algumas vezes. Felizmente, minha equipe bem descansada estava lá para me ajudar se eu interpretasse erroneamente um dado do eletrocardiograma ou deturpasse um valor laboratorial. Conforme nos aproximávamos do quarto de Benny, o Fodão disse suavemente, "Próximo", e nós continuamos. Misericordiosamente, eu fui dispensado depois das discussões e perguntei ao Baio se ele queria ir até o metrô comigo.

"Não", ele disse, "eu vou ficar por aqui mais um pouco". Ele pegou uma pilha de eletrocardiogramas e bocejou. "Aliás, bom trabalho ontem à noite."

Com a cadência de alguém que está para ser reprovado no teste do bafômetro, eu andei até o elevador e saí do hospital em direção ao sol cálido do verão. Acabava de passar do meio-dia e eu estava acordado por mais de trinta horas – um novo recorde pessoal. Ao cruzar a rua, vi um grande cartaz vermelho suspenso ao lado de uma passagem sobrelevada do hospital.

Coisas incríveis estão acontecendo aqui!

Aquelas palavras me fizeram sorrir. Como é que eu poderia descrever as coisas que acabara de ver e fazer? *Incrível* me parecia um adjetivo tão bom quanto qualquer outro. Alguns minutos depois, eu já estava sentado em meio a um vagão do metrô em direção ao sul e logo estaria dormindo.

7

Eu estava de volta à unidade, no dia seguinte, antes de o sol nascer. Benny acenava de sua bicicleta cada vez que eu passava em frente à sua janela, indo de um quarto ao outro e me familiarizando com os novos pacientes. Uma mulher passara a ocupar a cama de Gladstone que ficara vaga, recentemente. Ele havia sido transferido para outro andar pouco antes de sua esposa Sasha ter chegado em busca de respostas. Eu lhe transmiti meu melhor panorama da situação, mas, ao fim, acabei pedindo que ela falasse com o meu supervisor para uma explicação completa. Quando estava saindo da unidade, ela veio até mim para dizer obrigada.

"Ele vai sair dessa", eu disse, à espera de que meu vaticínio otimista sobre a situação fosse apropriado e, mais importante, acurado. Era um bom sinal o fato de ele já não estar na unidade, mas eu realmente não podia projetar um prognóstico em longo prazo. Sasha, que tinha um cabelo tão branco que parecia tingido, ficava mordendo o lábio para a frente e para trás, enquanto falávamos.

"Eu estou rezando para que você esteja certo", ela disse.

Eu peguei sua mão direita e a segurei suavemente. "Nós temos que ser positivos".

"Você chegou a conversar com ele?"

"Não."

"Ele é uma daquelas pessoas que têm hábitos. Começa todos os dias da mesma forma." Ela recolocou a alça da bolsa sobre o ombro e sorriu ao pensar na rotina do marido. "Faz café, vai tomar banho. Vai para o trabalho. Eu não entendi por que aquele outro dia foi diferente."

"Nós vamos fazer tudo o que estiver ao nosso alcance para responder a isso." Seu lábio tremia, enquanto eu falava. "Fale mais sobre ele", pedi.

Alguns minutos depois, Baio, que trazia um raio x peitoral, me chamou. "Nós vamos fazer ao menos cinco minutos de aulas todos os dias. A lição de hoje é sobre o raios x do peito."

Eu abri um largo sorriso. "É muito gentil da sua parte."

"Eu não estou fazendo isso por gentileza. Eu estou fazendo isso para você não se tornar um péssimo médico." Ele deu um tapinha nas minhas costas e também abriu um amplo sorriso. "Muito bem, como se lê uma radiografa?"

"Sistematicamente", eu disse, pensando sobre sua abordagem em relação a todas e quaisquer coisas.

"Correto. Sem sistematicidade, as coisas se perdem. Então, qual é o seu sistema?"

"Eu não... Eu sei que deveria ter, mas eu não tenho um sistema. Eu apenas olho. Por exemplo, aqui", eu disse, apontando um borrão branco no pulmão esquerdo, "pneumonia".

"Não!" Ele balançou a cabeça. "Você tem que fazer melhor do que isso. Mas ao menos você é honesto. Vamos lá, tente outra vez."

Se Baio era como *Charles in Charge*, eu era o parceiro de Charles no programa, Buddy Lembeck. Talvez não fosse pneumonia, mas, certamente, parecia ser. "Ok, o pulmão esquerdo parece apresentar um quadro de pneumonia, e o pulmão direito..."

"Pare."

"O quê?"

"Se você vir uma bela mulher na rua", ele disse seriamente, "você olha primeiro para o peito dela?"

Eu fiquei me perguntando se aquela pergunta era uma pegadinha.

"A resposta é não, doutor McCarthy. Comece pela periferia. Ela tem uma tatuagem no calcanhar? Usa anel de casamento? Então, você chega até o centro."

Eu acenei. "Ok."

"Se você fosse direto aos pulmões, deixaria de ver isso aqui, nas extremidades."

Ele apontou para uma fratura com a espessura de um fio de cabelo na clavícula esquerda. E ele estava certo: certamente, teria deixado de ver aquilo.

"Vamos começar", o Dr. Fodão berrou da outra extremidade do corredor. "Vamos, vamos, chega de besteira."

As discussões começaram prontamente às 7h30 e prosseguiram de forma vertiginosa. Pedaços de diálogos despontavam entre os membros sêniores do grupo em uma taquigrafia médica que eu ainda não conseguia processar completamente. Meu papel era apresentar os eventos do período noturno de um punhado de pacientes e fazer uma breve apresentação baseada em uma questão que eu havia levantado nas discussões um dia antes, quando eu quis saber em voz alta há quanto tempo nós vínhamos fazendo transplantes cardíacos na Universidade de Columbia. Conforme ficamos sabendo, se você levanta uma questão nas discussões para a qual não há uma resposta óbvia e imediata, será pedido a você mesmo que faça uma breve apresentação sobre o assunto no dia seguinte.

Em meios às apresentações, eu ocasionalmente sussurrava perguntas para Baio, buscando explicações sobre um acrônimo ou um teste clínico, mas ele sempre colocava o dedo indicador na boca e balançava a cabeça. Meu bloco de notas continuou a ser preenchido ao longo da manhã. Nós terminamos as discussões pouco antes do meio-dia. Quando eu escrevia *cardioversão*, senti uma mão em meu ombro. Era o Fodão.

"Você está fazendo um bom trabalho", ele disse suavemente, com suas grandes sobrancelhas castanhas fixadas na minha direção. Era a primeira vez que nos falávamos fora das discussões, e até então eu o considerava tão alcançável quanto uma supermodelo. Inúmeras rugas riscavam sua testa e suas bochechas, e seu cabelo parecia molhado. "Mas, doutor McCarthy, você realmente deveria saber como ler um maldito raio x peitoral."

Depois do almoço, uma pausinha de noventa segundos ao longo da qual nós engolíamos sanduíches de atum, Baio me deu a tarefa de fazer um grande acesso intravenoso, conhecido como linha central, na veia femural de uma jovem. Baio supervisionaria o procedimento e sugeriu que eu assistisse a uma simulação na página da *The New England Journal of Medicine* (Revista de Medicina da Nova Inglaterra).

Pouco depois de o vídeo começar, alguém tocou em meu ombro.

"Telefone para você, doutor", disse o funcionário da enfermaria.

Eu pausei o vídeo com a simulação e peguei o telefone, imaginando quem sabia que eu estava naquela unidade. "Doutor McCarthy?", disse o homem.

"Sou eu."

"Aqui é o doutor Sothscott." Ele tinha uma voz suave de barítono e falava rapidamente. Os residentes e os médicos em atendimento frequentemente ligavam para a UCC à procura de uma explicação ou de um esclarecimento em relação a um paciente recentemente transferido para fora da unidade, mas eles nunca pediam para falar comigo.

"Olá", eu disse, tentando engatar a conversa.

"Vamos ao ponto", ele disse. "Você cuidou de um tal de Carl Gladstone."

"Sim. Você é o..."

"Sou eu."

"Como ele está? Eu notei que ele deixou a unidade."

"Bem, eu já vou falar sobre isso", ele disse antes de dar um grande suspiro. "Eu estou sentado aqui, lendo as suas anotações sobre ele e quero lhe dar os parabéns por seu exame físico completo."

Uma surpresa agradável.

"Você fez um exame ocular exaustivo e apontou corretamente anisocoria."

Os tamanhos diferentes das pupilas. "Muito obrigado."

"Deixe-me continuar. Suas notas atribuem essa assimetria da pupila aos sedativos que ele recebeu."

"Sim."

"Pois bem, doutor McCarthy", ele disse, com a voz em tom levemente mais alto, "a que medicação você atribui isso... especificamente?".

Eu puxei pela memória. Imagens de anotações escritas em seu gráfico flutuavam em meu cérebro. "Hum. Bom, ele recebeu vários sedativos."

"Sim, de fato."

"Eu vou admitir que não me lembro de todas as medicações que ele recebeu."

"Sem problema", ele redarguiu. "Eu tenho uma lista bem à minha frente. Eu vou lê-la para você."

Eis uma variação médica do método socrático, eu suspeitei, enquanto ele lia a lista. Era um pouco irritante. Eu já tinha um Baio.

"Eu... eu acho que muitos deles podem causar constrição das pupilas", eu disse.

"Certo novamente." Houve uma pausa, eu olhei para Baio, que estava revolvendo os dedos para indicar que eu devia terminar a conversa. Havia chegado a hora de eu fazer o grande acesso intravenoso. "Mas, doutor McCarthy, quantas dessas medicações causam a constrição unilateral das pupilas do tipo que você observou?"

Eu pensei por um momento, subitamente querendo saber se estava falando com outro residente ou com um médico atendente. "Assim, de cabeça...", eu disse.

"Doutor, não precisa ser de cabeça." Sua fala estava se tornando urgente. "Por favor, use referências. Use um manual. Use a internet. Ligue para um amigo. Mas, por favor, me diga, em toda a literatura médica, alguém já identificou uma medicação intravenosa que restrinja uma pupila, mas não a outra?"

Outra pausa. Agora, eu não tinha certeza.

"A resposta é não!", ele gritou.

Minha cabeça se afastou abruptamente do telefone.

"Carl Gladstone estava tomando um anticoagulante por conta de um coágulo em sua perna, até que ele caiu e bateu a cabeça em sala de aula", Sothscott continuou, mal conseguindo se conter, "ele começou a sangrar em seu cérebro".

Eu fechei meus olhos.

"E, agora, você sabe que ele caiu, porque você documentou a abrasão em seu couro cabeludo."

"Ah... não", eu disse suavemente e me voltei para Baio.

"Ah, sim. E quando você o viu, doutor McCarthy, o sangue estava inundando o cérebro dele e começando a colidir com os nervos cranianos."

Eu não conseguia respirar.

"Ainda assim, suas anotações não refletem isso. Suas anotações estão completamente enganadas. E elas prestam um desserviço chocante ao..."

"Eu..."

"Quanto tempo foi perdido?", ele perguntou.

"Sinto muito, me desculpe." Eu queria me esconder. Eu queria desaparecer. Eu queria correr, mas não havia nenhum lugar para ir. Eu me senti aterrorizado ao pensar sobre o que havia feito a Carl Gladstone. Já fazia mais de um dia que o Fodão havia dito para fazer uma tomografia de sua cabeça. Será que ele ficou sangrando o tempo inteiro até que Sothscott o atendeu? Esse tipo de lapso temporal poderia ter matado Gladstone. Meus joelhos se envergaram e eu me acocorei junto ao chão de azulejos para buscar ar, com os olhos cheios de lágrimas.

8

A conversa com Sothscott me deixou entorpecido, paralisado. Eu fechei meus olhos, traçando e retraçando os vincos em minhas palmas enquanto tentava entender tudo aquilo. Eu tinha acabado de dizer à esposa de Carl Gladstone que ele ficaria bem, que superaria aquilo, enquanto na verdade era quase como se eu tivesse me certificado de que esse não seria o caso. Eu cravei as unhas em minhas mãos profundamente, criando um desconforto físico que me serviu como um momento vívido e feliz de distração daquela mistura perversa de preocupação, medo e ansiedade. Eu abri meus olhos e examinei novamente os vincos. Eles quase formavam letras – um *A* em minha palma esquerda e um *M* em minha palma direita. Eu procurava um sentido, mas me veio um branco. Então, senti um toque em meu ombro.

"O que foi?", Baio perguntou. "O que está acontecendo?" Eu olhei para cima para tentar me recompor. Será que Baio já sabia sobre o erro? Será que o Dr. Fodão já sabia? "Por acaso, coisas incríveis estariam acontecendo aqui?"

"Bem." Parte de mim queria revelar toda a conversa com Sothscott. Mas uma parte maior não queria. Baio não era responsável pelas anotações sobre os pacientes; esse era o trabalho dos médicos internos. Não havia documentação sobre seu raciocínio errôneo, apenas sobre o meu. Eu sentia que estava para vomitar.

"Você está bem?", ele perguntou.

"Na verdade, não."

"Você parece muito mal."

"Eu não estou me sentindo bem." Eu não sabia por onde começar. "Eu volto em um minuto", murmurei.

Fui para o único lugar de refúgio que pude imaginar – a sala de atendimento, com suas paredes lilases, suas luzes fluorescentes a zumbir e seus beliches instáveis. Era quase certo que ela estaria deserta a essa hora do dia. Inseri o código de três dígitos e fui ao banheiro. Dei uma rápida olhada para o meu rosto em frente ao espelho – eu parecia merda molhada –, mordi o lábio inferior e fiquei vomitando na privada.

Meus braços ficaram lânguidos conforme meu rosto se empapava. Mas eu tinha que voltar à UCC. No quarto ao lado do de Benny, havia uma jovem que precisava da grande infusão intravenosa. Joguei água fria no rosto e tentei me concentrar em sua história para que, momentaneamente, eu pudesse esquecer a minha. Seu nome era Denise Lundquist e ela havia sido transferida de um hospital em Nova Jersey. Baio havia obtido seu histórico médico e me explicado que, alguns dias antes, ela havia voltado do trabalho e encontrado Peter, seu marido, na cozinha, com a cabeça entre as mãos. Peter contou para Denise que o irmão dela havia morrido em um acidente de trânsito. Após ouvir isso, Denise entrou em colapso; minutos depois, uma ambulância chegou e a levou para o hospital local, onde foi descoberto que, assim como Gladstone, ela havia sofrido um ataque cardíaco fulminante.

Era uma história terrível, mas os detalhes me forneciam uma distração bem-vinda. Depois de um cateterismo aparentemente bem-sucedido, o coração de Denise continuara a se deteriorar, enquanto os pulmões se enchiam de fluidos. Em última análise, os médicos a colocaram em um respirador, momento em que eles também tomaram a decisão de transferi-la para a nossa UCC, que era mais bem equipada para lidar com pacientes em estado crítico e instáveis.

Peguei um papel toalha e enxuguei meu rosto. Eu precisava voltar ao trabalho. Denise precisa da grande infusão intravenosa para receber um coquetel de medicações que, potencialmente, lhe salvaria a vida, e cada segundo que eu passava na sala de atendimento atrasava seu tratamento. Quando entrei novamente na UCC, um minuto depois, Baio já havia começado o procedimento. No momento em que eu coloquei minhas luvas e o uniforme descartável, a grande infusão intravenosa já havia sido feita.

"Vá pra casa, cara", Baio disse, enquanto saía da sala. "Volte quando estiver pronto para trabalhar."

Eu balancei a cabeça, lembrando-me de algumas das primeiras palavras que ele havia dito: *Nós temos que trabalhar em equipe. Tudo é trabalho de equipe.*

"De verdade", ele disse, olhando ao redor da unidade. "Vá. Não há muito a fazer por hoje. Vá."

Após um fraco protesto, eu estava no trem em direção ao sul que me levou ao meu apartamento e só pensava em como minha ausência poderia afetar os outros. O que eles iriam pensar? Ao sair na rua 75, eu passei rapidamente em frente ao porteiro do meu bloco leste com um pequeno aceno, antes que ele pudesse dizer alguma coisa. Heather ainda estava no trabalho, vendo pacientes em sua clínica de primeiros socorros. Eu tinha o apartamento só para mim. Larguei minha mochila e esparramei o que havia nela – um estetoscópio, um jaleco branco e uma pequena bíblia chamada *Medicina de bolso* – no chão da sala, caí como uma pedra no sofá e dormi profundamente a noite toda.

Acordei na manhã seguinte com os gritos de crianças pequenas pela minha janela e, imediatamente, a minha ansiedade veio à tona. Como é que eu iria encarar aquele dia? Eu não tinha nenhuma referência emocional para algo assim. Algo tão grave e tão terrível. Um torvelinho de questões bombardeava a minha consciência. O que havia acontecido com Carl Gladstone depois de ele deixar a unidade? O que eu ia dizer para Baio? Será que eu deveria guardar aquela conversa telefônica só para mim e seguir adiante? E será que aquilo era possível? Se alguém descobrisse, nós estaríamos correndo o risco de sermos processados? Por um momento, imaginei que teria que dizer às pessoas que havia sido médico por dois dias, mas então, acidentalmente, eu havia matado alguém. Aquele pensamento quase me fez vomitar de novo.

Tirei uma roupa do meu closet e respirei fundo, enquanto me surgiu uma pequena fresta de esperança: meus trabalhos, hoje, me levariam para fora da unidade de cuidados cardíacos à tarde, eu iria à outra extremidade da rua 168 para começar a trabalhar na clínica de primeiros socorros. Como parte do meu treinamento médico, eu também tinha que aprender a tratar de queixas rotineiras, como dor nas costas ou resfriados. Muitos residentes achavam a transição para um ritmo mais lento algo mais difícil; entre eles, Baio, que havia me avisado que o pronto-socorro seria a parte mais dolorosa da minha educação médica. Outros residentes amavam o pronto-socorro e o consideravam uma mudança bastante necessária em relação à parte frenética do hospital. Tendo em vista o que eu acabara de passar na UCC, uma tarde em um consultório, conversando com pacientes que não corriam risco imediato de morrer, me parecia uma dádiva de Deus.

Enquanto o metrô seguia em direção ao norte pela manhã orvalhada, eu ouvi dois jovens rapazes avaliando as chances de Barack Obama na eleição que se aproximava[7] – ambos concordavam que ele era promissor, mas que, em última análise, era muito inexperiente – e meus pensamentos se voltaram para a minha própria inexperiência. Meu diploma da faculdade de Medicina ainda não havia sido emoldurado, e eu já me encontrava atormentado pela culpa.

No entanto, era impossível que tudo aquilo fosse culpa minha. Eu havia dito a Baio meu diagnóstico diferencial sobre a anisocoria, mas ele não tinha que dar ouvidos a mim. Ele poderia ter tomado suas próprias decisões clínicas. Seu trabalho era me mostrar o caminho. O que diabos eu sabia? Seria possível dizer que se tratava de um caso de supervisão errônea. Ainda assim, eu me sentia um merda tentando culpar Baio, e, de qualquer forma, isso não mudava o que havia acontecido com Carl Gladstone. Ou talvez Baio não tenha me ouvido; talvez ele tenha dito que minha sugestão pelo sedativo era "razoável", mas, ao fim e ao cabo, a ignorou. E se eu tivesse escrito uma anotação que não refletisse o que aconteceu, de fato, com o meu paciente? Eu estava muito confuso.

7 Este livro foi escrito antes de 2009, quando Barack Obama ainda pleiteava a eleição à presidência dos EUA (N. do R.)

Minha mente continuava a vagar, como frequentemente acontecia no metrô. Será que esses primeiros poucos dias no hospital eram um sinal do que estava por vir ou apenas um obstáculo na estrada? As pessoas entram na faculdade de Medicina acreditando que estão em vias de se tornarem médicas veneradas e de confiança, mas, e se eu estivesse destinado a me tornar aquele sobre quem os colegas cochichavam? Talvez tivesse sido mais seguro ficar trancado em um laboratório, lidando com aqueles números imaginários e...

"Com licença, senhoras e senhores!", um homem ao centro do vagão gritou. "Hoje é seu dia de sorte!"

Olhei e vi um homem negro a alguns passos, vestido com um roupão roxo e sandálias.

"Meu nome é Ali e sou um curandeiro espiritual reconhecido internacionalmente.

"Peguei o meu livro *Doenças cardíacas para leigos*.[8]

"Fui abençoado com os poderes clarividentes de meu espírito ancestral e estou aqui para ajudá-los!"

Ignorado em grande medida, Ali olhava para cima e para baixo do corredor e levantava seus braços escuros. Seus pelos faciais haviam sido modelados como uma barba à la Van Dyke[9], e, para mim, ele parecia originário da África Ocidental. "Estão entre os meus poderes (não não só): trazer de volta os amores, curar a depressão, o uso de drogas, as dívidas e a impotência!"

A mulher ao meu lado abaixou seu *New York Times* e olhou para mim.

"Eu também posso ajudar com problemas legais, status de imigração, trabalhos de magia negra, quebra de maldições, mau-olhado e forças demoníacas em geral que lhes podem causar problemas."

Ele andava ao longo do corredor amarrando e desamarrando o roupão. "Sua dor é minha responsabilidade", ele continuou. "Eu também posso ajudar com o sucesso nos negócios, nos esportes e nos exames vestibulares!"

Ali sacou uma pilha de cartões de visita coloridos dos bolsos do roupão e me deu um deles. Estava escrito:

Ali

Você sabe que eu posso ajudar

Você sabe onde me encontrar

Eu coloquei o livro de lado e olhei bem para o cartão. Eu não era uma pessoa supersticiosa, mas, naquele momento, estava disposto a insuflar qualquer fantasia que me pudesse fazer crer que a minha vida melhoraria instantaneamente. Será que aquilo

8 A expressão *dummies*, aqui traduzida como leigos, tem também o sentido ambíguo e irônico – reforçado pelo contexto em questão – de tolo, estúpido. (N. do T.)

9 Van Dyke é um estilo de pelos faciais nomeado a partir de Anthony van Dyck, consistindo, especificamente, no crescimento tanto do bigode quanto do cavanhaque com a raspagem de todos os pelos da bochecha. (N. do T.)

era algum tipo de sinal? Afinal, eu precisava de ajuda. Eu não estava preparado para os extremos de emoção que a medicina fornecia, e me via em busca de algo – uma baliza moral, um estabilizador de humor –, qualquer coisa para que eu conseguisse lidar com os altos e baixos da vida hospitalar. E se Ali, de fato, representasse algum tipo de sábio que pudesse trazer conselhos inusitados para me guiar em minha carreira?

Enquanto eu esfregava o cartão entre o dedão e o indicador, me perguntando sobre como Heather reagiria caso eu lhe perguntasse se Ali poderia se mudar para a nossa casa, a passageira ao lado deu um tapinha no meu joelho com seu jornal. "Semana passada", ela sussurrou, "esse cara estava vendendo doces para jovens jogadores de basquete."

9

Depois de mais uma manhã ao acaso, colhendo e interpretando descobertas de exames laboratoriais e físicos na Unidade de Cuidados Cardíacos, Baio me chamou de lado. Eu me preparei para o que estava por vir.

"Nós precisamos conversar", ele disse. Eu tentei olhar bem para os olhos dele, mas Baio evitou, em grande medida, encontrar o meu olhar. Isso era incomum. Baio era um homem que conseguia processar um grande leque de informações e logo descobrir o seu sentido; ele já devia saber o que acontecera com Gladstone.

"Sim", eu disse, me preparando tanto para uma acusação quanto para uma explicação. Mas ele não disse nada, então eu disse. "Quando eu vi a pupila..."

"Suas apresentações estão fracas", ele disse. "Melhore-as."

Senti alívio. "Eu percebi isso."

"Aqui está a chave", ele disse, olhando para o celular. "Você só tem cinco minutos antes que nós percamos interesse. Cada palavra tem que fazer sentido."

Estar em um terreno seguro me trazia, simultaneamente, alívio e desespero. Será que eu não estava apenas adiando o inevitável? A primeira regra das relações públicas não demandava que nos adiantássemos à história? Eu não conseguia fazer isso. Quanto mais evitávamos falar sobre aquilo, pior eu me sentia. Por que ele não estava dizendo nada? Provavelmente ele havia percebido que ambos éramos culpados. Mas e quanto a Diego e ao Fodão?

"Suas apresentações precisam estar baseadas no problema", ele prosseguiu. "Por que a pessoa está na unidade e quais são os impedimentos para que ela saia?"

"Entendi."

"O objetivo não é fazer de você um bom interno. O objetivo é fazer de você um bom médico."

E uma boa pessoa, eu quis acrescentar, mas não o fiz.

...◆...

Uma hora mais tarde, saí da palestra noturna de eletrofisiologia, ajeitei o nó da gravata e fui até a clínica de primeiros socorros.

"Se você precisar do tuberculador, você foi longe demais", um dos estudantes de Medicina sussurrou, referindo-se ao espaçoso elevador do metrô no qual alguns indigentes, recentemente, haviam decidido morar.

Desci quatro lances de escada e saí do hospital, que tinha ar condicionado, em direção ao ar fétido e pulsante, que tomava a clínica dos Associados em Medicina Interna (AMI), após alguns minutos de suor. Durante a orientação, eu havia aprendido que essa clínica modesta, composta por médicos em treinamento da Universidade de Columbia, servia às comunidades de Inwood e Washington Heights, ao norte de Manhattan. A história dessa comunidade era uma lenda de imigrantes – no começo do século XX, havia chegado uma onda migratória de irlandeses; no fim dos anos 1930, judeus europeus se refugiaram aqui. E quando nossa nova classe de quarenta internos apareceu, a área era composta sobretudo por dominicanos, como os degraus mais baixos da liga secundária de beisebol.

A orientação havia mapeado as estatísticas de saúde da comunidade: um em cada cinco adultos do bairro era obeso. Metade não fazia nenhuma atividade física. Era bastante provável que quase um terço dos moradores não tivesse um médico regular em comparação com os moradores de Nova York, em geral, e um em cada dez moradores era encaminhado para a sala de emergência quando estava doente, ou simplesmente quando precisava de alguma indicação médica. "Bem-vindo a Washington Heights", o chefe do nosso departamento dissera. "Você prestará um grande serviço para essa comunidade." Estava claro que os primeiros socorros demandavam um conjunto único de habilidades clínicas e interpessoais, habilidades que, muito provavelmente, eu não havia adquirido de forma completa.

Uma jovem recepcionista na clínica AMI verificou minha identidade, escaneou um cartão dos membros para mim e me levou até o consultório. "Aqui está", ela disse, abrindo a porta de um dos sete consultórios. No canto esquerdo da sala, uma pilha de papéis de embrulho estava em cima da mesa de exame. Acima dela, um balão azul, de pressão sanguínea, estava montado junto a uma parede cor de queijo. À minha direita, havia uma grande mesa de madeira e um computador. Meu primeiro consultório médico.

"Só um lembrete", a mulher disse, "quando você tiver acabado de ver o paciente, você deve apresentar o caso para o MR. Então, você traz a papelada para mim".

"MR?", perguntei. A Medicina estava se transformando rapidamente em uma salada de acrônimos.

"Médico responsável. Ele fica no fim do corredor."

"Ah, o..."

"Sim". Ela piscou. "O médico de verdade."

Eu havia acompanhado um médico de primeiros socorros durante um mês, no Hospital Geral de Massachusetts, e conhecia os fundamentos de como o sistema funcionava, mas eu sabia que seria um erro presumir que o trabalho na clínica seria simples. Se era algo desafiador para Baio, eu não queria nem pensar em como seria minha própria experiência. Felizmente, havia um médico de primeiros socorros real e certificado logo ao fim do corredor, caso eu ficasse confuso ou sobrecarregado.

Liguei meu computador e encontrei o meu painel de pacientes. Estava previsto que eu receberia pacientes em consultas de trinta minutos, da uma às quatro e meia da tarde. Ao abrir o histórico médico do meu primeiro paciente, senti um pequeno calafrio, enquanto me preparava para escrever anotações sobre ele, um homem de 53 anos que já vinha à clínica há muitos anos. Abri a última página de anotações do médico anterior de primeiros socorros. Mas, enquanto eu lia, meus olhos ficaram estrábicos. As anotações começavam assim:

Lista de problemas

1. HTN
2. CKN
3. CAD
4. TIA
5. COPD
6. GERD
7. PVD
8. Enxaquecas
9. ED
10. DM2
11. BPH
12. Uso ativo de tabaco
13. Depressão
14. HLD
15. OSA em BIPAD
16. Afib em Coumadin (Varfarina)
17. Glaucoma?
18. HCM: precisa de um c-scope

Que tipo de paciente tinha dezoito problemas diferentes? Parecia que eu ia precisar de uma equipe de especialistas no consultório apenas para fornecer os primeiros socorros. Ao examinar minuciosamente aqueles acrônimos confusos, senti meu estômago revirar. Eu reconhecia algumas das combinações de letras, mas cada acrônimo desconhecido me fazia sentir como se eu tivesse tomado uma pequena facada no flanco. Será que eles estavam usando um conjunto diferente de abreviações na Universidade de Columbia? Subitamente, senti falta da imediaticidade da cirurgia, de colocar algo no lugar aqui e ali, de mostrar a Axel e, então, seguir adiante. Reli as anotações desde o começo e comecei a buscar no Google as várias combinações de letras que não me eram imediatamente reconhecíveis.

Minhas palmas começaram a suar levemente enquanto eu digitava. E se esse paciente tivesse outros problemas que não estavam nessa lista? Os pacientes, geralmente, enfatizavam as coisas que eles podiam sentir, como um joelho dolorido, ao invés das coisas que eles não podiam sentir, como o diabetes e a pressão alta. Como é que eu poderia analisar questões antigas e novas em uma rápida consulta clínica? Enquanto o computador realizava a busca, meus pensamentos voltavam a Carl Gladstone, como sempre acontecia quando eu me via com tempo livre. Será que ele ia ficar bem?

Eu precisava dizer algo.

Depois de vinte minutos de distração, eu havia me inteirado de apenas um terço do histórico médico do paciente, mas, ao me sentar atrás daquela grande mesa, eu realmente me sentia um médico de verdade; ao menos eu me sentia mais médico ali do que na unidade de cuidados cardíacos. Em um momento de modesta inspiração, levantei-me de minha cadeira giratória e decidi testar o aparelho de medir pressão. Na faculdade de Medicina, eu sempre achei aquela engenhoca incômoda, e eu sabia, por experiência própria, que lidar com ela de forma desajeitada ia dar bandeira de que eu era um novato. Uma vez satisfeito de que eu poderia colocar o estetoscópio no lugar certo com uma mão, enquanto bombeava a braçadeira do aparelho de pressão com a outra, retornei ao histórico médico. Depois de outros quinze minutos fazendo referências e referências cruzadas, precisei fechar os olhos.

Era, de fato, possível memorizar e reter todo aquele conhecimento? E mais importante: era mesmo necessário? Ou será que os médicos reais retinham o cerne das informações cruciais e simplesmente verificavam o resto em pleno voo? Baio parecia já ter visto tudo aquilo antes, confiando na experiência para guiar suas decisões. Enquanto eu me enterrava nas anotações e toda a esperança em relação à parcimônia dos diagnósticos parecia perdida, alguém bateu à porta. Eu levantei da cadeira e abri a porta.

"Doutor McCarthy", a recepcionista disse, "seu paciente da uma da tarde está aqui".

"Ok", eu disse. "Ótimo".

"Você quer recebê-lo?", ela perguntou.

Enquanto eu olhava para meu bloco de notas, fiquei pensando momentaneamente se qualquer resposta além de sim seria aceitável. Na verdade, eu pensei que ia precisar de outra hora antes de me sentir preparado para ver o paciente.

"Bem", eu disse, cruzando os braços, "acho que eu tenho...".

"É uma e quarenta e sete", ela disse. "Ele está quase uma hora atrasado, e seu paciente da uma e meia acabou de chegar."

"Ele parece um pouco doente", eu disse. "Talvez nós possamos fazer uma consulta mais rápida ou..."

"Eu vou pedir para ele entrar", ela disse e fechou a porta.

Um momento depois, um homem atarracado e de barba, vestindo uma jaqueta de fazendeiro desbotada, entrou no consultório e me estendeu uma mão cheia de calos.

"Meu nome é Sam", ele disse com firmeza.

"Matt. Senhor McC... – doutor McCarthy. Por favor, sente-se."

Eu fiz um gesto com a mão, do outro lado da mesa, como se tivesse acabado de fazer um truque de mágica. "Na verdade, você me deu algum tempo para eu me familiarizar com o seu histórico."

O fato de que Sam ainda estivesse de pé e tivesse vindo ao meu consultório com suas próprias pernas era uma pequena surpresa. Depois de ler a longa lista de problemas em seu histórico, eu estava esperando alguém praticamente inválido, mas Sam, na verdade, parecia bem. Ele tinha a voz rouca, cabelos grisalhos e cheios que lhe caíam sobre os olhos, e se Heather o visse na rua, ela bem poderia sussurrar que ele parecia um cão pastor. "Sinto muito por estar atrasado", ele disse. "Eu não sabia que vocês ainda usavam históricos."

Seu sorriso revelava dentes encavalados cor de champanhe. "A maioria agora está computadorizada", eu concordei, "mas, sim, alguns históricos ainda são feitos em papel".

Na faculdade de Medicina, eles frequentemente nos filmavam entrevistando um ator que se passava por um paciente, para que pudessem apreender melhor nosso modo de atuar. Rotineiramente, eu recebia comentários de que meu comportamento algo pessimista podia deprimir os pacientes. Eu abri um grande sorriso e bati com os nós dos dedos na mesa.

"Há muitos aqui", eu disse, enquanto apontava para o monitor. "Parece que você já passou por muita coisa. Então... como você está?"

Eu havia aprendido a conduzir a consulta com questões objetivas como se isso tivesse sido implantado em meu cérebro.

"Eu estou bem", ele respondeu. "Bem de verdade, eu me sinto ótimo."

Nós ficamos em silêncio, e eu comecei a contar em minha cabeça. Recentemente, tinham me avisado que a maioria dos médicos interrompem seus pacientes em dezoito segundos para começar as perguntas. Acenei com a cabeça e abri bem os olhos para encorajá-lo a falar.

"E você?", ele perguntou categoricamente.

Eu terminei de contar até vinte e disse, "Eu?".

"Sim, você está bem?"

"Sim."

Eu acenei com a cabeça, ele também. Houve muitos acenos.

"Então, vamos lá", eu disse. "Bom, verifiquei o seu histórico e contei mais de quinze problemas médicos. Já que nós nos conhecemos há pouco, eu gostaria de repassar cada um desses pontos com você."

"Quinze? Não pode ser. Eu só estou aqui para fazer um *check-up*."

"Eu concordo que é muita coisa. Será mais fácil se nós repassarmos a lista. A primeira coisa aqui é pressão alta."

Eu estava usando uma velha técnica de improvisação para prolongar a conversa: evitar negações, concordar e seguir adiante. Eu olhei para o aparelho de medir pressão.

"Hum. Minha pressão está sempre normal. Eu não diria que tenho pressão alta."

"Você toma remédio, não toma?"

"Tomo."

"Se não tomasse, ela estaria alta, não é mesmo?"

Ele levantou os ombros. "Não sei. Talvez nós devêssemos tentar."

"Tentar o quê?"

"Tentar parar com a medicação. Talvez minha pressão não estaria tão alta".

"Não, ela estaria."

Já era o bastante para a improvisação.

"Ok, o próximo item aqui é doença nos rins."

Ele balançou a cabeça. "Ninguém nunca mencionou que eu tenho doença nos rins."

Isso parecia impossível. Se o médico anterior havia anotado aquilo, por que ele não teria dito a Sam? Ou será que havia algo sobre Sam que eu não estava compreendendo? – ele não estava me respondendo da forma que eu havia visto os pacientes responder aos médicos de primeiros socorros, em Harvard. Talvez eu precisasse trocar de tática – mudar de marcha inteiramente –, mas como? Com o tempo, eu iria aprender a perguntar questões mais amplas – *essa protuberância no seu rosto é nova? A sua diarreia está espumante?* –, mas agora, sentando diante de Sam, eu estava aturdido.

Uma voz do lado de fora da porta anunciou, "Seu paciente das duas está aqui. O paciente da uma e meia ainda está esperando."

Meu pulso se acelerou. "Ok, vamos dar uma acelerada na revisão dos seus problemas".

"Vamos correr."

Depois de mais vinte minutos de perguntas artificiais, que produziam informações pouco relevantes, eu me levantei. Sam estava claramente mais confuso agora do que quando ele havia entrado. "Eu já volto. Eu só preciso discutir o seu caso com alguém. Eu já..."

"Você não vai me examinar?"

Eu olhei para o estetoscópio que jazia confortavelmente sobre a minha mesa. "Sim, claro."

A ideia era que, indubitavelmente, eu logo ia encontrar o caminho, tropeçando por tentativa e erro até encontrar a melhor maneira de atuar. Mas quanto tempo isso ia levar? Na orientação, a expectativa da clínica de primeiros socorros havia sido claramente delineada: os residentes projetariam um plano de ação para cada paciente e o MR analisaria aquele plano, assegurando que o paciente receberia tratamento de qualidade conforme nós havíamos aprendido. Eu tinha supervisão, mas ela estava em outra sala, uma sala que, naquele momento, parecia muito distante. Cada paciente era um problema, os comatosos precisavam ser mantidos vivos, aqueles que aparentemente eram saudáveis poderiam estar morrendo, e todos eles estavam sob minha responsabilidade. Liberar a adrenalina era a única coisa que, momentaneamente, aliviava a pressão, mas naquela condição terra a terra do consultório, minha ansiedade se expandia até encher a sala. E eu suspeitava que Sam podia entrever isso.

"Respire fundo", eu disse, pressionando o estetoscópio contra as costas de Sam. "Novamente." Eu também respirei fundo, esperando que isso acalmasse meus nervos.

Enquanto eu tentava, em vão, procurar a glândula tireoide de Sam, que deveria parecer um nó de gravata, eu sentia falta da mão silenciosa de Baio me apontando gentilmente a direção certa.

10

Alguns minutos depois, enquanto Sam esperava, atravessei o corredor até chegar a uma sala com a inscrição MR. Dentro da sala, um homem de cinquenta e poucos anos, com um corte de cabelo estilo pajem estava lendo a última edição da *Revista da Associação Médica Norte-Americana*.

"Olá", eu disse suavemente, "eu sou um dos novos internos".

Ele abaixou a revista e olhou para mim, com alegria. "Bem-vindo!", ele disse. "Por favor, sente-se." O MR, cujo nome era Moranis, estava usando calças cáqui e uma camisa Ralph Lauren de botões com uma gravata vermelha, o uniforme extraoficial de um médico acadêmico.

"Eu quero me desculpar por me atrasar com as consultas. Meu primeiro paciente é um pouco complicado."

Moranis balançou a cabeça. "Nunca comece qualquer apresentação se desculpando. É o seu primeiro dia no pronto-socorro", ele disse, rapidamente piscando seus olhos verdes como o mar, "e todos eles são complicados".

Eu peguei meu bloco de notas. "Por onde eu deveria começar?"

"Diga-me você. Eu estou aqui só para dar orientações."

Olhei para o bloco descolorido pelo sol – uma tempestade de redações – e me senti instável. "Bem, eu fiz uma lista de problemas."

"É uma boa forma de começar. O que aparece no topo da lista?" Era claro que ele vinha supervisionando jovens médicos há anos, e eu me senti um pouco mais à vontade. Mas talvez isso tenha acontecido porque eu já não estava lidando face a face com um paciente.

"No topo da lista está a pressão alta", eu disse. "Sua pressão sanguínea está um pouco elevada hoje."

"Ele está tomando algum diurético?"

Chequei a lista de medicações procurando o Lasix – o único diurético de que eu me lembrava. Um dia antes, eu havia mencionado nas discussões que o Lasix tem esse nome por causa da sua duração – "dura seis horas".[10] Baio, então, me ensinou, detalhando a forma pela qual o Lasix passou a ser empregado em corridas de cavalos depois que se descobriu que ele impedia os animais de sangrar pelas narinas durante as corridas. Daí a expressão "mija como um cavalo de corrida".

"Não há o Lasix", eu disse. "Mas ele está tomando uma série de outras medicações."

"Ele está tomando hidroclorotiazida? E você sabe por que eu estou perguntando?"

"Não."

"Anos atrás, um grande teste chamado ALLHAT[11] mostrou que pacientes com pressão alta deveriam ser medicados com o diurético Tiazida se o tratamento isolado estivesse sendo iniciado e outra medicação não fosse indicada."

"Entendi." Escrevi rapidamente *ALLHAT*.

"No entanto, você disse que seu paciente é complicado, então uma medicação diferente pode ser indicada. Talvez o Lisinopril, se ele tiver problemas nos rins..."

Tentei transcrever seus pensamentos, mas não estava conseguindo seguir o ritmo.

"... No entanto, se ele for cardíaco, um betabloqueador pode ser indicado."

Como é que eu ia me lembrar de tudo isso? Será que eu tinha que voltar lá e explicar tudo para o Sam? Talvez tenha sido por isso que o médico anterior não havia dito para o Sam que ele tinha doença nos rins – porque era muito complicado explicar tudo aquilo.

Enquanto a sala de espera ficava ainda mais lotada, Moranis repassou cada um dos tópicos da lista de problemas e explicou a razão implicada em cada diagnóstico e tratamento. Apesar do corte de cabelo juvenil, ele tinha um perfil inconfundível de idade e autoridade, além de falar com uma certa alegria, enquanto se voltava para cada parte da informação ao examinar as possibilidades que se relacionavam a Sam. Tentei absorver tudo aquilo, mas acabei me dispersando, e então eu via seus lábios se movendo, enquanto eu pensava se uma vida toda a memorizar artigos de periódicos e acrônimos me tornaria alguém como ele. Alguém que, sem sequer ter examinado

10 Jogo de palavras em inglês com o nome *Lasix*: "(la)sts (dura) (six) (seis) horas". (N. do T.)

11 Em inglês, *Antihypertensive and Lipid Lowering Treatment to Prevent Heart Attack Trial* (Teste Anti-hipertensivo para Tratamento de Redução de Lipídeos para Prevenir Ataques Cardíacos). (N. do T.)

meu paciente, parecia conhecê-lo melhor do que eu. Ou será que eu me tornaria uma criatura tão consumida pelas minúcias que seria incapaz de interagir com os pacientes até mesmo no âmbito mais básico? Será que tudo aqui não se tornaria um monte de factoides emaranhados?

"Vamos ver o seu paciente", ele disse, finalmente, ao se levantar. "Eis a melhor parte".

Quando Moranis se levantou, eu me dei conta de que poderia apoiar o meu queixo em sua cabeça. Esse homem que eu considerava tão imponente em termos intelectuais era muito mais baixo do que eu. Enquanto nós andávamos pelo corredor, notei que seus olhos cintilavam um pouco da mesma forma que acontecia com os olhos de Baio. Novamente, eu estava ao lado de outro médico que inspirava bastante convicção. Será que algum dia eu chegaria ao ponto de que algo assim me fosse possível?

"Esse é o meu chefe", eu disse para Sam quando nós voltamos ao consultório, "o médico responsável".

"Sam", ele disse, estendendo sua mão direita. "Seu médico estava me dizendo todas as coisas que estão erradas com você."

Moranis virou a cabeça em minha direção e franziu o cenho. "Eu vejo que vocês lidaram com muita coisa aqui."

"O Dr. McCarthy mencionou que eu tenho mais de quinze problemas. Eu nunca havia pensado sobre mim dessa maneira, mas acho que é bom ter ciência de tudo."

"Deixe-me dizer a você uma hipótese alternativa", disse Moranis, levantando o indicador como se ele estivesse para introduzir um raio laser. "Disseram-lhe que você tinha pressão alta já quando jovem."

Sam franziu as sobrancelhas, e Moranis acenou com a cabeça gentilmente.

Parece que sim", ele disse.

"E eu aposto que lhe prescreveram uma medicação para isso."

"Sinceramente, eu não me lembro."

"E você não tomou aquela medicação."

Sam esboçou um sorriso sem alegria. "Você está certo a esse respeito. Eu não tomei nada até fazer cinquenta anos. E então, aparentemente, tudo começou a falhar."

"A sua pressão alta não tratada levou a uma doença no fígado, o que acabou exacerbando a sua hipertensão. Isso, por sua vez, ocasionou uma doença cardíaca." Moranis olhou para o cinto e colocou o celular no modo silencioso. "A doença cardíaca", ele continuou, "levou à doença nos rins, a qual, por sua vez, contribuiu para a sua disfunção erétil. E a disfunção erétil contribuiu para a sua insônia".

"Ótimo", disse Sam, "e qual é a resposta? Se eu tratar a pressão alta tudo isso vai desaparecer?".

Moranis levou o dedo aos lábios para que ele pudesse auscultar o coração e os pulmões de Sam com seu estetoscópio.

"Não é tão simples", eu disse, ávido para contribuir. "Todos esses problemas são crônicos, e é provável que você tenha que ficar tratando deles, ao invés de curá-los."

Meu celular tocou, e Sam cobriu os olhos com a mão direita. "Sabe, parece que, a cada vez, eu vejo um médico diferente quando venho aqui. Passados alguns meses, eu começo do zero com outro médico. Você pode ser o meu médico permanente, agora?"

Nós havíamos feito uma pequena conexão. "Claro que eu posso ser o seu médico permanente. Eu vou ficar aqui pelos próximos..."

"Não você", disse Sam, olhando para Moranis, "ele".

Moranis retirou o estetoscópio dos ouvidos e foi em direção à porta. "Nós somos uma equipe aqui. Você está em boas mãos. Foi um prazer conhecê-lo."

...◆...

"Há uma coisa que não mencionei para o seu chefe", Sam disse humildemente quando ficamos a sós. "Acho que fiquei com vergonha, mas estou sem Viagra há algumas semanas e gostaria de saber se eu poderia obter uma nova receita."

O comercial do Viagra pululou em minha mente – um pobre senhor velejando em um lago – com a voz ao fundo, "Não tome Viagra se você toma nitratos para dor no peito".

"Você toma nitratos para dor no peito?", perguntei.

"Diga-me você, doutor."

Eu repassei sua lista de medicações. "Não." Eu imaginei o Sam tentando, em vão, obter uma ereção. "Claro, eu posso lhe fazer uma prescrição."

Nós terminamos a consulta alguns minutos depois. Ao me dirigir até a recepcionista para lhe entregar a papelada, passei rapidamente no consultório de Moranis.

"Muito obrigado por aquilo", eu disse, "por tudo".

"É para isso que estou aqui."

"Bom, muito obrigado."

"Ah, eu ia lhe perguntar", Moranis disse, deixando de lado o periódico. "Você notou que ele já havia sido preso?"

Eu fiquei chocado. "Hum, acho que não. Acho que fiquei muito envolvido (e aturdido) com tudo aquilo."

"Dica rápida. Você não pode apenas repassar as anotações mais recentes para entender seus novos pacientes." Moranis deve ter revisado as anotações mais antigas, enquanto eu estava examinando Sam. Mas havia dezenas de anotações no histórico. Como ele sabia quais delas deveriam ser lidas?

Eu pensei em Sam, o adorável cão pastor. "Você lhe perguntou por que ele esteve na prisão? Eu perdi isso?"

Um sorriso despontou no rosto de Moranis. "Por que você acha?"

"Eu fiquei curioso."

"Por quê?"

"Não sei – ele é um pedófilo, um *serial killer* ou algo assim?"

"Por quê?"

"Você está me perguntando se isso seria relevante caso ele fosse um transgressor sexual? Ou se ele batesse na esposa?"

"Claro. Isso mudaria algo a respeito do modo como você o tratou?"

A pergunta remeteu minha mente a Boston, três anos antes, em um seminário que acompanhei em Harvard. Uma tarde por semana, um pequeno grupo de estudantes se reunia para discutir preconceitos dentro e fora da medicina, em um curso chamado Formação de Médicos Culturalmente Competentes. Ao fim do seminário, nos pediram que trouxéssemos à tona um preconceito para o grupo.

"Eu acho que os gordos são preguiçosos, às vezes", uma jovem disse.

"Quando eu ouço o sotaque de alguém do sul, eu meio que acho que essa pessoa não será muito brilhante", disse outro.

Nós continuamos assim até chegarmos a Ben, um aspirante a cirurgião de traumas como Axel, que estava balançando a cabeça gentilmente.

"Francamente, eu acho que nós todos deveríamos parar de enrolar", ele disse.

O professor franziu a sobrancelha. Ben tinha um ar fanfarrão que não se encontrava em outros lugares do campus; a inteligência dele era algo que nós nunca iríamos entender ou processar devidamente. E ele era um dos favoritos de Charlie McCabe.

"Eu acho ótimo que nós todos estejamos compartilhando tudo isso hoje", Ben prosseguiu. "Eu sou amigo do Matt", ele disse, apontando em minha direção. "Eu gosto dele e estou ansioso para ouvir sobre os seus preconceitos. E não há dúvida de que o Matt acha que os gordos são preguiçosos."

As cabeças se voltaram para mim; eu me senti humilhado. Balancei a cabeça e repliquei "não".

"Mas eu também não tenho dúvida de que o Matt se preocuparia com um gordo da mesma forma que ele se preocuparia com qualquer outra pessoa."

Balancei a cabeça entusiasticamente.

"Então, quem se importa?", disse Ben. "Eu estou mais interessado nas... pessoas más desse mundo. E quanto a alguém que molesta crianças? Eu deveria operá-lo? Será que eu deveria me empenhar a fundo para salvar a vida de um monstro?"

"Bem", disse uma futura cirurgiã pequenina chamada Marjorie, "eu acho que todos nós trazemos certos valores inescapáveis para a mesa de cirurgia. Eu sei que não vou tratar todas e cada uma das pessoas exatamente da mesma forma."

"Ah é?", disse Ben.

"Eu..." Ela pousou os olhos na mesa. "Eu não poderia tratar um muçulmano, por exemplo."

Seu judaísmo ortodoxo não era um segredo para a classe.

Ben sorriu. "Continue."

"Mas eu me conheço suficientemente para não me colocar em tal situação", Marjorie continuou. "Eu me recusaria."

"E se você não tiver esse luxo?" Perguntou Ben. "E se você estiver em um pequeno hospital e for a única cirurgiã?"

"Eu não deixaria isso acontecer."

"Nós estamos sendo treinados para recuperar as pessoas", disse Ben, olhando para todos os membros da sala. "Nós não estamos aqui para sermos juízes. Ou para ser um júri."

Marjorie balançou a cabeça. "Eu estou apenas sendo honesta."

"Mas, talvez", disse Ben, delicadamente, apontando um dedo indicador para Marjorie, "talvez você esteja sendo um carrasco".

"Não é justo, Ben. Como eu disse, eu só estava sendo honesta."

"Eu irei um pouco além", ele continuou, "e vou sugerir que você não estava sendo assim tão honesta em suas entrevistas da faculdade de Medicina". Ela não respondeu. Ben se voltou para mim. "De alguma forma, Matt, eu estava apostando que isso não viria à tona."

Eu dei um passo em direção a Moranis e disse, indiferente, "Você sabe por que Sam esteve preso?".

"Sim."

"E?"

"Está no histórico."

"Vou dar uma olhada."

"Fique à vontade."

"Eu também queria mencionar que, depois que você saiu, ele me pediu para que eu lhe prescrevesse mais Viagra. Não vi nenhuma razão para não o fazer. Eu acho que ele ficou um pouco envergonhado para dizer isso..."

"Sam foi condenado por abuso sexual há onze anos."

Eu dei um passo para trás. O que eu sabia sobre Sam depois de uma hora vendo seu histórico era quase nada. Mas não havia como discutir sua vida pessoal enquanto eu estava tentando dar conta de todos aqueles acrônimos que saltavam de seu histórico médico. E se Sam tivesse sido condenado por um crime, cumprido sua pena e agora estivesse casado e tivesse uma família? Mas e se ele fosse um monstro?

"Então", eu disse suavemente, "eu não deveria ter voltado a lhe prescrever o Viagra?".

Moranis sorriu. "Isso é com você. Ele é seu paciente. Eu só estou aqui para lhe dar orientação."

"Certo. Então..."

"Então."

"Como você me orientaria?"

Ele se levantou, colocou uma mão em meu ombro e disse, "eu o aconselharia a pensar sobre isso e tomar sua própria decisão".

Eu levantei a cabeça. Esse quadro deveria ter surgido antes. Qual era a resposta certa? Será que havia uma resposta certa? Por que tudo isso não era tão simples quanto dizer "Não dê aos abusadores sexuais pílulas de ereção" ou "Ei, isso foi há muito tempo, é claro que é provável que agora já esteja tudo bem"? E, de qualquer maneira, como era possível esperar que eu fizesse julgamentos imediatos sobre questões morais que poderiam levar dias para serem analisadas, quando eu mal conseguia acompanhar a sinfonia do paciente em relação às suas doenças efetivas, isto é, aquilo que ele verdadeiramente precisava que eu dominasse?

Eu abri a boca, mas Moranis me interrompeu.

"A sala de espera está ficando lotada", ele disse. "É melhor você ir."

11

Vários dias haviam passado, e eu ainda não tinha mencionado o caso de Gladstone para ninguém. E isso estava me devorando por dentro. Será que haveria repercussões? O que aconteceria com ele? Ou comigo? Havia tão poucas pessoas com as quais eu poderia falar a respeito, tão poucas pessoas que iriam entender. Felizmente, eu vivia com uma delas.

"Fiz merda", disse a Heather, enquanto ela colocava cereal na tigela. "Eu realmente fiz merda."

Ainda não havia amanhecido, e ambos estávamos sonolentos. Ela franziu a sobrancelha e pegou uma colher, enquanto eu continuava a falar, explicando o caso de Carl Gladstone escrupulosamente. Reviver aquele momento não era algo catártico de jeito nenhum; aquilo só me fez ficar triste. Quando eu já havia esboçado o caso suficientemente contra a minha competência, olhei para o relógio. Era hora de ir trabalhar.

"O importante", disse Heather, "é que você disse para alguém".

"Sim, mas isso não muda o que aconteceu. A pessoa poderia ter morrido. A pessoa deveria ter morrido."

"Mas ele não morreu." Ela largou a colher e pousou sua mão macia sobre a minha. "Você fez o que tinha de fazer. Você não guardou isso para você."

Balancei a cabeça. Não importava. "Isso está me matando."

"Imagine quantas pessoas o examinaram e sequer olharam para a sua pupila."

"Mas eu olhei."

Comemos nossos cereais em silêncio; minha cabeça doía como se eu estivesse de ressaca, mas eu não tomava nada há vários dias. Possivelmente há semanas.

"Você não pode ficar se torturando por isso."

Eu sabia que ela tinha razão. Eu sabia que essas coisas poderiam acontecer. Mas não conseguia me lembrar de um erro dela. Não me lembrava de ela ter lidado com um erro grave.

"Sim", eu disse.

Ela olhou para os meus olhos e sorriu. "Você é um bom médico, Matt. Lembre-se disso."

Nós jogamos as tigelas na pia, pegamos nossos jalecos e fomos trabalhar.

•••◆•••

Uma hora depois, eu estava de volta à unidade, correndo de um quarto ao outro, me familiarizando com as cinco novas internações que haviam ocorrido à noite. A rotatividade era vertiginosa; levaria horas para eu me acostumar à velocidade. Denise Lundquist – a mulher cuja morte do irmão lhe provocara um ataque cardíaco – havia sido retirada do ventilador pulmonar e provavelmente seria transferida da unidade antes do fim de semana. Uma constante, no entanto, era Benny. Lá estava ele, hora após hora, andando na bicicleta ergométrica ou assistindo à televisão em sua cama, como se ele fosse alguém cujo pequeno apartamento apenas estivesse no meio de uma unidade de cuidados cardíacos. Para um homem com um coração falho e doente, ele tinha uma resposta boa que impressionava, coisa que fazia de suas avaliações uma boa quebra em relação à atmosfera tensa do restante da unidade. Naquela manhã, ele estava assistindo a um episódio de *House* quando passei pelo seu quarto, algo que me soou um pouco como assistir a um filme de acidente aéreo em um avião.

"Você está bem?", perguntei, dando o sinal de joia com o dedão quando atravessei a porta com a cabeça.

"Acho que sim."

"Excelente." Eu comecei a fechar a porta e a verificar minha lista de atividades. Havia outras treze coisas a serem verificadas antes das discussões. Repeti aquela resposta para mim mesmo: *Acho que sim*. Aquilo não parecia com o Benny. Olhei e vi que ele estava vestindo a mesma camiseta dos *Giants* e não se barbeava há muitos dias. Sua barba era muito mais branca do que eu esperava, e gotas de suor estavam se acumulando sobre seu lábio fino.

"Você tem um minuto?", ele perguntou.

"Sim, tenho. Tenho menos de um minuto."

Ele pôs a televisão no mudo. "Matt, eu vejo um novo grupo de internos aqui, a cada mês. Mas quando a hora chega, eu gosto de dar um feedback."

"Ah." Em minha limitada experiência, feedbacks inusitados raramente eram bem-vindos ou construtivos.

"Matt, apenas sentado aqui, esperando, eu me deparei com todos os tipos. Bons, maus..." Sua voz se enfraqueceu. "Sobretudo boas pessoas."

"É bom ouvir isso."

"Os bons, os maus, mas não os feios." Ele riu consigo mesmo e fixou os olhos nos meus. "Matt, você chega por aqui como se sempre estivesse com pressa."

"É porque eu estou." Minha coluna, inconscientemente, se enrijeceu.

"Parece que conversar comigo ou com qualquer outra pessoa é só mais uma caixa que você precisa verificar." Ele abaixou a cabeça. "Eu só estou dizendo isso porque você é jovem."

"E impressionável", sussurrei. Relaxei um pouco. Esse tipo de crítica era bem difícil pra mim. Não conhecer alguma coisa como um médico jovem e inexperiente era uma coisa, mas ninguém quer ouvir que seus pacientes acham que você não se preocupa com eles. Ainda assim, o comentário de Benny não parecia uma reprimenda; sua voz tinha algo de extraoficial que me fazia relaxar. Sentei na cadeira próxima à sua cama e suspirei. "Não, você está certo", eu disse. "A verdade é que eu me sinto completamente sobrecarregado."

"Dá pra se ver."

"Rá. Ótimo. É preciso fazer muita coisa para que eles nunca te vejam suar."

"Mas não precisa ser assim."

Balancei a cabeça. "Acho até que eu deveria chegar aqui mais cedo."

"Não é disso que se trata. Não é nada disso. Observe o que você está fazendo. Você está sentado e nós estamos tendo uma conversa de verdade. Normalmente, você só..."

"Planejo uma rota de fuga no momento em que entro no quarto."

"Sim. E na metade do tempo você está olhando para os seus papéis ou por cima dos ombros e não está ouvindo."

"Mas eu estou ouvindo."

"A percepção é a realidade, Matt."

Por que ele estava suando tanto?

"E quanto a você?", perguntei. Será que ele estava mais doente do que eu havia notado?

"Dias bons e dias ruins", ele disse. "Hoje não é um dia tão bom."

Eu não conseguia me imaginar em seu lugar, apenas esperando, dia após dia. Eu me sentiria indignado. A menos que sua condição não fosse tão estável quanto eu supunha.

"Você está realmente parecendo um pouco quente", eu disse. "Vamos verificar se você não está com febre."

Quando eu coloquei as costas da mão contra sua testa úmida, houve uma batida à porta.

"O *happy hour* acabou", disse Baio. "Vamos conversar."

"Obrigado por se preocupar comigo", eu disse para Benny ao sair do quarto. "Eu vou chamar uma enfermeira."

"A clínica de primeiros socorros não foi dolorosa?", perguntou Baio, enquanto andávamos até um par de computadores vazios. Ele estava certo, ela era dolorosa – mas por uma razão diferente; o que eu considerava esmagador, ele achava tedioso. Eu analisei o rosto de Baio para notar se, em algum momento, ele traria o assunto Gladstone à tona. "De qualquer forma, esse vai ser um dia muito cheio. Ridiculamente cheio".

Eu não queria pensar sobre isso. Respirei fundo e peguei uma rosquinha. A cada dia que passava sem que me chamassem para explicar a questão de Gladstone, era mais fácil simplesmente seguir adiante. Eu havia me dilacerado, mas, então, havia começado a alcançar uma certa apatia a esse respeito. Eu simplesmente não conseguia continuar me preocupando, ou então eu nunca daria sequência ao resto do meu trabalho, e, provavelmente, meu estômago acabaria destruído por completo naquele processo. E, conforme o tempo passava e nenhuma palavra de meus superiores chegava, era mais fácil pensar que eu conseguiria apagar todo aquele incidente da minha cabeça. Havia muito a perder em trazer aquilo à tona. De qualquer forma, Gladstone estava, indubitavelmente, em melhores mãos agora, onde quer que ele estivesse.

"Sabe", eu disse para Baio quando minha colega interna Lalitha, uma mulher alta, atraente, com um pouco de sotaque britânico e que era de Bangladesh, passou à minha frente, "eu admiro muito essas moças".

Lalitha estava transportando Denise Lundquist para o local da Tomografia axial computadorizada (TAC), enquanto minhas outras duas colegas "vagens", Ariel e Meghan, estavam fazendo uma paracentese em um dos novos pacientes.

"Olhe para elas", prossegui. "Brilhantes, cheias de energia, entusiasmadas, percorrendo a unidade e fazendo cem coisas de uma só vez." Ainda não havia sido formalmente reconhecido que elas estavam me superando, mas eu sentia que estavam e constantemente eu buscava sinais.

Baio sorriu. "Apenas se lembre de que todo mundo surta." O sorriso desapareceu. "Todo mundo."

"Como assim?"

"Você não consegue extrair merda com um sorriso no rosto por tanto tempo."

"Mas, e então? Você surtou?"

Ele deu um giro com a cadeira. "Sem comentários. Mas, por falar em extrair merda, eu preciso que você faça o teste de guaiaco[12] em alguém para mim.

"Claro." Baio queria que eu inserisse meu dedo calçado pela luva no reto de um paciente para ver se havia sangramento interno. Eu fiquei me perguntando se ele precisava parecer tão satisfeito com aquilo.

"É hora de introduzir o dedo no ânus", ele disse. Baio me deu um tapinha nas costas. "Você já fez isso antes?"

"Bem..."

"Eu vou tomar isso como outro não. Honestamente, eles lhe ensinaram alguma coisa em Harvard? Alguma coisa?"

"Eu já fiz isso antes. Mas não foi em um paciente."

Baio juntou as mãos e abriu um amplo sorriso. "Oh, doutor McCarthy, por favor, me conte."

"Bem, não há muito para dizer. Na faculdade de Medicina, um rapaz cujo pai havia morrido de câncer de próstata trabalhava como cobaia para ajudar os estudantes a aprender a fazer exames do reto. Praticamente toda a nossa classe havia posto um dedo em seu ânus em algum momento. Bom rapaz."

"O que quer que eles lhe tenham pagado, não foi o suficiente", disse Baio. "Mas, francamente, de todas as coisas práticas que eles lhe ensinaram em Harvard, estou chocado que essa seja uma delas." Ele balançou as mãos. "De qualquer forma, eu quero fazer uma anticoagulação em uma das novas pacientes. E antes que nós empreguemos o anticoagulante, nós precisamos ter certeza de que não há sangramento interno. E é aí que você entra."

Naquele momento, uma voz ressoou pelo intercomunicador: *EMERGÊNCIA, JARDIM CINCO SUL! EMERGÊNCIA, JARDIM CINCO SUL!*

Num átimo, Baio havia sumido. Eu me inclinei na cadeira e o imaginei dizendo "VRRC, VRRC", enquanto ele corria pelo corredor. Ele voltou vinte minutos depois, segurando as mãos delicadamente junto ao peito como se tivesse acabado de fazer as unhas.

"Siga-me", ele me disse ligeiramente.

Baio parecia lívido, como se algo terrível tivesse acontecido. Felizmente, eu não vi nenhum sinal de fezes em sua bata. Ele me levou à parte de trás da unidade e fomos até a sala de trabalho dos residentes – um espaço bagunçado com sanduíches de mortadela parcialmente comidos e sacos de batatinhas espalhados sobre dois sofás de couro pretos. "Sinta isso", ele disse, mantendo os olhos fixos em suas mãos. "Vamos, sinta isso."

Eu procurei um sorriso, um sinal de que ele estava brincando, mas não havia nada. Peguei suas mãos e apertei as pontas de seus dedos.

12 O teste de guaiaco é um exame que busca sangue na urina ou nas fezes por meio de um reagente que contém guaiaco, o qual libera uma coloração azul quando da presença de sangue. (N. do T.)

"Isso está estranho, cara", eu disse, verificando se não havia ninguém vendo a gente. "O que é que aconteceu lá fora? E por que eu estou apertando suas mãos?"

"Estas aqui, meu amigo, são mãos que curam."

Ele levantou as mãos e andou até a janela que cobria a parede do chão ao teto e se abria para o rio Hudson.

"Dê uma olhada nisso." Ele acenou para que eu fosse até ele. "Aqui." Ele apontou para uma pequena lousa branca com uma lista de nomes que incluía o dele, os quais apareciam verticalmente pela borda esquerda. A partir do topo, havia quatro letras: ESMP.

"E", ele disse colocando o dedo na lousa, "é para emergências. O número de emergências que cada um de nós atendeu até este mês".

"Você marca isso?"

"Sim. S é para sobreviventes. O número de pessoas que sobreviveram a essas emergências."

"Um placar", sussurrei para mim mesmo.

"M é para mortes."

"E o P?", perguntei, olhando para a última coluna que estava vazia. "Ressuscitação Parcial? Paralisia?"

Baio deu risada. "O P final é uma categoria que inventei outro dia. É para quem faz porcaria. Representa o número de emergências que surgiram enquanto o primeiro atendente estava no banheiro... Infelizmente, o número ainda está zerado."

Eu pisquei. "Espere, como?"

"Você vai perceber, doutor McCarthy", Baio continuou, "que há onze traços tanto na coluna E quanto na coluna S".

"Estou vendo. Onze traços, onze sobreviventes."

"E que a coluna marcando as 'mortes' – essa coluna está conspicuamente vazia."

Os outros médicos da lista tinham uma taxa pouco acima de 75%, um índice impressionante em comparação com as médias nacionais. Mas Baio estava em um território para além das marcações.

"Você salvou todos."

Eu fiquei de pé diante dele, assombrado.

"Nada mal", eu disse, esperando que isso fosse exaltá-lo ainda mais.

"Haverá um momento esse ano, muitos momentos, na verdade, em que você se perguntará sobre o porquê de ter feito medicina", disse Baio. "O ano vai te surpreender."

"Acredito que sim."

"Eu quero que você se lembre desse momento", ele disse ao me devolver um sorriso. "Porque é muito bom ver um zero redondo como um ovo de ganso na coluna das mortes."

"Vou me lembrar, com certeza." Novamente, eu achava difícil acreditar que ele houvesse estado em minha posição apenas um ano antes; que tipo de processo poderia me transformar em Baio? Estimei rapidamente que estava aprendendo entre vinte e vinte e cinco novos casos e um novo procedimento todos os dias. Se isso fosse projetado ao longo de um ano, representaria muito conhecimento. Mas, ainda assim, não parecia tempo suficiente. A curva de aprendizagem ficaria mais plana e eu certamente esqueceria algumas coisas. E eu não conseguia imaginar que todos os meus instrutores teriam tanto dom quanto o talentoso dr. Baio.

"Os pontos baixos neste trabalho serão baixos", ele disse. "Bem baixos, indizivelmente baixos. Mas os pontos altos..."

"Ah é?"

"Eles são bons. Os pontos altos são muitos bons."

12

Ele juntou as mãos como címbalos. "Muito bem, chega de celebrar. Voltemos ao trabalho. Onde estávamos?"

Eu o segui até sairmos da sala e chegarmos aos computadores. "Antes de sair, você queria que eu fizesse um teste de guaiaco em alguém."

"Ah, sim. Há, na verdade, dois traços em seu futuro. Eu me esqueci de mencionar o M e M."

"M e M?"

"Morbidez e Mortalidade. É uma conferência. Frequentemente, nós reunimos todo o departamento e analisamos um caso em que alguém cometeu algum erro."

Minha mente instantaneamente se voltou para Gladstone. Sua situação havia sido feita sob medida para ser desvelada em uma conferência que utilizava estudos de casos a partir de trabalhos malfeitos. Será que aquele caso já poderia ter percorrido seu caminho até a corrente? Eu sabia sobre um ou dois pequenos erros cometidos por meus colegas internos, mas nada que se comparasse a Gladstone, certamente nada que fosse digno de ser explorado à exaustão. Em minha mente, alguém estava com uma pasta de arquivos com as letras "M e M" com uma única folha de papel descrevendo minha idiotice. Eu tinha certeza de que eles iam falar ao meu respeito.

Eu até conseguia sufocar meus constantes pensamentos sobre Gladstone e a vergonha em relação ao telefonema de Sothscott em meio à loucura da UCC, mas agora eu era forçado a encarar a ideia de um embaraço virtualmente público em frente ao departamento inteiro. O que é que o Fodão iria pensar? Será que alguma punição ou censura poderia advir daí? Meus intestinos se reviraram. Fiquei imaginando se Baio poderia ouvi-los.

"Meu Deus!", murmurei.

"Geralmente, é algo anônimo, mas, normalmente, nós conseguimos descobrir quem foi o responsável. Isso torna a coisa mais dramática. Temperamentos, ímpetos e egos são esmagados." Baio brandiu o punho. "É uma tragédia com um misto saudável de comédia sem intenção. Eu sempre acompanho tudo com muita atenção."

"Parece terrível." Como é que ele conseguia ser um cavalheiro tão cuzão?

"Não se preocupe", ele disse. "Eu vou lembrá-lo a respeito, mais tarde, essa semana. Mas voltemos à tarefa em nossas mãos."

"Sim. Leve-me à direção correta do exame retal. Estou pronto."

"Aqui está um pouco de suco de guaiaco", ele disse, me entregando um fomentador que deveria ser aplicado às fezes. Se o sangue estivesse presente, o material fecal marrom passaria a irradiar um azul brilhante.

"Muito obrigado."

"Não, eu é que agradeço."

Uma enfermeira tocou no ombro de Baio e sussurrou algo em seu ouvido. Eu apliquei algumas gotas do fomentador em meu dedo para me assegurar de que não haveria infortúnios com a amostra verdadeira de fezes. Eu me dei conta de que havia uma oportunidade para dar um nó no cérebro dele.

"Você disse que os pontos baixos deste ano seriam muito baixos." Eu posicionei o fomentador entre o dedão e o indicador.

"Sim."

"Mas todo mundo diz que melhora. Certo? Que fica muito melhor a cada ano."

Ele coçou o queixo. "Eles dizem isso de fato, não dizem? Bem, eu quero que você saiba que eles estão errados."

Eu franzi a sobrancelha. "Sério?"

"Todos os anos as pessoas vão te assegurar que no próximo ano será melhor. Confie em mim, não fica melhor."

"Ah, vai, vamos lá."

"Não."

"Eu espero muito pelo dia em que eu vou saber de fato o que estou fazendo por aqui."

"Esse dia não vai chegar. Com mais conhecimento vem mais responsabilidade."

"É o que eu acho."

"Você começa a levar o seu trabalho para casa com você", ele disse olhando estupidamente para a tela do computador. Eu queria ter acesso ao seu mundo interno. Será que ele estava lutando de uma forma que eu não compreendia? Será que ele estava pensando em Carl Gladstone? Ou será que ele estava apenas me provocando? Analisei seu rosto, mas ele não oferecia nenhuma pista. Diferentemente de muitos médicos, Baio parecia desprovido de ansiedade e dúvidas sobre si mesmo. Mas o que é que havia sob aquele exterior altamente competente?

"Bem", eu disse, "para mim tudo bem quanto a isso."

"Não está bem. Ok, foco, doutor McCarthy. Eu preciso que você introduza o dedo no ânus do paciente no quarto catorze. Vá com Deus, meu amigo."

A porta do elevador estava se fechando quando Baio e eu nos aproximamos. Ele estendeu a mão e abriu a porta, revelando uma dúzia de jalecos brancos a caminho da conferência M e M – Morbidez e Mortalidade. Pensei no que eu poderia dizer se o tema Gladstone viesse à tona. Eu me mostraria arrependido, certamente, mas não ficaria na defensiva. Eu reconheceria o meu erro e aceitaria a punição e o embaraço que viriam com ele. O que mais eu poderia fazer?

"Você pode dizer que tipo de médico alguém é pelo tipo de cumprimento em um elevador cujas portas estão se fechando", disse Baio, enquanto nós entrávamos.

"É mesmo?"

"Um interno acena com a mão. Um cirurgião, com a cabeça."

"E uma assistente social", disse uma mulher ao fundo, "acena com a bolsa".

Um homem corpulento de aproximadamente 1,90 m, de barba e vestindo jeans e tênis brancos com cadarços desamarrados abriu um vasto sorriso e colocou as mãos nos ombros de Baio.

"Olha só quem está aqui", ele disse, colocando as mãos junto à nuca de Baio. "Meu primeiro, meu último..."

Baio escapou daquelas mãos como um irmão mais novo escapa de uma gravata. "E aí, Jake?" Baio apontou o dedão em minha direção. "Esse é o meu interno, Matt. O grande Jake aqui foi o meu primeiro residente. Ele me ensinou tudo o que eu sei."

"Quando esse cara apareceu aqui no ano passado", Jake o interrompeu, colocando a mão em meu tríceps, "ele não sabia distinguir a bunda do cotovelo".

Era impossível imaginar aquilo. "É verdade", disse Baio. "Eu era um caos."

"Não", eu disse com alegria. "Não é possível."

"Ah, sim", disse Jake, rindo para si mesmo, "esse cara era um desastre total!".

O resto do elevador permaneceu em silêncio, enquanto eu tentava imaginar como seria a incompetência dele. Baio andando por aí com medo nos olhos ao invés de autoconfiança. Baio todo desajeitado e sem saber o que fazer com os pacientes de primeiros socorros. Baio sentado do outro lado da linha daquele maldito telefonema de Sothscott. Nenhuma imagem mental conseguia permanecer.

O elevador chegou ao térreo, e enquanto nós saíamos me dei conta de que Jake parecia mais um atacante de futebol americano do que um médico. Talvez ele tenha sido um jogador; a Universidade de Columbia estava repleta de ex-atletas. Ele deu um tapinha no próprio joelho. "E agora", ele disse a Baio, "é você que está dizendo a um interno, um outro médico, o que fazer? Incrível!".

"Eis o ciclo da vida", disse Baio categoricamente.

Jake se voltou para mim. "Ele falou com você sobre a M e M?"

"Sim, um pouco." Eu não sabia o que fazer com esse enorme oráculo. "Ele disse que as pessoas ficam agitadas. Algo sobre egos sendo esmagados."

"E lágrimas", disse Jake, "não se esqueça das lágrimas."

"Eu vou ficar atento."

"Uma dica", disse Jake, enquanto se inclinava e acenava em direção a Baio. "Não acredite em uma única palavra que esse cara disser."

Nós tomamos nossos lugares no auditório, e eu me preparei. Breves diálogos rolavam ao meu redor, mas um silêncio caiu sobre o mar de médicos quando uma médica pisou no palco e deu um tapinha no microfone.

"Bem-vindos à M e M", ela disse.

Olhei ao redor da sala, procurando sinais de aflição. Rezei para que eles não discutissem o caso de Carl Gladstone. Já foi dito que a primeira metade da vida é tédio, e a segunda metade é medo. Se esse é o caso, eu acabara de atingir a meia-idade.

"Hoje, nós vamos discutir um caso que teve um resultado infeliz. Como sempre, eu lembro a todos que a conferência de hoje é confidencial e..."

Meu *pager* tocou: A FAMÍLIA DE LUNDQUIST GOSTARIA DE DISCUTIR OS PLANOS DE ALTA. RETORNE À UNIDADE ASSIM QUE POSSÍVEL.

Respirei fundo uma vez, depois outra. Eu precisava ir, mas não conseguia me levantar. Enquanto o microfone discorria sobre generalidades relacionadas à conferência M e M, minhas orelhas estavam em riste, atentas a qualquer menção das palavras "Gladstone" ou "anisocoria". Mas a introdução se arrastava. Baio olhou para mim, enquanto eu olhava para a sala e buscava olhos que eventualmente se voltassem para a minha direção. O *pager* tocou novamente. Eu precisava ir. Mostrei a mensagem para Baio, encolhi os ombros, me desculpei e fiquei pensando se eu seria repreendido em minha ausência.

13

Entrei no quarto de Denise Lundquist e encontrei seu marido, Peter, sentado próximo a ela, gentilmente colocando uma mão dela em suas mãos. Denise estava adormecida, e Peter, que vestia um suéter cinza-carvão de gola alta e calças jeans verdes, tinha um bloco de notas em seu colo. Ele era um jovem rapaz, com pouco mais de trinta anos, e se levantou rapidamente quando entrei no quarto. Percebi que ele ficou alvoroçado.

"Você é o médico?", ele perguntou.

"Não", eu disse dando-lhe a mão. "Eu sou o interno, Matt. Eu trabalho com o médico."

Eu me sentei próximo a ele, e ele acenou, entrecruzando os dedos lânguidos de Denise com os dele. Algo a respeito da sua gentileza me tocou. Ele era um homem bem constituído, mas sua voz era suave, quase um assovio, como se ele estivesse com medo de acordar sua esposa.

"Eu tenho algumas questões", ele disse, tocando o bloco de notas amarelo. "Você tem alguns minutos?"

"Claro, pode perguntar."

Eu tinha consciência do meu comportamento naturalmente pessimista e tentei iluminar meu humor com um grande sorriso, mas eu não tinha tanta certeza de por que eu estava sorrindo. Denise estava melhorando, mas de forma acidentada. O tom de sua pele não parecia humano ainda; parecia que a pele havia sido removida de um manequim. A situação não era exatamente festiva. Será que havia uma expressão apropriada para o rosto de um médico, eu me perguntei, para um momento cauteloso de esperança? Algo que transmitisse um otimismo vigilante? Eu teria que começar a observar o Baio e o Fodão a esse respeito.

Peter pegou seus óculos de leitura em um pequeno criado-mudo e, ao se dar conta de que teria que largar a mão de Denise para colocá-los, acabou por não os colocar. Eu me movi em direção aos óculos bifocais, mas ele acenou que não era preciso e limpou a garganta.

"Hoje alguém mencionou um possível transplante de coração. Ela precisa de um coração novo?"

Eu olhei fixamente para aquela jovem mulher e acabei enviesando o olhar. Apesar da sua cor terrível, Denise estava melhorando gradualmente, e em nossas discussões, havíamos falado sobre a possibilidade de transferi-la para o andar da cardiologia nos próximos dias. Será que Peter nos ouvira falar de outra pessoa?

"Não tenho certeza", eu disse. "Não me lembro de ninguém mencionar um transplante cardíaco para a sua esposa. Mas eu não quero lhe dar informações equivocadas."

"Entendi." Ele riscou a primeira questão e respirou fundo.

Eu me inclinei para perto dele e vi que ele havia escrito treze questões. Instintivamente, achei que poderia responder a quatro, talvez a cinco questões, no melhor dos casos. Senti que poderia deixar Peter desapontado, ou pior, senti que poderia deixá-lo mais confuso, como eu havia feito com Sam. Enquanto minha mandíbula se retesava para outra sessão de ranger de dentes, subitamente notei que, de forma quase imperceptível, eu estava me movendo para longe de Peter, em direção à porta. Inconscientemente, eu havia sentado na cadeira e sentia minhas pernas tensas, prontas a levantar; meu corpo estava pulsando com um recuo involuntário. Então foi isso que o Benny quis dizer, pensei. Olhando para o Peter, que me observava, eu conseguia imaginar o que Benny havia visto: um médico cerrado em si e indo em direção aos próprios movimentos. Um médico que talvez não se preocupasse o bastante. Um médico que tinha tanto medo de cometer erros que não conseguia cuidar devidamente de seus pacientes. Eu me recompus e me inclinei para frente, olhando Peter nos olhos.

"Obviamente, vou descobrir para você se algum procedimento cardíaco está sendo cogitado", eu disse. "Mas acho que não."

Peter acenou com a cabeça. Ele olhou para as palavras que havia escrito no bloco de anotações, mas não disse nada. Ele simplesmente segurou a mão de sua esposa enquanto a observava respirar. Ela deu um leve bocejo, e ele abriu os lábios com expectativa. Eu inclinei minha cabeça para ver as questões, esperando que pudesse lê-las e respondê-las. Olhando de soslaio, consegui chegar à pergunta seguinte.

Por que Deus deixou que isso acontecesse?

Não. Eu me dirigi à pergunta que vinha em seguida. Olhando para a parte de baixo da folha, vi que ele havia desenhado um coração, dentro do qual estava escrito:

Denise + Peter

Olhei para aquele marido aflito e voltei a observar a folha. No canto de baixo, ele havia desenhado um coração menor e quebrado, dentro do qual não havia nomes. Levantando meus olhos do desenho, observei Peter afastar a franja dos olhos de Denise.

E, então, eu comecei a chorar.

Não me refiro a "olhos marejados", mas a lágrimas genuínas, graúdas e copiosas, a pesados suspiros, meus ombros sacolejando. Talvez tenha sido o medo do que estava sendo discutido naquele mesmo momento na conferência M e M, ou talvez tenha sido a presença diante daquele amor tão profundo e daquela doença cardíaca. Talvez tenha sido a falta de sono. Mas o ato de estar lá ao lado de Peter, de enfrentar sua dor e necessidade, era algo muito pesado. Eu havia tomado tudo para mim, e aquilo me esmagou como se eu fosse uma panqueca.

Peter me levou pelos ombros até o canto do quarto, de forma gentil, mas urgente. "Matt", ele disse rapidamente, "ela está... morrendo?".

Eu lutei para me recompor. "Não", eu disse entre soluços. "Peter, ela está progredindo de forma impressionante. Está indo muito bem."

Ele lutou para ler o meu rosto. "Bom, mas então o que está acontecendo?"

Meus pensamentos estavam com aquele homem aflito, mas eles também estavam em outro lugar. Doía saber o que estava sendo discutido na conferência sobre Morbidez e Mortalidade. Quantas cabeças estavam balançando negativamente? Quem estava amaldiçoando o meu nome?

"É esperado que a Denise se recupere completamente." Quando as palavras saíram da minha boca, eu as quis pegar de volta. Eu não tinha certeza de que devia apresentar um quadro tão otimista. Nas discussões, nós concordamos que Denise estava melhorando, mas ela ainda estava criticamente doente.

"Oh, obrigado, meu Deus!", ele disse, dando um passo para trás. "Obrigado, meu Deus!"

"Sim."

Minhas palavras contradiziam meu estado emocional. Peter estava muito confuso. "Você ama sua esposa", eu queria dizer.

Virei meus olhos turvos em direção a Denise e disse, "tudo isso me pegou de surpresa, desculpe".

Ele me deu um tapinha no ombro. "Nós todos temos enfrentado muitas coisas."

Eu ri da forma como alguém ri em meio a lágrimas, em um funeral. E aqui estava outra dica que eles haviam omitido na faculdade de Medicina: quando você não consegue confortar o paciente, faça que o paciente conforte você. Peter e eu voltamos a nos sentar, e novamente ele pegou a mão de Denise.

"Nós podemos nos sentar?", ele perguntou quando eu pus o bloco de anotações na cama dela. "Apenas nós três."

"Sim, é claro."

Eu não estava acostumado com essas viradas de emoções tão fortes; fiquei me perguntando se eu havia desenvolvido uma desordem de humor. Como é que os médicos sêniores desenvolviam calos emocionais suficientes para evitar berros sem que eles se tornassem autômatos?

"Sabe", disse Peter, "me dói muito saber que eu tive uma culpa nisso tudo". Ele tocou o lóbulo da orelha dela com as costas da mão e franziu o cenho. "Porque fui eu que lhe contei a respeito de seu irmão. Eu fico repassando aquela cena na minha cabeça, fico pensando que eu deveria ter agido de forma diferente."

Enxuguei os olhos em meu jaleco branco, enquanto mais lágrimas escorriam pelo meu rosto. Eu estava bem bagunçado. Todo mundo entra em colapso, Baio havia dito. Eu apenas não havia pensado que me fragilizaria assim tão cedo.

14

Quando reencontrei Baio uma hora mais tarde, observei seus olhos com cuidado buscando algum sinal de que eu havia sido o assunto da conferência M e M. Mas ele nunca mencionou o que havia sido discutido e eu nunca perguntei. Eu estava com muito medo de fazê-lo. Aquele transcurso calmo parecia uma absolvição. Nós falamos sobre os nossos novos pacientes, e isso foi tudo. Gradualmente, conforme as horas passavam, Sothscott se afastava da vanguarda da minha consciência.

"Ouça", disse Baio alguns dias depois. "Tenho outra pessoa para que você faça a introdução anal. Quarto dezesseis."

"Claro", eu disse e me levantei da cadeira. Naqueles dias de intervenções, tornei--me crescentemente profícuo em meia dúzia de habilidades ao redor da unidade. Fazer um acesso intravenoso era, agora, como uma brisa, e finalmente achei a medida para introduzir um tubo nasogástrico no estômago de um paciente. "Eu provavelmente vou fazer isso antes das discussões." Um pouco de proficiência nessa tarefa fazia eu me sentir exuberante. Peguei o cartão de guaiaco e o desenvolvedor e me dirigi ao quarto número dezesseis.

Os lábios de Baio estavam franzidos quando voltei.

"O que foi?", perguntei. Eu vi o Fodão com o canto do olho; as discussões estavam para começar.

"Essa foi rápida", ele zombou.

Eu sorri. "Sem sangramento."

"Você notou que sequer perguntou por que estava fazendo esse exame retal?"

"Eu estava verificando se havia sangramento", redargui. "E você havia pedido isso." Nesse ponto, a descrição do trabalho me parecia bastante clara: realizar a vontade do supervisor. Considerando-se a minha relativa ignorância, seguir suas instruções ao pé da letra era o caminho mais seguro tanto para os meus pacientes quanto para mim.

"Certo." Nós ficamos em silêncio, e ele cruzou os braços. "E?"

Eu não tinha certeza do que estava acontecendo. "Você me pede para fazer várias coisas."

"Sim, eu peço."

"E eu tento fazê-las o mais rápido e eficientemente possível."

Baio abriu uma meia careta. "O entusiasmo é algo bom. Mas você não está pensando. Você está fazendo."

"Sim, muitas coisas. Não pense. Faça."

"Veja, Matt, você vai passar o ano inteiro recebendo instruções sobre o que fazer. Um bom interno vai realizar cada tarefa de forma rápida e acurada."

"Eu certamente estou tentando."

"Mas um ótimo interno vai parar e se perguntar, 'Será que essas ordens fazem sentido?'."

"O que você quer dizer?"

"Será mesmo necessário fazer um teste de guaiaco em alguém antes de começar a aplicar um anticoagulante?", ele perguntou.

Eu olhei ao redor da sala. "Parece ser a prática comum na unidade."

"Há diretrizes estabelecidas que recomendam isso?", ele perguntou com um tom de desaprovação.

Aquilo parecia uma coisa razoável a se fazer, mas eu não tinha certeza. Eu havia aprendido muito sobre cuidados cardíacos avançados na unidade, mas eu não era um especialista. "Não tenho certeza."

"Claro que você não tem certeza. O ponto é que, em algum momento, você será instruído a fazer algo que não deveria fazer."

Sobre o que ele estava falando? Esse era um pensamento assustador. E se todos os meus supervisores não fossem tão inteligentes quanto Baio? Eles só estavam um ano à minha frente e ainda estavam em treinamento. E se eles lutassem para realizar procedimentos ou ficassem paralisados pela indecisão? As implicações eram terríveis.

Ele me deu um tapinha nas costas e sorriu. "Eu rezo para que você consiga identificar esses momentos."

..•◆•..

As discussões começaram alguns minutos mais tarde. Ariel, a interna que estivera de plantão e que estava acordada havia vinte e sete horas, começou detalhando o problema incomum que havia trazido as primeiras cinco novas admissões à unidade. "Uma mulher de quarenta e um anos com uma cardiomiopatia não isquêmica dilatada e um transtorno bipolar de lítio foi admitida na UCC às quatro da manhã.

Ariel tinha trabalhado com consultorias antes de ingressar na faculdade de Medicina, fazendo a troca de carreira com vinte e poucos anos. Ela era uma estrela nas discussões: suas apresentações eram precisas, sem que houvesse uma única palavra a mais. Eu a imaginei em sua vida anterior, de pé diante de uma sala de reuniões vestindo um tailleur e dizendo aos executivos que a empresa precisava cortar metade dos gerentes e usar menos papel.

Eu olhei para o rabo de cavalo bem preto de Lalitha. "Ei", sussurrei. "Tudo bem?" Nós sempre estávamos tão ocupados ao lado de nossos respectivos supervisores médicos do segundo ano que não houvera muito tempo para conversas.

Lalitha olhou à frente para Ariel e de canto de boca sussurrou, "Barf" (vômito). Com seu sotaque – será que era de Londres? –, a palavra parecia soar como *boff*, que era uma gíria para sexo, e eu mordi o lábio inferior para não dar risada. Eu também estava olhando para Ariel – ela estava dizendo algo sobre ondas T pronunciadas que havia nos eletrocardiogramas – e queria saber o que Lalitha quis dizer. O que era "vômito"? Será que ela estava se sentindo mal? Ou será que ela estava falando sobre os nossos trabalhos? Vendo-a com o canto do olho, a expressão em seu rosto me era indecifrável. Será que eu era um "vômito"? Eu estava levando tudo para o lado pessoal. Será que, inadvertidamente, eu havia feito algo que a perturbara? Olhei para Baio e pensei naquele seu comentário sobre a "trajetória acidentada".

Eu escrevi "*O que é vômito?*", em meu bloco de notas, e o coloquei sob seus olhos.

"Tudo", ela sussurrou, seus olhos ainda fixos em Ariel, que estava tentando, em vão, fazer um coque com um emaranhado de seus cabelos ruivos. "Alguém já considerou", disse Lalitha se dirigindo, agora, ao grupo inteiro, "que tudo isso se deve à toxicidade do lítio? Isso correlacionaria todos os fatores".

Eu certamente não havia considerado; era uma situação a respeito da qual eu apenas havia lido. Raramente eu passava um dia em que não me via maravilhado com a capacidade cerebral ao meu redor. O hospital estava repleto de pessoas com variados tipos de inteligência. Alguns pareciam ter memória fotográfica, outros tinham facilidade com lógica e números. Os internos e os residentes na Universidade de Columbia eram pessoas que poderiam fazer qualquer coisa na vida, e eles haviam escolhido a medicina, trabalhando por mais horas e ganhando menos, porque era importante para eles. Era muito bom estar cercado por essas pessoas.

"Isso me parece algo bem direto", Lalitha concluiu.

Virando-se para mim, ela sussurrou, "Ontem, meu residente me fez tirar sangue de quatro pessoas. Nada legal." Não se esperava dos médicos de outros hospitais que eles fizessem tais tarefas que consumiam muito tempo, mas, em Columbia, isso acontecia.

"Completalmente." Eu ainda não conseguia tirar sangue com total confiança; Lalitha conseguia fazer aquilo dormindo. Ela havia cursado uma faculdade de Medicina na qual os estudantes aprendiam a flebotomia. Eu, não.

"E o que você acha, Matt?", o Dr. Fodão gritou. "Você concorda?"

Cocei o queixo, inseguro, mas esperava transmitir a imagem de que estava refletindo com profundidade. "Eu acho", disse, "eu acho que seria um erro chegar a quaisquer conclusões antes de ouvirmos todos os detalhes desse caso".

Lalitha girou os olhos.

"Mas", eu disse, "estou propenso a concordar".

Lalitha escreveu algo em seu bloco de anotações e depois me mostrou com um sorriso aberto. Eu olhei e li a palavra *político* com uma seta apontando para mim. Talvez ela tivesse razão. Talvez eu apenas estivesse tentando dar respostas vagas nas discussões que depois não pudessem ser usadas contra mim.

Nós ficamos em silêncio enquanto Ariel apresentava a complexa matriz de informações clínicas, tirando repetidas vezes seus cabelos ruivos e crespos dos olhos, sempre que o Fodão a pressionava para interpretar os resultados de um ecocardiograma transtorácico. Sua pose despida de sono era admirável; eu sabia que ficava com uma péssima aparência depois de uma noite de plantão.

"Muito bem, doutor McCarthy", disse o Fodão ao fim da apresentação, "você ouviu o caso inteiro. Qual é o seu diagnóstico?".

"Tudo o que ouvi", eu disse conforme as cabeças se voltavam para mim, "aponta para a toxicidade do lítio. O excesso de lítio levou à falência renal, a qual, por sua vez, ocasionou acúmulo de volume. O fluido sobrecarregou o coração e os pulmões, e ela ficou...".

"Hipóxica", ele disse. "Muito bom. Eu concordo. Próximo paciente."

Mas eu não estava pronto para seguir adiante. Minha mente ficava retomando o conselho de Baio – que, essencialmente, eu questionasse tudo –, e conforme nos preparávamos para ir até o próximo paciente, eu não conseguia deixar de lado algo que estava me incomodando naquele caso apresentado por Ariel.

"Mas por quê?", eu perguntei. Os corpos se congelaram no meio do caminho. Por um momento, eu me senti como um personagem em meio a uma rede de investigação criminal. "Não faz muito sentido", acrescentei olhando para cada um dos colegas. "Para começar, por que havia excesso de lítio?"

"Overdose", disse uma estudante loira e atrevida que era rubra como um morango e que tinha uma sarda na ponta do nariz.

Meghan, a minha terceira colega "vagem", balançou a cabeça. Ela tinha um rosto gentil e franco, com penetrantes olhos azuis. Como eu, ela havia feito pesquisa laboratorial enquanto era estudante, e, na orientação, nós havíamos falado brevemente sobre a possibilidade de nos tornarmos hematologistas algum dia. Ela era de Dallas e tinha uma voz cantada, que conseguia esconder bem e que só aparecia depois de ela estar acordada há mais de um dia. "A paciente está submetida à mesma dose de lítio há doze anos", enquanto ela passava a mão em seus cabelos loiros como manteiga, "e nunca apresentou problema algum".

"Tentativa de suicídio", sugeriu Diego, nosso reflexivo colega da cardiologia. "Um pedido de ajuda. Algo assim."

"Falei com o marido dela", disse Ariel. "Ela tem estado bem. Recebeu uma promoção no trabalho. Quer fazer uma viagem para a Toscana mais para a frente, ainda neste verão. Eu não a vejo tentando se matar."

"É uma boa pergunta", disse o Fodão. "E eu concordo, alguns aspectos do caso fogem à explicação. Doutor McCarthy, eu o convido a investigá-lo mais a fundo após as discussões. Mas, por conta do tempo, nós devemos seguir adiante."

Mais tarde, eu me daria conta de que seu pragmatismo implacável era a única coisa que conseguia fazer com que as discussões durassem menos de quatro horas.

"Sim, senhor, vou fazer", eu disse, e escrevi *lítio, que diabo está acontecendo?!?*

Depois das discussões, nós nos reunimos nos sofás de couro negro e dividimos os trabalhos remanescentes daquele dia. Diego e o Fodão nos deram esse tempo, dessa vez, para que pudéssemos nos recuperar das discussões e para que almoçássemos rapidamente.

"Lalitha, preciso que você extraia um conjunto de culturas de sangue no quarto doze", disse Baio, enquanto olhava para a lista de anotações que ele ficara fazendo durante as últimas três horas. "E, Matt, leve o paciente do quarto quatro para o exame de TCA.[13] Meghan, nós precisamos de uma linha central no..."

"Por que a TCA?", perguntei. Eu estava com tudo.

Ele analisou sua folha. "Esse foi o plano que nós elaboramos nas discussões. TCA para descartar embolia pulmonar. Você concorda com isso, doutor?"

Os outros médicos e estudantes se voltaram lentamente para a minha direção. Eu havia passado a maioria das discussões lendo, discretamente, sobre o diagnóstico e o tratamento das embolias pulmonares como uma preparação para esse momento.

13 Tomografia Computadorizada Axial. (N. do T.)

"A paciente tem todos os sintomas clássicos de uma embolia", eu disse timidamente. "Em pacientes criticamente doentes, é recomendado começar o tratamento antes da TCA. Por que nós estamos esperando? Parece que estamos perdendo um tempo precioso."

Baio sorriu; seu estilo foi desarmado. "Muito bom, doutor McCarthy. Alguém quer fazer algum comentário?"

Ninguém falou nada.

"Ou será que todo mundo aqui está apenas seguindo diretrizes sem pensar?", ele perguntou.

Eu olhei ao redor da sala; as cabeças estavam abaixadas e fixas nas listas de anotações. Meu rosto ficou quente. Eu não tinha a intenção de comprometer meus colegas internos como se eles fossem autômatos mal informados.

"Quando Matt ouviu 'embolia pulmonar', ele fez a coisa certa", disse Baio, batendo palmas. "Ele procurou os fundamentos do diagnóstico e do tratamento. Muito bem. Ele estudou um manual e tentou tomar uma decisão clínica." Era estranho ver nossas sessões didáticas dissecadas em frente aos outros. Eu senti um orgulho rasteiro. "Mas ele cometeu um erro crucial. Ele não levou em consideração as particularidades da paciente."

Minha mandíbula travou; eu quase mordi a língua. Baio estava sempre um passo à minha frente. *Não corra para a biblioteca quando o paciente estiver sofrendo um ataque cardíaco.*

"Nesse caso", Baio prosseguiu, "se Matt tivesse analisado o histórico, ele teria visto que essa paciente teve, recentemente, um sangramento gastrointestinal que quase a matou."

"Oh", eu murmurei.

Ele se inclinou e deu um tapinha nas minhas costas. "A terapia convencional para a embolia pulmonar provavelmente mataria essa paciente."

"Merda."

"Mas obrigado por perguntar, doutor."

Baio se voltou para a estudante. "Lembrem-se, a medicina não é algo que simplesmente se adapta a todas as situações."

A estudante fechou os olhos e disse: "Claro."

15

Uma semana depois, Baio estava em nossa sala compondo uma grade com a palavra CHOQUE no topo da página, quando eu decidi lhe fazer uma pergunta que estava me corroendo desde que nos havíamos conhecido. "Como é que você sabe tanta coisa?"

Ele continuou a escrever, dando os toques finais à sua grade.

"É que, em um ano", prossegui, "você...".

Ele se voltou para mim. "Ok, cinco minutos sobre os fundamentos do choque."

"Memória fotográfica? Você lê um monte de manuais? O quê?"

"A bajulação não vai te levar a lugar nenhum, doutor McCarthy. E, infelizmente, a medicina muda tão rápido que a maioria dos manuais se torna irrelevante no dia em que é impressa."

Pensei no capítulo do manual que eu havia estudado com muito esforço na faculdade de Medicina. "Então o que é?", persisti. Por que ele estava sendo tão obscuro? Eu queria saber o que o ano como interno havia feito àquela psique e como ele, aparentemente, havia saído ileso.

Baio encolheu os ombros e olhou através da janela para um navio que ia rumo ao sul, no rio Hudson. "Eu acho que a gente vê muita coisa no ano de interno. E essas pequenas coisas que a gente ensina ajudam. Elas ajudam. Você tem que saber as coisas se você vai ensiná-las."

"Definitivamente, sim."

Ele me deu um tapinha no ombro. "Você tem que se preparar para todo tipo de perguntas estúpidas."

"Você sabe o que dizem", eu disse, "não há perguntas estúpidas."

"Há apenas pessoas estúpidas", ele concluiu com uma risadinha. "Sabe, você deveria ensinar."

"Eu? Quem?"

"Ensinar alguma coisa aos estudantes de Medicina. Qualquer coisa. E nunca subestime", disse Baio, com os olhos ainda fixos no navio, "o poder da humilhação. Eu ainda fico quieto quando vejo o Jake. Quando vejo alguns dos outros médicos. Mas eles me ensinaram tanto que chega a ser absurdo."

Era suficiente ir até lá todos os dias? Será que as experiências diárias eram tão dinâmicas e transformadoras que você não tinha outra escolha a não ser aprender medicina? Eu esperava que sim.

"Eu já volto", disse Baio, indo em direção à porta.

Um momento depois, chegou Diego. Ele deu um grunhido em minha direção e passou os trinta segundos seguintes tentando decidir se queria comer um bolinho de maçã ou um cacho de uvas. Eu o observei através da sala. Diego inspirava muito respeito em nosso grupo. O fato de ele não ser Baio ou o Fodão o colocava em uma posição acima de mim sem que ele tivesse poder sobre mim, e, apesar de nós não termos uma relação próxima, eu admirava sua inteligência. A pesquisa de Diego havia sido publicada em alguns dos mais prestigiados periódicos de cardiologia do mundo, mas ele preferia não falar a respeito, me dizendo certa vez que seu trabalho era "em grande medida uma droga entediante."

Subitamente, eu me ouvi falando.

"Diego, você, ah, você se lembra de Carl Gladstone? O professor de algumas semanas atrás?"

Diego escolheu o bolinho de maçã e se virou para a minha direção. "Sim, eu me lembro."

Eu segurei a respiração, sentindo como se tivesse mergulhado profundamente sem um balão de oxigênio. Diego se sentou perto de mim.

"Você sabe o que aconteceu com ele?", perguntei.

"Sim, eu sei." Seus olhos ficaram grandes e romperam o estrabismo. Esperei que ele continuasse, mas Diego não continuou. Eu havia considerado todas as respostas imagináveis para essa pergunta, mas ainda não estava preparado para a resposta.

"Ele está bem?", finalmente perguntei.

Diego colocou o bolinho de lado e suspirou. "Você sabia, Matt, que era eu que estava na sala de emergência quando Gladstone chegou, que fui eu que o levei de cadeira de rodas para o laboratório de cateterismo, e que eu fui o primeiro a notar as pupilas e a chamar a neurocirurgia?"

Eu recuei e dei uma respirada rápida e curta, quase um sobressalto. "Eu não sabia."

Diego estava certo, eu não sabia nada sobre como o processo de entrada na UCC havia acontecido. E eu não sabia o que Diego fazia durante o dia a não ser quando ele me corrigia nas discussões. Então, por que é que o Sothscott havia gritado comigo? Por que eu recebera aquela terrível ligação?

"Eu recebi uma ligação de um dos neurologistas", eu disse, humildemente.

"Que, provavelmente, ficou muito confuso após ler as suas anotações. Elas não faziam sentido."

Tentei compilar os fragmentos daquela primeira noite. Por que Diego não me dissera nada? Por que eu não trouxera aquilo à tona no dia seguinte?

"Por que você está perguntando sobre ele agora?", perguntou Diego. "Isso aconteceu semanas atrás."

"Eu não sei." Por que havia levado tanto tempo? Vergonha e insegurança.

Diego cruzou os braços e se inclinou em sua cadeira. "Há camadas sobre camadas de supervisão por aqui, Matt. Mesmo quando você não acha que alguém está observando..."

Cruzei os braços e o fiquei observando. "Quando foi que a consulta com o neurocirurgião aconteceu?"

"Enquanto você estava falando merda com o Benny."

A pressão subiu em minha cabeça; minha respiração ficou irregular, enquanto eu pensava na esposa de Gladstone, Sasha. As coisas ainda não estavam batendo. "E quanto à minha apresentação nas discussões? O Fodão disse para fazer uma tomografia na cabeça dele."

"Eu lhe disse para cancelá-la. Ela já havia sido feita." Eu me lembrei dos sussurros deles durante as discussões. "Ele foi para a sala de operações logo após a sua apresentação..."

"Você ia me dizer algo a respeito disso em algum momento?"

Diego abaixou a cabeça. "Você ia me perguntar?"

Olhei através da janela e pensei sobre as pupilas de Gladstone. Por que não me contaram sobre aquilo? Isso teria me poupado semanas de tormento, semanas de ansiedade. Será que aquilo era só um teste? Será que era preciso provar alguma coisa? "Veja, Matt", ele disse, "eu não vou gritar. Eu não vou lançar as coisas. Mas é ridículo que tenha levado tanto tempo para você perguntar sobre o Gladstone".

Eu queria desaparecer. "Desculpe", murmurei. "Eu estava envergonhado. Pensei em Gladstone o tempo todo."

Diego olhou para o rio Hudson e deu outra mordida no bolinho de maçã. "Você tem que se fazer algumas perguntas duras neste trabalho. Mas, antes de você fazer isso, você tem que se fazer uma pergunta muito básica: de quem você está cuidando?"

Eu me curvei na cadeira.

"De você mesmo?", ele perguntou.

Eu estendi o pescoço e balancei a cabeça. "Claro que não. Eu..."

"Da sua reputação?"

"Eu só..."

"Ou do paciente?"

Procurando as palavras, pensei sobre o estudante de Medicina promissor que eu já havia sido. Eu me lembrei do olhar no rosto de Charlie McCabe quando fiz minha primeira sutura na casca de banana, em seu consultório, e do desapontamento, meses depois, quando lhe disse que não queria ser um cirurgião. E enquanto eu estava sentado ali, com as mãos na cabeça, me dei conta de que havia esquecido de enviar flores para o funeral de McCabe, o qual havia acontecido no começo da semana.

Enquanto eu estava sentado ali, tentando processar aquilo tudo, Baio voltou à sala.

Diego balançou a cabeça e se levantou. "Você realmente acha que nós iríamos deixar todas as decisões para vocês dois, seus tontos?"

Parte II

Na faculdade de Medicina, depois de eu ter dado a notícia a Charles McCabe de que eu havia escolhido a medicina interna em detrimento da cirurgia, ele fez uma careta e disse, "Deixe-me apresentá-lo a alguém". Eu o segui pelo lobby do Hospital Geral até um outro conjunto de consultórios onde um homem chamado Jim O'Connell estava abraçando uma mulher de meia-idade com um collant e uma malha cor-de-rosa e um batom vermelho brilhante arbitrariamente passado muito além de seus lábios. O'Connell tinha quase a mesma idade que Charles McCabe e parecia um pai de uma série de televisão: cabelo grisalho caprichosamente dividido, olhos gentis, um cardigã e um sorriso vasto e receptivo. Ele me fez ficar à vontade imediatamente.

"Jim!", McCabe exclamou quando nós o vimos. McCabe se virou para mim e mostrou o polegar para Jim. "Alguém deveria escrever um livro sobre esse cara." Jim O'Connell acenou para McCabe e estendeu a mão.

Ambos haviam feito suas residências no Hospital Geral de Massachusetts (HGM), e, como havia acontecido com McCabe, a vida havia arremessado em direção a Jim uma boa bola curva quando ele terminou seu treinamento. Ele havia planejado uma temporada de estudos com bolsa em oncologia no Centro Memorial Sloan-Kettering para Tratamento de Câncer, em Manhattan, mas, ao fim do seu terceiro ano de residência em medicina interna, o administrador do HGM perguntou a Jim se ele não consideraria a possibilidade de passar um ano ajudando a implementar um programa que levava tratamentos de saúde para os sem-teto. Ele concordou, e seu período de um ano com os sem-teto se transformou em 25 anos. E, no processo, ele cofundou o Centro de Saúde de Boston para o Programa de Ajuda aos Sem-Teto e revolucionou o modo pelo qual os tratamentos de saúde eram levados a tais pessoas.

"Até a próxima semana, Jimmy", a paciente disse quando se curvou para abraçá-lo.

"Mal posso esperar, Sheryl."

Depois que a mulher de rosa saiu dali, McCabe pediu a Jim que explicasse seu trabalho para mim. O'Connell apresentou um panorama de sua carreira da forma que alguém aprende a fazer quando o ato de pedir doações é uma forma de vida: depois de obter o título de Mestre em Teologia em Cambridge, O'Connell chegou a uma encruzilhada; ele brincou dizendo que sua formação em artes liberais só lhe havia "preparado unicamente para ser barman ou taxista". Depois de rodar pelo país – como professor em uma escola secundária no Havaí, como garçom em Rhode Island, como padeiro e leitor em uma granja em Vermont –, ele fez o improvável e foi para a faculdade de Medicina. Ele entrou na faculdade de Medicina de Harvard aos trinta anos, perto da mesma época em que Charles McCabe desenvolvera a primeira sensação de tremedeira nas mãos.

"Venha até a van comigo", disse Jim, enquanto eu observava seu consultório espartano e ele se preparava para ver o próximo paciente. "Venha hoje à noite e conheça nossos pacientes."

Não estava claro por que ele estava fazendo aquela oferta, e eu não tinha certeza, como um estudante de Medicina, sobre o que eu poderia trazer para esse programa. Talvez ele tivesse um acordo com McCabe – talvez aqueles que declinassem da cirurgia tivessem que pagar penitência andando na van com o Jim. Eu me virei para McCabe, que estava sorrindo. "Vá."

Mais tarde, naquela noite, encontrei Jim em um dos abrigos bem conhecidos do Centro de Saúde de Boston, a Hospedaria Pine Street, vestindo uma camisa branca novinha, calças cáqui e uma gravata Calvin Klein também novinha. Sentado em um canto, olhei para Jim, vestido como Jerry Seinfeld, de jeans, tênis de ginástica brancos e uma camisa polo azul-marinho, dirigindo-se para uma longa fila de homens e mulheres que estavam ali para receber seus *check-ups* rotineiros. Sua habilidade única, logo descobri, era que ele nunca interrompia ninguém. Ele deixava seus pacientes divagarem sobre qualquer coisa que eles quisessem, sobretudo a respeito de assuntos completamente não relacionados com a saúde, enquanto ele os analisava, verificando rápida e silenciosamente os ouvidos, narizes, gargantas e quaisquer outros orifícios a serem inspecionados. Ele conseguia dar tempo à cadência de uma história, aplicando seu estetoscópio quando parava para respirar e o removendo quando a história terminava.

Eu queria tomar notas, mas não havia nada para escrever; ele simplesmente sabia como interagir com todos e cada um dos pacientes. E Jim era um adepto especial da interação com pessoas que claramente tinham problemas mentais. Ele sabia os nomes de membros distantes da família e os detalhes de teorias da conspiração obscuras. Seu método era notável – havia algo quase religioso nele –, como se ele fosse o padre e seus pacientes fossem os confessores.

Horas mais tarde, depois que o último paciente já tinha sido atendido, Jim ia para trás do balcão da cozinha que servia sopa e enchia duas dúzias de contêineres de poliestireno com sopa de macarrão e frango. Dali, eu o segui até a van, enquanto ele procurava os sem-teto de Boston que, em suas próprias palavras, estavam "temporariamente perdidos".

Nosso motorista, um haitiano chamado Pierre, seguia sua rota normal, parando juntos a caixas de papelão, estações de metrô abandonadas e terrenos baldios indeterminados da Nova Inglaterra, procurando pessoas que poderiam querer uma refeição quente, um par de meias ou medicação para pressão alta. Nós estávamos procurando as pessoas que eu evitava ativamente no cotidiano, aqueles que vestiam farrapos e que não se banhavam há meses. Eu não conseguia acreditar que havia um homem – ninguém menos que um membro da faculdade de Medicina de Harvard – que estava em busca de todas as pessoas sem nome que pudéssemos encontrar. E, invariavelmente, elas ficavam felizes ao vê-lo.

"Diga a eles algo sobre você", recomendou Jim naquela primeira noite, enquanto nós andávamos com lanternas à procura de um homem conhecido por dormir perto da margem de um rio. "Diga-lhes qualquer coisa. Apenas seja você mesmo e seja honesto." Jim parecia solitário enquanto seguia até o local em que a água encontra a terra, movendo sua lanterna para lá e para cá como um pequeno farol. Ele entreviu uma pilha de cobertores perto do rio Charles e fomos até lá. Havia um brilho na água a partir de luzes distantes da construção, e eu podia sentir meu coração pulsar com cada emanação de ansiedade. Levando o indicador aos lábios, Jim sussurrou "É todo seu" e desapareceu à procura de outras pessoas.

"Senhor?", eu disse, olhando para a pilha de cobertores que estava oscilando gentilmente como um acordeão. "Olá! Alguém aí? Alguém?" Eu olhei para o rio e franzi o cenho. "Meu nome é Matt", eu disse, com as mãos justapostas. "Estou aqui para fazer verificações médicas." Eu me aproximei e coloquei a mão direita sobre a pilha de cobertores. "Eu estou trabalhando com Jim O'Connell e o Centro de Tratamentos de Saúde para o, uh, você conhece o Jim?"

Àquela altura, na faculdade de Medicina, já fazia muitos meses que eu havia me distanciado da casca de banana; era impossível que Axel já tivesse buscado pacientes daquela forma. Eu comecei a ranger os dentes, e a voz de McCabe começou a ressoar na minha cabeça: *Faça a si mesmo uma questão simples e traiçoeira: Será que eu consigo me imaginar sendo feliz fazendo qualquer coisa em vez de ser um cirurgião?* Como uma onda, os cobertores se moveram para cima e para baixo, enquanto eu falava. "Olá! Alguém aí?"

Eu estava me preparando para voltar quando uma voz emergiu. Logo, um par de olhos estava me observando.

"Ei", eu disse, "meu nome é Matt".

"Você trabalha com o Jim? Ele está aqui?"

Eu me inclinei tentando ver seu rosto. "Ele está. Você quer que eu o chame?"

"Quem é você?"

"Eu trabalho com o Jim", eu disse, para me aproximar. "Eu sou estudante. Trouxe meias e sopa."

"Será que eu... posso falar com o Jim?"

"Claro, eu vou chamá-lo".

"Será que ele pode dar uma olhada nisso?" O homem emergiu de debaixo dos cobertores e apontou para uma ferida aberta em sua canela esquerda. A pele estava escura e repleta de manchas, com pus saindo pelas bordas. O mau cheiro era muito forte e inesquecível; eu lutei contra a vontade de virar minha cabeça. "Eu vou chamar o Jim", eu disse suavemente.

Enquanto voltava para a van, pensei sobre as coisas que havia armazenado no cérebro durante a faculdade de Medicina e as comparei com aquilo que estava flutuando pela cabeça de Jim. Ele tinha em sua mente um mapa intrincado dos sem-teto da cidade, um atlas humano que muito poucos, se tanto, possuíam. Jim O'Connell era, sem dúvida, aquele que poderia dizer por que um viaduto era preferível a outro para uma boa noite de sono ou por que a Praça Copley era melhor do que a Residência Faneuil para mendigar.

E, como Axel, Jim ficava feliz em ministrar sabedoria. "O segredo", ele disse mais tarde, naquela noite, enquanto andávamos com as lanternas sob uma ponte condenada, "é construir um relacionamento. É fácil ser condescendente. Resista a isso". E, após uma interação desafiadora, "o problema somos nós, não eles". Entre pausas, Jim e eu conversamos sobre Whitey Bulger, o criminoso enigmático de Boston, e sobre beisebol. "O irmão de Dennis Eckersley", disse Jim, referindo-se ao antigo arremessador dos *Red Sox*, era um sem-teto. Quem sabia disso?".

Eu me vi voltando ao meu apartamento em Brookline pensando muito sobre aquelas experiências. Eu queria ser como o Jim. Eu queria ser o Jim: um médico não convencional, subestimado e brilhante que jogava segundo seu próprio conjunto de regras, relacionando-se com os pacientes de maneiras que eu nunca havia visto ou considerado. Seu método tocou de forma poderosa minha própria autoimagem como um *outsider* – o rapaz que, antes de estudar Medicina, era um jogador de beisebol, o *Ivy Leaguer*[14] que esteve nas ligas secundárias. Na medicina, também, eu sabia que queria ser algo diferente, mas eu não tinha certeza do que era até conhecer o Jim.

Mais do que algumas vezes, meus colegas de quarto eram submetidos à minha teoria de que Jim O'Connell estava fazendo para os pobres de Boston o que Paul Farmer, o personagem do livro *Montanhas além das montanhas*, de Tracy Kidder, estava fazendo pelo Haiti. "Você sabe o que ele está construindo?", perguntei a Heather, me referindo à peça central da obra de O'Connell, um grande complexo médico que incluía uma clínica com 104 leitos e uma clínica dentária concebida para os sem-teto. "Você faz ideia", eu dizia, "de como isso é incrível?". Meus amigos logo se cansaram de ouvir a respeito, mas eu nunca me cansava de lhes dizer.

Numa manhã, eu me vi no canto do pequeno consultório de Jim O'Connell, no Hospital Geral, observando enquanto ele examinava a mulher de meia-idade com o batom borrado, aquela com quem Jim estava falando quando McCabe nos apresentou. Dessa vez, Sheryl estava vestindo calças cinzas sujas e bem folgadas e uma camiseta azul do Diabo da Tasmânia. Havia borrões de batom neon entre seus lábios e as bochechas.

---

14 Um *Ivy Leaguer* é alguém que vai ou já esteve em uma faculdade ou universidade da Ivy League: Brown, Columbia, Cornell, Dartmouth, Harvard, Penn, Princeton e Yale. (N. do T.)

Depois de retirar seu estetoscópio do peito dela, O'Connell se sentou em uma cadeira de plástico preta a alguns centímetros de Sheryl e tomou uma das mãos dela em suas mãos. "Tudo parece bem", ele disse. "Muito bem. As coisas estão indo na direção certa".

Ela olhou para mim e, subindo a voz, disse, "eu estava esperando pelo melhor."

"Tudo parece ótimo", acrescentou Jim calorosamente. "Exames de sangue, exame de urina, coração e pulmões. Eu não poderia estar mais feliz."

Eu havia visto Sheryl na Hospedaria Pine Street muitas vezes e fiquei sabendo por Jim que ela estava morando nas ruas de Boston havia quase uma década. Sheryl costumava falar sobre seu ex-marido e, ocasionalmente, tinha uns ataques de risada sem qualquer razão aparente. Uma vez ela gritou comigo por causa de um programa de TV.

Jim gentilmente puxou a mão de Sheryl em sua direção para recobrar sua atenção. "Você sabe o que eu vou fazer em seguida", ele disse. "E só porque você vai dizer 'não' não significa que eu vou parar de perguntar."

Ela se inclinou até ele e seus joelhos quase se tocaram. "Pode falar, Jimmy."

Ele respirou fundo. "Eu gostaria que você falasse com um de nossos profissionais de saúde mental." Sheryl se inclinou para trás levemente, mas deixou sua mão junto às dele. "Isso não é um julgamento contra você", ele disse. "Eu só acho que você se beneficiaria em falar com alguém. Alguém com mais conhecimento do que eu". Ela fechou os olhos, enquanto ele continuava a falar. "Nós já falamos sobre isso há um bom tempo, e eu acho que isso ajudaria bastante. E a clínica, de fato, está aberta hoje. Você poderia ser atendida esta tarde".

Eu olhei para Sheryl, me perguntando sobre o que estaria passando em sua cabeça, enquanto meus olhos se fixavam no batom. Por que não falar com alguém? Qual o problema? Eu alisei meu recém-engomado jaleco branco e cruzei os braços.

"Eu entendo por que você não quer ir", disse Jim, ficando mais próximo dela. "De verdade. Mas isso é importante, e eu não vou parar de falar sobre isso."

Ela balançou a cabeça. "Eu não sou louca."

"Eu sei. Eu sei que você não é louca. Mas, mesmo assim, eu acho que isso poderia ajudar."

Sheryl olhou para o chão, e meus olhos se moveram em direção ao seu olhar. Em que ela estava pensando? Será que ela era louca? Em nossas breves interações, havia, de certa forma, parecido que sim.

"É importante", Jim acrescentou. "Muito importante."

Sheryl olhou para mim, eu acenei com a cabeça gentilmente.

"Por favor, leve isso em consideração", ele disse.

Ela lhe abriu um sorriso exagerado e disse suavemente, "Tudo bem."

Minhas sobrancelhas subiram, assim como as de Jim.

"Eu vou, Jimmy. Tudo o que você quiser."

"Você vai?", ele perguntou.

"Vou." Sheryl olhou para mim, sorrindo. "Ele vem me enchendo o saco a respeito disso há anos. Há anos! Ele nunca para de falar sobre isso. *Vá ver alguém. Vá falar com alguém.* Bem, eu estou falando com você, Jim! Eu vou falar tudo o que você quiser."

Eu queria responder, mas não tinha certeza do que dizer. "É isso mesmo?", murmurei.

"Eu vou fazer a indicação agora", disse Jim, cintilando um sorriso. "Agora mesmo."

Pouco depois, a consulta havia acabado. Sheryl pegou os seus pertences, deu um abraço no Jim e disse, "Continua...", enquanto ela saiu do seu consultório para a clínica de saúde mental. Quando a porta se fechou, eu notei que O'Connell estava olhando para uma folha de papel em branco sobre sua mesa.

"Moça interessante", eu disse, me aproximando dele. "Muito interessante." Eu me sentei onde Sheryl havia estado. "Há muita coisa acontecendo com ela."

Jim suspirou e olhou para mim. "Aquela mulher teve sua vida arruinada por causa da doença mental", ele disse. "Seu casamento, seu trabalho, todas as relações interpessoais. Tudo destruído." Seus olhos ficaram marejados, e sua voz, suave. "Eu venho tentando fazê-la procurar um psiquiatra há seis anos, mas ela sempre se recusa. Todas as consultas há seis anos. Sempre diz não."

Eu analisei seu rosto, tentando pensar em algo significante para dizer. Mas eu só conseguia exalar um único som. "Huh."

"Ela nunca deu uma chance para si mesma." Jim colocou a mão direita sobre a coxa e sorriu. "Até hoje."

"Incrível." Seus olhos se moveram da esquerda para a direita, e eu tentei segui-los. Eu conseguia ouvir vozes fora do consultório discutindo sobre uma nova máquina de café. "Por que hoje?" Peguei uma caneta e um pequeno bloco de notas do bolso do meu jaleco branco e comecei a escrever os detalhes da mudança. "Eu me pergunto o que mudou", eu disse.

Esperei que Jim falasse algo sobre a persistência ou o tato, mas ele não disse nada. Ele apenas olhou para a folha de papel em branco. Enquanto nos sentávamos em silêncio, tentei imaginar como haviam sido esses seis anos de encontro com Sheryl. Será que ela havia gritado com ele? Será que ela havia declinado educadamente de suas sugestões? Será que ele já havia ficado frustrado ou triste com ela?

"Matt", ele finalmente disse, colocando uma mão cálida sobre o meu ombro, "às vezes, coisas que estão na superfície podem parecer pequenas vitórias, vitórias bem pequenas...."

Sua voz se calou, mas eu queria que ele continuasse. Eu larguei a caneta. "Sim?"

Ele se levantou e balançou a cabeça. "Às vezes, coisas assim podem ser, na verdade, tremendas vitórias."

•••◆•••

Eu estava tão tocado por Jim e sua filosofia que convenci a faculdade de Medicina de Harvard a me dar créditos acadêmicos por acompanhá-lo. Em vez de me fazer aprender como lidar de forma eficiente com uma consulta complexa de primeiros socorros com um rapaz como Sam, a faculdade me concedeu créditos acadêmicos em primeiros socorros por ajudar a Clínica de Saúde para os Sem-teto uma noite por semana. Essa é parte da razão pela qual eu me senti tão sobrecarregado quando comecei a trabalhar no consultório de primeiros socorros da Universidade de Columbia; eu havia observado Jim fornecer primeiros socorros nas ruas, mas eu mesmo não havia feito muita coisa.

Claro, eu tinha distribuído meias limpas e pomada para os pés e escutado quando as pessoas queriam falar, mas era Jim quem estava examinando e tratando as pessoas. Era ele que tomava as decisões difíceis, convencendo um recluso relutante a ir para o quarto de emergência ou tentando passar tranquilidade. Mas foi durante aquelas rondas noturnas que descobri como é importante se conectar com os pacientes. Tentar uma conexão, eu me dei conta depois, era a razão pela qual eu havia ido ao quarto de Benny quando Baio me pediu para me apresentar aos pacientes, na UCC. Eu não me dirigi aos pacientes com problemas médicos mais complexos, eu fui até o cara na bicicleta ergométrica – o cara com quem eu poderia conversar e com quem, potencialmente, eu poderia me conectar.

Aprendi com Jim que por meio da medicina é possível alcançar o inalcançável – até mesmo aqueles que a maioria de nós esquece ou tenta ignorar ativamente. Esse é o poder e a beleza da nossa profissão. Ele passou suas noites com os sem-teto de Boston para que eles pudessem confiar nele, para que eles fossem à clínica quando ficassem doentes. E isso, eu descobri, não era uma tarefa pequena para as pessoas que viviam sob pontes ou em grandes caixas perto de depósitos abandonados – pessoas que ficavam constrangidas pelas feridas em suas pernas ou o cheiro de sua pele. Andar até o saguão de um hospital tropegamente e sentar em uma sala de espera não era algo que a maioria sequer consideraria possível. Mas eles faziam isso por Jim.

E eu queria que eles fizessem isso por mim.

17

"Vamos começar com o básico", disse uma mulher segurando um marcador fora do quarto de um paciente. Eu havia completado meu mês na unidade de cuidados cardíacos, me despedido de Baio e me transferido para o serviço de doenças infecciosas. Minha nova atribuição – lidar com pacientes que tinham HIV, tuberculose ou hepatite viral – era amplamente considerada a rotação mensal mais fascinante e emocionalmente tensa do ano como interno, algo que era difícil imaginar dado tudo pelo que eu acabara de passar. A maioria dos pacientes que chegavam à ala de doenças infecciosas do hospital, nós ficamos sabendo, eram usuários de drogas intravenosas ou tinham doenças mentais. Eles eram os pacientes inalcançáveis que podem gritar com você ou cuspir em você, aqueles que não tinham nada a perder e que explorariam qualquer sinal de fraqueza – emocional, profissional ou de qualquer outro tipo.

"Se um paciente aparecer em nossa sala de emergência e disser que tem HIV, quais são as seis informações que você deve obter sem falta?", perguntou a dra. Chanel, uma membro júnior de nossa faculdade na Divisão de Doenças Infecciosas, ao nosso pequeno grupo de residentes e estudantes de Medicina. Ela se aproximava dos quarenta anos e tinha um rabo de cavalo que ficava penso sobre um de seus ombros. Assovios abafados ressoaram ao redor do meio círculo. Nós tínhamos acabado de sair do quarto de uma jovem que, relutantemente, havia ido à sala de emergência devido a uma dor de garganta persistente; Ariel fora a responsável por informá-la de que seus sintomas se deviam, na verdade, a uma infecção aguda de HIV, enquanto todos nós observávamos com ansiedade. Conforme as lágrimas rolavam pelo rosto da paciente, me pediram que eu fosse buscar lenços. Depois de alguns minutos de procura em vão, voltei com um punhado de papéis-toalha e papéis do banheiro, os quais a mulher não quis. Então nós todos nos dispersamos.

Nosso grupo tinha agora um breve momento – a imensidão de trinta segundos – para tentar aprender algo com esse encontro antes que voltássemos ao turbilhão de páginas zunindo e ordens implacáveis. "Um", a dra. Chanel continuou, "em que ano eles contraíram o HIV? Trata-se de alguém que já tem a doença há vinte e cinco anos e já passou por vários regimes de tratamento, ou se trata de alguém como nossa última paciente, que pegou a doença há uma semana e está lutando para lidar com o diagnóstico?".

Eu me perguntava se aquele momento não teria sido mais bem aproveitado se estivéssemos aconselhando a mulher que havia acabado de ter seu mundo virado de ponta-cabeça.

"Dois", Chanel disse, enquanto nós anotávamos, "qual é o número de células CD4. Trata-se do subconjunto de glóbulos brancos que o HIV destrói. Três: carga viral. Trata-se da quantidade de cópias replicantes de HIV no sangue. O objetivo, que não nos deve surpreender, é que a carga viral seja indetectável. Quatro: fatores de risco. Como o paciente contraiu o HIV?".

Eu levantei a mão parcialmente, e a dra. Chanel acenou para mim com a cabeça. "Por que é importante saber *como* a pessoa contraiu o HIV?", perguntei. "Parece que ou eles têm a doença ou não. Não é realmente da nossa conta como eles contraíram a doença."

Ela olhou para o grupo. "Alguém pode responder à pergunta do doutor McCarthy?"

Meghan limpou a garganta, talvez tentando suprimir seu chiado. "Bem", ela disse, "pacientes que contraíram a doença pelo uso de drogas intravenosas têm mais chance de desenvolver hepatite C ou endocardite. Pacientes que contraíram a doença por sexo anal devem ser acompanhados por conta do risco de câncer no ânus".

Chanel sorriu. Eu me perguntei se aquela era a primeira vez que uma frase terminando com as palavras *câncer no ânus* fazia alguém sorrir. "Você está completamente certa."

Anotei rapidamente aquelas informações, parando uma única vez para pensar sobre como Ariel havia mantido o equilíbrio ao dar aquele diagnóstico devastador. Eu não conseguiria ter feito aquilo com tanta facilidade. Eu me perguntei se o período dela com as consultas a havia preparado para dar más notícias. Possivelmente, ela estava acostumada a entrar em um consultório, arruinar a vida de alguém e sair de lá.

"Bom. Ponto cinco", Chanel prosseguiu, "que medicações eles estão tomando? Será que o regime relacionado ao HIV faz sentido? E seis. Que infecções oportunistas eles já tiveram? Pacientes com HIV têm infecções bizarras. Foi assim, de fato, que o vírus foi descoberto. Do contrário, gays saudáveis no começo dos anos oitenta estariam desenvolvendo..."

EMERGÊNCIA, JARDIM SEIS SUL! O intercomunicador soou, e meus joelhos sucumbiram. *EMERGÊNCIA, JARDIM SEIS SUL!*

Eu fui o único em nosso grupo que, visivelmente, recuou. Recentemente, eu havia me resignado com o fato de que aquele alarme estridente e eletrizante era algo com que eu nunca ia me acostumar. Dois membros da equipe saíram correndo, e eu pensei em Baio, em disparada para salvar uma nova pessoa. Era estranho estar separado dele. Eu me perguntei onde ele estava e a quem ele estava ensinando. A pessoa que me havia ensinado tanto em tão pouco tempo agora era apenas um rapaz diante de quem eu passava no saguão ou que, em grandes discussões, me passava um pedaço de pizza.

"Talvez nós devêssemos parar aqui", disse a Dra. Chanel, reajustando seu rabo de cavalo. "Vamos voltar a nos reunir em vinte minutos."

Alguns minutos depois, a residente do segundo ano para quem eu havia sido designado para trabalhos conjuntos nessa parte da minha rotação, Ashley – meu novo Baio –, voltou da emergência. Ela tinha as maçãs do rosto bastante sobressaltadas e falava com sentenças entrecortadas e hipercafeinadas, de modo que um pensamento emergia em meio a outro. Em retrospectiva, ela me pareceu a versão acelerada de Jennifer Lawrence, talvez com sapatos mais razoáveis.

Ashley havia me cumprimentado naquela manhã dizendo, "Não faça nada sem me avisar antes. Entendeu?" Antes que eu pudesse responder, ela já havia se lançado para a miríade de tarefas que precisavam ser terminadas antes das discussões – delegar afazeres, tais como levar um paciente com a cadeira de rodas para fazer hemodiálise e transportar um frasco de sangue para o laboratório químico – mais rapidamente do que eu conseguia escrever, e então ela retirou o trabalho delegado para mim de forma tão rápida quanto ele me fora passado, explicando que seria mais rápido se ela mesma fizesse tudo. Isso já estava se tornando rotina e fez com que eu me sentisse dispensável e potencialmente perigoso. Estava claro que ela me considerava sob sua responsabilidade, alguém que ainda não sabia dar entrada a ordens por computador relacionadas ao tratamento de HIV ou escrever prescrições com a proficiência com que ela fazia. Nossas rápidas conversas foram sobre reminiscências de uma criança levada e de uma babá frustrada. Seus amigos a chamavam de Ash, mas ela havia me dito para chamá-la de Ashley. A distância intencional que ela colocou entre nós me deixava ansioso. Apesar de nossas personalidades não combinarem, eu queria estabelecer um contato efetivo com ela. Eu queria estabelecer contato com todos.

"Onde você estava?", perguntou Ashley, esfregando as mãos em seus cabelos tratados com óleo de oliva. "Você deveria acompanhar essas emergências."

Eu verifiquei a minha lista. "Eu não sabia."

Ela me lançou um olhar afiado. "Pois saiba a partir de agora."

"Eu não vi nenhum dos outros internos indo, então eu..."

"Eu não preciso de uma explicação. A mulher está morta. Já estava morta quando chegou." Ashley balançou a cabeça. Acho que Baio não estava lá, pensei.

"Nós vamos voltar a nos reunir com a doutora em aproximadamente dez minutos", eu disse.

"Tudo bem. Aqui está o que vamos fazer. Muito simples", ela disse rapidamente. "Eu sei que suas habilidades em exame físico são muito boas, mas você, ah, você precisa se desenvolver em outras áreas."

"Certo." Eu fiquei pensando se o episódio de Gladstone havia chegado até Ashley.

"Então vamos usar seus pontos fortes. Você será como os olhos, eu serei o cérebro."

"Entendi."

"Examine os pacientes, diga-me como eles estão, e eu elaboro o plano."

Anotei *Eu olhos/ Ashley cérebro*.

"E então, Matt, você executa o plano. Certifique-se de que tudo seja feito."

Eu já não confiava em mim mesmo para lembrar de algo se as coisas não estivessem escritas. Havia, literalmente, centenas de pequenas tarefas e novos factoides que pululavam em meu cérebro durante o curso do dia, e eu achava impossível me lembrar de tudo sem pôr as coisas no papel. E priorizar aquilo tudo requeria, ainda, outro conjunto de habilidades. "Sim, senhora", eu disse de modo desajeitado. Minha lista de tarefas diárias parecia o diário de um louco, cada centímetro estava tomado por rabiscos. Eu pensava frequentemente em Axel, que me implorava para que eu não escrevesse nas mãos.

"E, se eu puder lhe dar um conselho, é este aqui: seja eficiente."

"Vou fazer o meu melhor."

"Mas eficiência necessita de competência", ela disse. "Há muito para ser conhecido. As informações são geradas rapidamente. E, neste momento, você ainda está tentando aprender o básico." Novamente, Ashley estava certa. Milhares de periódicos científicos estavam divulgando constantemente informações médicas novas e, por vezes, contraditórias. Nós nunca teríamos tempo de ler tudo e estávamos precisando de um curador competente. Em muitos sentidos, Baio havia desempenhado aquele papel para mim, na UCC. Mas eu precisava fazer isso sozinho agora; Ashley não parecia o tipo de pessoa que me daria as informações de bandeja.

Um rapaz jovem, vestindo apenas uma cueca, passou andando por nós, requisitando que seus direitos de acusado fossem lidos. "Para esse fim", eu disse, tentando ignorá-lo, "comecei a utilizar o *UpToDate*", referindo-me a um site que sintetiza a opinião médica especializada.

"Ótimo", ela disse. "Esse site precisa ser a sua bíblia."

"É incrível."

"Só que não se refira a ele nas discussões – os médicos acham que isso é sinal de preguiça."

Duas enfermeiras escoltaram o homem alucinado de volta para seu quarto.

"Use o site para tudo, menos para anatomia", disse Ashley. "Use o Netter para anatomia."

Netter era uma referência a Frank Netter, o médico-artista cujas ilustrações médicas são o padrão para a anatomia humana. Ashley deu um tapinha com a caneta em sua bochecha e abriu um sorriso. "Vindo de Harvard, suas habilidades em anatomia devem ser, hum, desastrosas." Ela estava se referindo ao pior segredo guardado entre as mais importantes faculdades de Medicina: uma escassez de cadáveres fazia que os estudantes de Harvard tivessem que escolher entre dissecar ou a parte superior ou a parte inferior, mas não ambas. Eu havia sido o homem da perna.

"Culpado", eu sorri. "Venho tentando ler em casa, de fato, quando eu consigo."

"Não", ela ordenou. "Dê um *reset* no seu cérebro em casa."

"Ok."

"Funda seu cérebro aqui. Mas, quando estiver em casa, você está em casa."

Pensei nas horas descerebradas em casa desde que eu havia começado o trabalho como interno, horas em que eu assistia à televisão e lia tabloides em nome da saúde mental. Nossa geração de médicos era, indubitavelmente, diferente – era muito difícil imaginar o Fodão fazendo algo assim. Será que ele olhava para Baio e pensava em algum seriado ou programa de TV? Eu duvido. Talvez ele tenha jogado golfe ou pilotado aviões monomotores.

Ashley olhou para seu *pager*, enquanto dava um bom gole em seu café com leite.

"Sabe", eu disse, me sentindo momentaneamente desguarnecido, "continuo a me sentir sobrecarregado. Tento ligar minha cabeça a tudo e aprender a fazer os procedimentos". Eu não tinha inteira certeza sobre o porquê de eu estar me abrindo com ela, mas a falta crônica de sono nos faz agir de maneira incomum. Eu me vi mais propenso a confiar em meus colegas: outros chegavam a chorar quando a cafeteria estava sem ketchup.

Ela franziu o cenho. "Isso não é algo que você deveria sair dizendo por aí."

"Só estou sendo honesto."

"Ninguém quer saber que você está lutando. Eu certamente não quero."

Eu recuei. "É verdade."

"Tenha autoconfiança. Você sabe mais do que pensa. Mas chega de ranger os dentes." Ela levantou um eletrocardiograma. "De qualquer maneira, você gostaria de ter um médico que está com a razão ou que tem segurança?"

Momentos depois, um estudante de Medicina chamado Carleton se uniu a nós. Ele era de Princeton. Ou de uma propaganda da Abercombrie & Fitch. Possivelmente ambos. "Acabei de falar com a senhorita Sarancha por uma hora!", ele disse com um misto de entusiasmo e frustração. Os estudantes de Medicina ficaram, inicialmente, contra a parede quando uma paciente demente pediu para falar com um médico. No Hospital Geral, um interno, uma vez, me enviou para falar com um paciente, mas deixou de mencionar que o homem só era capaz de dizer uma única palavra: "Por quê?" Depois de exaurir minhas parcas habilidades de explicação, peguei o histórico do paciente e me dei conta de que ele não era muito inquisitivo; em vez disso, ele havia sofrido um forte derrame que danificou a parte do cérebro responsável por produzir a língua. Conforme a gozação passou, foi até possível haver uma camaradagem entre mim e o interno. Era o tipo de coisa que Baio faria.

"Obrigado por fazer isso", eu disse para Carleton. "A manhã vai ser cheia, mas vamos passar alguns minutos essa tarde conversando sobre choque."

Ashley disparou um olhar pródigo. "Por que vocês estão discutindo choque?"

Era um dos poucos tópicos que eu havia dominado, era por isso. E porque Baio me disse que eu deveria ensinar. "Tópico fundamental para ser discutido", eu disse.

"Para ser discutido na UTI", ela disse, "não aqui. Nós devemos nos focar em aprender tudo o que pudermos sobre HIV". Nesse sentido, pensei, Carleton estava sem sorte. Eu sabia pouco sobre o vírus, certamente não o bastante para ensinar. "É assim que as coisas devem ser feitas", ela disse. "Analise a doença, leia sobre ela e associe o rosto do paciente com a doença."

"Eu só acho que é..."

"Isso não é um diálogo", ela disse, e sua aversão era palpável. "Isso é o que deve ser feito."

A abordagem de Ashley era uma reminiscência da prática de sargento. Mesmo nos dias mais difíceis, nunca havia parecido que Baio havia arremessado uma sessão de ensino em meio ao nosso diálogo; tudo fluía naturalmente, enquanto nós íamos de um paciente a outro. Mas, apesar de seus estilos diferentes – Ashley parecia falar comigo de forma patronal, enquanto Baio me apoiava –, ambos queriam transmitir imagens vívidas que eu nunca iria esquecer. Pontos de ensino e cenários de pacientes que ficaram em minha mente por décadas.

"Ok, Carleton", eu disse, enquanto Ashley pegava o celular, "se as coisas acalmarem hoje à tarde, nós podemos falar um pouco sobre HIV".

EMERGÊNCIA, HUDSON NORTE OITO! EMERGÊNCIA, HUDSON NORTE OITO!

Ashley e eu voamos de nossas cadeiras e corremos pelas escadas.

VRRC, VRRC.

No saguão, passei por um desconcertado Peter Lundquist e quase colidi com o *tupperware* em sua mão. Peter trazia biscoitos e bolos para o pessoal da UCC todos os dias, mesmo depois de Denise ter sido transferida da unidade. Eles eram uma mudança deliciosa em relação às pungentes sobremesas filipinas de gengibre com as quais estávamos acostumados.

Quando cheguei à emergência, duas dúzias de médicos e enfermeiras já estavam ao redor da maca.

"Muitas pessoas", uma das enfermeiras disse. "Saiam já, agora."

A orientação para os internos me havia apresentado ao conceito de que mais médicos resultam em mais caos. Eu me afastei do corpo sem vida. Alguns passos depois da porta, alguém pegou o meu braço.

"Aonde você acha que está indo?"

Era o Baio.

"Muitas pessoas", eu disse, apontando a multidão com o dedão.

Ele balançou a cabeça. "Você nunca abandona uma emergência. Nunca." Ele me guiou através do quarto. "Se alguém disser para você sair, você se move atrás da cortina. Se alguém empurrar você para fora, fica junto à porta. Você precisa ver o máximo que puder de tais situações. Vamos."

Nós ficamos no caminho da porta vendo toda aquela loucura. "Michael Jordan dizia que o jogo ficava mais lento para ele", Baio sussurrou, "quando ele estava no garrafão. Quanto mais disso você vir, mais lentamente as coisas vão se mover."

Eu consenti com a cabeça e fiquei vendo um anestesista introduzir um tubo de respiração através da garganta de um homem dominicano de meia-idade, enquanto uma enfermeira tentava fazer um acesso intravenoso.

"Fique de olho no residente que está na emergência", Baio disse, e apontou com a cabeça para o médico junto ao pé da cama. "Ele está no comando. Como você acha que ele está se saindo?"

"Não sei dizer ao certo."

Olhei fixamente para a aglomeração, enquanto alguém batia no peito do homem. Pensei ter ouvido uma costela se partindo.

"Exatamente, você não sabe bem o que dizer porque ele não soube se estabelecer no comando. Você tem que assumir o comando do lugar."

"Entendi." Peguei minha caneta.

"Não precisa anotar isso. Apenas observe."

O residente na emergência começou a falar com o pessoal da sala.

"Fale alto", Baio gritou.

A voz do residente subiu de tom.

"Em segundo lugar, você precisa descobrir o que aconteceu", Baio continuou. "A primeira coisa que você pergunta é: alguém testemunhou a emergência? Se alguém estava lá para dizer 'eu vi esse cara engolindo uma bolinha de gude', você tem uma resposta." Sangue respingou perto dos meus pés; introduzir um acesso intravenoso nesse homem provou ser algo difícil. "Você sabe mais do que você acha."

Era a segunda vez que eu ouvia isso aquela manhã. "Isso está ficando bagunçado", sussurrei de volta. Depois de um mês na UCC, a visão de sangue espirrando pela sala não me assustava, mas isso já parecia demais. Era o bastante para encher um pequeno copo de café. Se eu tivesse visto isso em um filme ou na televisão um mês antes, eu teria recuado. Mas aquilo já não me incomodava, e nenhuma outra pessoa se deu conta do sangue se coagulando sob os nossos sapatos. Éramos um monte de pessoas em uma sala que estavam confortáveis com a projeção de sangue respingando.

"Dê uma olhada no rapaz que está fazendo compressões peitorais", disse Baio. "Como ele está indo?"

"Bem, eu acho"

"'Stayin' alive'?"

Observei e murmurei para mim mesmo. "Não, ele está indo muito rápido."

"Exatamente. Então, se você estiver no comando, você lhe diz para ir mais devagar."

"Será que devemos dizer alguma coisa?"

"Não, de forma alguma. Isso precisa ser dito pela pessoa que está no comando."

"Isso é horripilante", eu disse depois que o sangue respingou em minha direção, alcançando meu jaleco logo abaixo do joelho.

"Já faz quanto tempo?", uma das enfermeiras me perguntou.

"Catorze minutos", Baio disse suavemente. Enquanto eu ficava me desviando do sangue, ele estava quieto, calculando o tempo.

"Caramba!"

"Sempre mantenha um olho no relógio. Esse é um funeral pavoroso."

Olhei para o pequeno relógio preto e branco sobre a cama do paciente. Era o tipo de coisa que minha escola de Ensino Médio havia usado, e, por um breve momento, fui transportado para uma sala de aula dos veteranos, desejando que o relógio se movesse mais rapidamente, desejando que o tempo se acelerasse para que eu pudesse sair do colégio e começar a vida *real*. Agora, eu estava tentando imaginar uma maneira de desacelerar o tempo. "Será que ele deveria parar?", sussurrei.

Tamponamento cardíaco era a suspeita dos médicos mais velhos na sala, um problema que faz o sangue se acumular ao redor dos limites do coração, impossibilitando-o de bombear adequadamente. A única maneira de corrigir com urgência esse problema era por meio de uma pericardiocentese, um procedimento em que o médico enfia uma agulha às cegas sob a caixa torácica do paciente e através dos limites do coração para que o fluido possa ser drenado. Nesse caso, ela seria feita enquanto as compressões peitorais estivessem sendo realizadas, de modo que o coração se tornaria um alvo em movimento. Médicos ansiosos de lá para cá perguntavam-se sobre quem deveria realizar o procedimento. Era perigoso. Inserir uma agulha um centímetro mais longe poderia perfurar o ventrículo e, quase seguramente, mataria o paciente.

"Não é assim que se faz", Baio sussurrou.

"Será que o residente da emergência deveria parar?", uma enfermeira me perguntou em voz baixa. "O cara está morto há vinte minutos, e agora onde é que eles querem enfiar uma agulha?"

"Eu pararia", Baio murmurou. "Mas funerais são como casamentos – você tem que perguntar se há quaisquer objeções antes de seguir adiante."

A pericardiocentese começou e a sala ficou em silêncio. O médico realizando o procedimento, um asiático magro, segurava a grande agulha com ambas as mãos, enquanto ela perfurava a pele e se afundava no peito. Eu segurei a respiração enquanto a agulha desaparecia. O pensamento de fazer aquele procedimento me assustava.

Gotas de suor despontaram no filete de bigode do homem, enquanto a agulha ia mais fundo. Ele mordeu o lábio quando a agulha desapareceu sob suas costelas. Ele puxou de volta a seringa, primeiro, de forma gentil, depois, com grande força, esperando que o fluido viesse. Mas não havia nada. Alcei o pescoço para conseguir uma visão melhor.

"Eu não consegui", disse o homem depois de vários minutos e se afastou do corpo. Compressões peitorais continuaram sem parar. Um segundo médico pegou a agulha e se preparou para repetir o procedimento. Uma onda de náusea me tomou.

"Ok, pare", o residente da emergência gritou. "Os esforços de ressuscitação parecem inúteis."

RCP havia sido tentada por vinte e dois minutos.

"Horário da morte: onze e cinquenta e dois da manhã. Obrigado a todos."

E, com aquilo, tudo acabou. Enfermeiras e médicos se afastaram do peito ensanguentado e desigual e saíram estoicamente da sala. Não havia conversas, não havia troca de olhares. Todos retornaram calmamente para suas listas de dados e para a próxima tarefa a ser feita. Baio balançou a cabeça e desapareceu ao longo do corredor.

Foi a primeira ressuscitação falha que eu havia testemunhado. Conforme a aglomeração foi se dispersando, entrei na sala e olhei bem para o corpo. Logo, o lugar estava todo vazio a não ser por mim, o cadáver e outra interna. Ela fechou os olhos do morto e então disse suavemente, "eu teria continuado".

18

No dia seguinte, eu estava de volta às discussões sobre as doenças infecciosas, apresentando um paciente para a equipe. Em contraste com as discussões da unidade de cuidados cardíacos, essa aconteceu ao redor de uma mesa de conferências.

"Então", eu concluí, "o paciente está indo muito bem. Eu realmente acho que ele está pronto para ir para casa hoje". David tinha 34 anos e havia saído da sala de emergência alguns dias antes, coberto de doloridos abcessos amarelos e roxos. Uma simples infecção com estafilococos era a causa, mas seu sistema imunológico, tomado pelo HIV, não conseguia lutar contra ela. Era a terceira vez desde o ano passado que ele vinha ao nosso hospital com essas lesões de pele inflamadas e rançosas.

A dra. Chanel passou a mão em seu rabo de cavalo. "Eu concordo", ela disse, "mas eu gostaria de verificar um conjunto a mais de exames laboratoriais. Eu gostaria de ver como o fígado está funcionando antes de nós o liberarmos para o grande desconhecido".

Eram 10h15, e os exames laboratoriais da manhã já haviam sido feitos; um flebotomista não estaria no andar pelas próximas seis horas. "Eu mesmo vou fazer os exames laboratoriais", anunciei. Eu havia percorrido um longo caminho desde aqueles primeiros dias de incompetência na UCC. Não estava pronto para fazer uma pericardiocentese, mas eu sabia tirar sangue.

"Posso ir com você?", perguntou Carleton.

"Seja rápido", disse Ashley, "já temos dois pacientes esperando por nós na emergência".

Coloquei meu jaleco branco, posicionei o estetoscópio verde-escuro ao redor do pescoço e andei com Carleton através do corredor para o quarto de David.

"É tão empolgante", disse Carleton. Ele era muito melhor fingindo entusiasmo do que eu jamais seria, coisa que me irritou. Meus colegas puderam sentir minha hesitação no momento que eu entrei no saguão do hospital. Mas Carleton era o tipo de rapaz que conseguia se adaptar, que conseguia fazer o papel que lhe era demandado. Ele era um camaleão na faculdade de Medicina; se ele tivesse que ser passivo – como durante a psiquiatria, em que, na maior parte do tempo, era preciso escutar –, ele conseguia, e se ele tivesse que ser assertivo, talvez durante a rotação na cirurgia, ele também conseguia fazer isso. Ele era o tipo de estudante que passaria pela faculdade de Medicina e pela residência sem tormento e agonia. Depois de alguns anos, ele passaria o verão com outras pessoas belas e despreocupadas nos luxuosos Hamptons, brindando com coquetéis em uma praia privada.

Bati à porta de David enquanto a abria. Um homem grande com cabelos castanhos ralos recuou quando me viu.

"Você de novo, não", disse David. Ele balançou a cabeça e pegou uma revista.

"Eu de novo", eu disse cordialmente. "E dessa vez eu tenho companhia. Trouxe comigo um estudante de Medicina, se não houver problemas."

"Esse cara me torturou ontem!", disse David, com um sorriso voltado para Carleton. Ele pôs as costas da mão em sua testa e acrescentou, "eu não sei se algum dia vou me recuperar".

Um dia antes, eu passara horas tentando tratar cada um de seus abscessos com um pequeno bisturi e passara ainda mais tempo retirando o pus com gaze. Na faculdade de Medicina, a visão e o cheiro daqueles abscessos teriam me dado náusea, mas agora não mais. Eu já tinha ouvido que todo médico acaba descobrindo qual fluido corporal acha mais incômodo, e essa descoberta ajuda a guiar a escolha da subespecialidade. Eu não ficava incomodado com sangue, saliva, urina ou pus. Mas a diarreia me incomodava, o que queria dizer que não era meu destino ser um gastroenterologista.

"Os antibióticos não iam funcionar", eu disse. "Você sabe disso. Eu tive que abrir os abscessos."

"Eu sei, eu sei", disse David, chacoalhando a mão com desdém, "você tinha que fazer isso. Mas por que fazer a tomografia? Ela tomou minha tarde inteira!".

Pensei em Gladstone e balancei a cabeça. Eu agora estava pedindo tomografias de cabeça e consultas neurocirúrgicas potencialmente desnecessárias várias vezes por semana. "A boa notícia é que você está melhorando. A TAC deu normal, e logo você irá para casa". Apesar de suspeitar que Gladstone estava bem, sua imagem me assombrava. Sempre que eu achava que estava começando a pegar o jeito das coisas, que eu estava começando a me tornar um médico de verdade, eu me lembrava do meu descuido colossal. Mais do que qualquer outra coisa, eu me lembrava de que precisava de supervisão. Felizmente, a Universidade de Columbia tinha uma estrutura que fornecia isso. Mas o que aconteceria quando eu fosse o supervisor? Era tranquilo praticar a medicina defensiva agora – havia pessoas como Ashley para me dizer quando eu estava sendo muito prudente –, mas, depois, eu precisaria cortar a tela de segurança.

"Graças a Deus", disse David.

"Estou orgulhoso por você começar as medicações contra o HIV. Seus números estavam muito altos." Posicionei o equipamento para retirar sangue e me voltei para Carleton.

"Sabe, hoje em dia é melhor ter HIV do que diabetes."

"Mas eu tenho diabetes", disse David.

Eu franzi o cenho. "Vamos começar."

Eu me ajoelhei ao lado da cama e novamente me voltei para o Carleton. "A chave para tirar sangue é encontrar uma veia. Usar um torniquete vai ajudá-lo." Ele escreveu rapidamente uma nota enquanto falávamos. "Às vezes, não há um torniquete disponível, então eu amarro uma luva de látex ao redor do braço do paciente."

"Tecnicamente, essas luvas não são de látex", disse Carleton, "já que muitas pessoas são alérgicas ao látex".

"Sim." Colocando as luvas, busquei as veias. "As veias dele não estão fáceis", eu disse, enquanto David franzia a sobrancelha e olhava para seu braço. "Você já ouviu falar sobre a veia do interno?"

"Ela passa ao longo do dedão. Funciona sempre."

Curtindo meu novo papel como professor, peguei um pano embebido com álcool e esterilizei o local da veia, enquanto David observava. Desencapei a agulha e a conectei a um fino tubo de plástico. O tubo foi conectado a um pequeno frasco e posto em um recipiente próximo à perna direita do paciente.

"Antes que você faça um procedimento, qualquer procedimento", eu disse, "é importante que você faça uma pausa. Antes de você fazer alguma coisa com o paciente, não importa quão trivial ela seja, é importante que você traga alguém com você para o quarto".

"Entendi", ele disse, e então tomou nota. Suas notas reiteradas me lembravam de mim mesmo. Mas eu duvidei que Carleton já tivesse precisado de alguém que lhe dissesse para não escrever nas próprias mãos. Provavelmente, ele já sabia a respeito da pausa. Era provável que ele só estivesse tomando notas para me dar respaldo.

Inclinei a cabeça até seu bloco de notas. "Em primeiro lugar, confirme que você está com o paciente correto. Depois, confira isso novamente, na prática, fazendo o procedimento apropriado na parte certa do corpo."

Confirmei a informação e introduzi a agulha no dedão de David. Instintivamente, ele puxou um pouquinho o dedão, enquanto o sangue fluía através do tubo e enchia o frasco.

"Feito", eu disse um momento depois e segurei o frasco.

Com a mão esquerda removi a agulha do seu dedão e, com a direita, peguei um band-aid. Saiu sangue de onde a agulha estava. Não querendo que o sangue pingasse no chão, coloquei o band-aid rapidamente sobre o dedão de David.

Mas o band-aid nunca chegou ao seu destino. Minha mão direita foi interceptada pela agulha, e, em um instante, meu dedo indicador havia sido penetrado com a agulha repleta de sangue. Larguei a agulha e tirei a luva. Sangue pingava da minha mão, enquanto Carleton observava com a boca escancarada. Centenas de milhares de cópias do vírus da imunodeficiência humana haviam acabado de ser injetadas na minha corrente sanguínea.

19

Escuridão.

É tudo de que me lembro até que ouvi a voz de Carleton.

"Que merda!", ele estava gritando, como se me chacoalhasse de uma tranquila neblina. Eu me abaixei e comecei a apertar o dedo, tentando expelir o sangue infectado.

Minha respiração estava totalmente irregular. Apertei o dedo com tanta força que ele ficou branco – eu não me importaria se o dedo caísse. "Não, não faça isso", disse Carleton, indo até a porta. "Não provoque uma inflamação. Ela vai levar glóbulos brancos até o vírus e..."

Eu olhei para ele estupidamente. Ele era um WASP amorfo, mas parecia saber o que estava fazendo.

"Lave", ele disse, "lave agora!"

Como é que Carleton sabia o que fazer? Será que esse era um cenário que eles cobriam na faculdade de Medicina? Cheguei a pensar em colocar o dedo na boca. Será que eu conseguiria sugar o vírus para fora de mim? Olhei para a minha palma e chupei os lábios. Com minha visão periférica, dei uma olhadela para David. Suas mãos estavam sobre seu rosto como se ele fosse Macaulay Culkin em *Esqueceram de mim*.

"Lave agora!", Carleton implorou.

Senti-me como se fosse desmaiar ou vomitar. O tempo, de alguma forma, estava se acelerando e desacelerando simultaneamente. Eu não conseguia me mover, preso na areia movediça a apenas alguns passos da agulha, do sangue e de David. Eu queria gritar, mas não tinha nada para dizer. Eu queria correr, mas não havia para onde ir.

Carleton se voltou para a pia e levou minha mão até a água. Nós olhamos para o dedo, que ainda estava vertendo sangue, e olhamos um para o outro. Seu rosto plácido não tinha um único vinco ou linha de expressão. Eu queria saber o que ele via no meu rosto.

Chacoalhei a mão sob a água gelada, e o frio me reconduziu ao terrível tempo presente. Saindo do quarto, entrei em uma sala de conferência próxima onde um grupo de médicos especialistas em HIV geralmente almoçavam. "Me desculpem", eu disse, abrindo a porta tresloucadamente, enquanto seis cabeças grisalhas se voltavam para mim. "Eu acabei de me picar. Com HIV. Será que se eu tirar sangue eu dou um jeito nisso?"

A dra. Chanel se levantou de sua cadeira e gritou, "O quê?" Embalei minha mão direita com a esquerda como se ela fosse a casca de banana de Axel. Ela correu e colocou a mão em meu ombro, enquanto os outros voltavam às suas conversas. "Você está bem?", ela perguntou vagarosamente.

Eu não estava. Eu não conseguia falar. Olhando para o dedo, fiquei imaginando se uma crosta estava se formando para selar o vírus dentro de mim.

"Você vai ficar bem, Matt", ela disse com decisão. "Você precisa ir até o setor de Saúde dos Funcionários. Tudo bem?" Ela olhou bem para os meus olhos para ver se a informação havia sido registrada.

"Tudo bem. Onde, é... onde fica isso?"

Meus dedos pareciam pesados; meus lábios estavam entorpecidos. Eu me sentia como uma criança pequena que queria correr, desaparecer e não conseguia formular palavras.

Chanel pegou sua bolsa. "Vamos." Ela colocou sua mão em minhas costas e me deu uma cutucada suave fora da sala de conferências. Nós passamos em frente a um Carleton branco como um lençol a contar o caso para Ashley, que estava dizendo "Que porra é essa?", enquanto nós íamos até os elevadores.

"Com quem aconteceu isso?", perguntou a dra. Chanel. "Com qual paciente?"

A imagem do rosto de Macaulay Culkin voltou à minha consciência. "David", eu murmurei. "Foi com o David."

"Ok", ela disse. "Eu vou ter que... Eu vou precisar fazer algumas ligações."

Um momento depois, nós entramos em um elevador cheio de pacientes e médicos.

"Matisyahu!", um grupo de internos da parte de trás gritou, referindo-se ao rapper judeu e ao apelido que eu havia recebido em um evento de karaokê. Eu levantei minha lista de tarefas e balancei a cabeça. Nós estávamos no nono andar. Todos os botões haviam sido apertados. No oitavo andar, senti uma onda de calor me tomando; no sétimo eu senti arrepios. Eu estava para cagar nas calças.

"Você está bem?", Chanel sussurrou.

"Sim." Como um vampiro, cobri minha boca com a curva do meu braço e vomitei em silêncio. O suor vazava por todos os orifícios. A massa foi saindo do elevador, me dando espaço para que eu me dobrasse para vomitar.

"Estamos quase lá", ela disse, conforme o elevador gradualmente se esvaziava.

Quando nós chegamos ao setor de Saúde dos Funcionários, a dra. Chanel tirou as mãos das minhas costas e falou com o administrador da clínica. As únicas palavras que ouvi foram "não pode esperar", e, um momento depois, eu estava no consultório, sentado em frente a um médico sul-americano que parecia um jovem Antonio Banderas. Por que todo mundo no trabalho me lembrava algum ator? Talvez porque a vida no hospital tivesse um teor cinematográfico e eu, inconscientemente, estivesse compondo o elenco de um filme – um filme que acabara de mudar do drama para a tragédia.

O sorriso vasto de Banderas e seu cabelo preto bem penteado projetavam um ar de confiança; ele parecia ser o irmão mais velho de Diego. Ele começou a falar algumas palavras, mas eu não conseguia ouvi-las. Havia muitos acenos de cabeça e sorrisos. Eu vi o gel de seu cabelo. Ele ficou mais animado quando olhei para as minhas mãos, buscando os vincos. Depois de ficar isolado, comecei a registrar as palavras de Banderas, que me irritaram: *acaso, infeliz, mudança, sentir, insone, bem, ajuda, profilaxia.*

Era uma nova experiência ser levado de um lado a outro entre tais extremos repulsivos. Em um momento, eu estava inteira e vividamente presente; no outro, já não tinha sentidos, como se estivesse perdido na névoa. Eu apertava o dedo mais e mais. Em primeiro lugar, era como que para acompanhar meu batimento cardíaco, surpreendentemente lento, e depois era para acompanhar a cadência de uma canção dos anos oitenta que eu não conseguia tirar da cabeça: "Your Love", do Outfield. Banderas colocou uma mão em meu ombro e a música transpassou minha cabeça.

Josie's on a vacation far away (Josie está de férias bem longe...)

"Matt", ele disse.

Onde é que estava o Outfield agora? Eu pensei. E quem era esse homem diante de mim e onde ele havia estudado Medicina? Será que eu poderia confiar nele? Será que a vida dele, como a minha, era uma série de lembranças de filmes e séries? Será que ele tinha *hobbies*? Talvez ele fosse interessado em MMA. Alguém que pudesse usar uma blusa na balada.

"Matt!", ele gritou. "Isso é importante."

Eu recuei, como se um trem estivesse vindo inesperadamente da direção contrária. "Sim. Sim. Que foi?"

"Matt, você sabe se o paciente tem hepatite C?"

Balancei a cabeça. "Sei que nós verificamos, mas não tenho certeza."

Por que ele estava falando sobre hepatite?

"Isso não é para te alarmar." Ele se moveu até um gráfico na parede. "Mas eu quero que você tenha todas as informações." O gráfico mostrava uma grande seringa com um fluxo de estatísticas. A hepatite C tinha uma ordem de magnitude mais contagiosa do que o HIV por meio de picadas de agulha.

"Eu não sei se ele tinha hepatite", eu disse. "Eu vou descobrir, é claro."

"Ademais, Matt, é muito recomendável que você tome a medicação profilática pós-exposição."

Ele saiu da sala e voltou, um momento depois, com pílulas, as mesmas medicações que eu passara a manhã recitando para mim mesmo no metrô, tentando gravar seus nomes confusos para impressionar Ashley. Truvada. Lopinavir. Ritonavir. Pareciam nomes de vilões de história em quadrinhos, cada um com uma cor brilhante e um formato único. A conversa com Banderas terminou alguns minutos depois e nos demos as mãos, concordando que nos veríamos novamente durante a semana. Ele disse que era impossível fazer um prognóstico; eu poderia ficar bem, mas também poderia ser que não. Mas eu não queria sair até que tivesse uma resposta. Mas como?

Quando saí do consultório, imaginei o vírus se movendo como uma legião de espermatozoides através dos linfonodos em minhas axilas e, de lá, indo para o meu pescoço e virilha. Será que o HIV já estava começando a se replicar dentro de mim? Ou será que meu sistema imunológico já o estava destruindo? E como é que eu poderia dizer o que aconteceria com o meu corpo em um dia, uma semana ou um mês a partir de agora? Banderas havia dito que não era possível saber; eu apenas tinha que tomar as pílulas e esperar. Exames de sangue com uma resposta ainda levariam um mês.

Tentei pensar em outra coisa – qualquer coisa –, mas não conseguia. Imaginei um padre lendo meus últimos ritos, enquanto eu me contorcia na cama. Então, uma versão artística do vírus da imunodeficiência humana vinda de um manual apareceu.

Logo, havia frascos de comprimidos e seringas dançando em minha mente. Mas o que importava – as realidades científicas da transmissão viral – permaneceram sem resposta. As enzimas, as hemácias, as reações bioquímicas... Tudo isso, subitamente, pareceu nebuloso. Por que eu não conseguia lembrar do que eu precisava lembrar? Eu ansiava por claridade, mas a única coisa que me vinha facilmente era um ponto de interrogação gigante sobre minha cabeça.

Lá fora, na sala de espera, a dra. Chanel estava de pé com seus braços atrás das costas.

"Você não precisava ter me esperado", eu disse, tocado e aliviado pelo fato de ela estar ali.

"Matt", ela disse baixando a cabeça, "eu falei com algumas pessoas".

"Você parece preocupada", eu disse abruptamente. "Quer dizer, mais preocupada. O que está acontecendo?"

"Eu falei com um dos nossos especialistas. Você vai ter que vir comigo. Nós podemos falar sobre isso no caminho."

"Como?"

Ela colocou a mão no meu ombro e suas unhas coçaram minha pele inadvertidamente. A sensação tátil rompeu a névoa. Eu me senti desconfortavelmente presente de novo. "Você vai ficar bem, mas as coisas são um pouco mais complicadas do que havíamos pensado." Um medo puro e completo me transpassou. "O que quer que ele tenha prescrito como profilaxia pós-exposição ao HIV é insuficiente. David tem um tipo altamente resistente de HIV, então você vai precisar de um regime extensivo de medicações."

Seus lábios continuaram a se mover, mas eu já não ouvia nada. Meus pensamentos se voltaram para o punhado de fatos que eu havia aprendido sobre o HIV na faculdade de Medicina. Picadas de agulha eram raras, mas aconteciam. Alguém havia feito um estudo e descobrira que de seis mil picadas com sangue contaminado com HIV, o vírus era transmitido vinte vezes. As chances eram boas para mim, mas estava longe de ser algo perfeito. Pensei em mim como o número 21, que era meu velho número no beisebol. Pensei numa camisa, com letras escarlates, o vírus estando à frente e meu nome nas costas, anunciando ao mundo que eu havia contraído uma doença letal por causa da minha própria incompetência.

Não tenho certeza de quanto tempo a dra. Chanel falou ou quanto nós caminhamos, mas o meu sensor se deu conta quando nós chegamos à sala de espera da clínica de HIV, da Universidade de Columbia. Um punhado de homens e mulheres estava lendo revistas e falando em celulares, assim como em qualquer sala de espera. O que eu sabia sobre essa população de pacientes havia sido dito, em grande medida, pelos residentes sêniores. Baseando-me em suas piadas obscenas, eu havia esperado que a sala de espera da clínica de AIDS fosse algo como um filme de zumbis, com viciados e doentes mentais gritando uns com os outros e se cuspindo. Mas aquelas eram pessoas normais – pessoas com famílias, trabalhos, animais de estimação e contas no cartão de crédito – que estavam tentando coexistir com o vírus. E, possivelmente, agora eu era uma dessas pessoas.

"Vamos ao meu consultório", disse a dra. Chanel. "É por aqui."

Enquanto andávamos por aquele interminável corredor, o tempo ficou mais lento, assim como Baio havia dito que acontecia com Michael Jordan quando ele estava dentro do garrafão. Mas aquilo parecia um mundo paralelo, a zona do crepúsculo.

"Sente-se", disse a dra. Chanel.

Olhei através da janela do consultório. Uma tempestade estava a caminho. Meu corpo tremia conforme a enormidade do momento finalmente se impunha. *Eu posso ter contraído HIV por causa de um erro.* Por um segundo de descuido, possivelmente alterei a trajetória da minha vida. Eu teria que viajar com frascos de medicamentos. Eu ia ficar sempre adoentado. Eu poderia morrer. E tirar o sangue do David sequer era minha responsabilidade. Eu havia sido *voluntário.*

Subitamente, comecei a pegar fogo. A raiva transpassou meu corpo inteiro como uma onda de choque. Olhei para os olhos claros da dra. Chanel e gritei, "Merda!".

Ela olhou de volta para mim, encontrando meu olhar com ímpeto.

"Que merda, eu não posso acreditar! Merda!" Eu queria dar uma bicuda em alguma coisa, xingamentos sem sentido me surgiam. Eu queria pular a mesa de Chanel e quebrar uma janela. Eu queria canalizar toda a minha raiva em alguma coisa, em algum outro objeto que não fosse eu. Se eu quebrasse uma janela, os cacos de vidro também ficariam implicados nesse calvário. Eu teria algo a mais para culpar, algo diferente da minha própria incompetência. Gritei de novo. Parecia um alto-falante baixo e distorcido. Imaginei as ondas sonoras colidindo contra as paredes de concreto do seu pequeno consultório.

Eu nunca poderia ter imaginado que agiria assim diante de uma médica sênior, mas lá estava eu, amedrontado e demente. Eu me sentia como se tivesse subido dez lances de escadas e ainda tivesse recebido um chute na cara. Logo, parei para respirar, ciente de que havia transitado de forma bem-sucedida do primeiro estágio da dor (negação) para o segundo (raiva). Chanel, por sua vez, se mantinha imperturbável. Algumas horas antes, ela era a professora, e eu, o estudante. Agora, ela era a médica; eu, o paciente.

"Ok, Matt", ela disse calmamente, "você vai precisar tomar várias medicações. Algumas são uma vez por dia, outras, duas vezes por dia, e uma delas deve ser tomada três vezes por dia. Uma precisa ficar na geladeira. Eu vou fazer as prescrições depois que nós falarmos sobre os efeitos colaterais, que podem ser significativos".

Eu a havia escutado dizer aquelas mesmas palavras, nas discussões, para a jovem paciente que começou a soluçar depois que Ariel lhe deu o novo diagnóstico de HIV. Eu estava agradecido pelo fato de uma sala cheia de jovens médicos não estar ali para me observar. Eu não estava lidando bem com aquilo. Queria privacidade. Queria desaparecer. Eu não conseguia imaginar como seria lidar com aquilo em uma sala repleta de estranhos. "Estou pronto", eu disse. Eu não estava pronto. Mas não havia mais nada para dizer.

Eu sempre me havia perguntado por que os pacientes de HIV não tomam suas medicações direito. Era algo que nós encontrávamos com surpreendente frequência, e aquilo não fazia sentido para mim. Mesmo que os efeitos colaterais fossem terríveis, tomar os comprimidos ainda era melhor do que a alternativa letal. A maioria dos pacientes entendia as consequências de abandonar as medicações, mas muitos ainda assim o faziam, e eu raramente obtinha uma resposta direta quando perguntava por quê. Pular uma única dose já me parecia algo incompreensível. Por que chegar a pensar em evitar algo que poderia salvar a sua vida?

Eu estava para descobrir por quê.

20

Depois de sair do consultório da dra. Chanel, eu andei em frente ao hospital e me sentei em um banco desocupado. O ar espesso estava quente e viscoso; ia começar a chover. Eu coloquei a cabeça em minhas mãos e comecei a tentar processar tudo que havia acabado de acontecer. Meus olhos estavam marejados, mas não eram lágrimas. Era como se todos os vasos sanguíneos dos meus olhos tivessem se rompido e agora estivessem desaguando em minhas pálpebras. Uma saliva seca havia coberto os cantos da minha boca, e meu cabelo parecia arrepiado de tanto medo. Se alguém parecia um zumbi na sala de espera da clínica de AIDS, esse alguém era eu.

Pensei em Heather. O que ela ia dizer? A intuição me dizia que falar com ela seria algo que me daria conforto, embora esse cenário fosse tão incomum que eu não podia ter certeza. Sabia que ela estaria com sono, se recuperando de um plantão de trinta horas na UTI, então optei por não ligar para ela. Essa conversa precisaria ser feita frente a frente. Olhei para os meus antebraços e imaginei a pele coberta de abscessos, assim como a pele de David. Saquei meu celular e fiquei olhando para meus contatos. Para quem eu poderia ligar? Será que isso era algo que poderia ser dito em uma mensagem de texto coletiva?

Tomei uma picada de agulha bem louca no trabalho.
Tô com medo de pegar HIV.
Vou ficar bem. Abraços.

Provavelmente, não. Fiquei com fome subitamente, mas a imagem de sangue me deu náusea. Eu queria privacidade, mas também não queria. Eu queria culpar alguém, mas não era possível. Deixei o celular de lado, fechei os olhos e tentei afogar meu medo em mais fatos estudados na faculdade de Medicina.

Picadas de agulha não eram, de fato, tão incomuns; havia perto de 1 milhão delas só nos Estados Unidos, e as pessoas que se picavam tendiam a ser azaradas, não incompetentes. Meu episódio com David foi um acidente, um risco do trabalho. Uma sirene. Eu ousaria dizer, um rito de passagem? Talvez algo similar tenha acontecido com o Fodão.

Uma chuva leve começou a cair quando fiz meu pedido. Enquanto o vendedor colocava molho branco e molho picante nos cubos de frango, meu senso de conforto declinava. Poderia haver muitas picadas de agulha, é fato, mas raramente elas levavam sangue contaminado com HIV positivo e raramente provinham de pacientes com uma grande quantidade de vírus nadando em suas veias. O sangue de David tinha centenas de milhares de cópias de HIV em cada gota, e, por essa razão, Banderas havia classificado minha picada como de alto risco. Então, não era justo comparar minha situação com a média das picadas, e também não era justo considerar que o Fodão já havia passado por algo similar – provavelmente ele havia sido um interno antes mesmo que a AIDS existisse.

Comi metade do meu falafel e joguei fora o resto. Uma parte de mim estava ansiosa para voltar à ala de doenças infecciosas – minha ausência inesperada criaria tensão entre meus colegas internos –, mas a dra. Chanel havia me proibido. Ela estava coordenando o regime do meu tratamento com a farmácia e disse que me mandaria uma mensagem pelo *pager* assim que os comprimidos estivessem prontos. Eu me abriguei sob um toldo e fiquei esperando. Novamente, saquei o celular, mas sabia que não ia usá-lo. Eu o apertei em minha mão direita, enquanto enxugava os olhos com a esquerda, introduzindo, inadvertidamente, molho picante em minha córnea. Uma rajada de vento ocasional fez a chuva cálida resvalar a minha pele, como um regador de jardim. Enquanto as gotas de água se acumulavam sobre as minhas mãos e braços, entrevi, novamente, as gotículas se transformando em centenas e depois milhares de pequenas bolhas roxas de pus. Coloquei a mão em meu bolso traseiro, saquei o papel amassado do banheiro que a jovem devastada havia deixado de lado e enxuguei meus olhos marejados.

Mais tarde, a mensagem da Chanel chegou. Atravessei a rua até a farmácia e entreguei a um homem indiano as prescrições. Depois que lhe dei meu nome completo e a data do meu nascimento, eu queria dizer algo a mais, algo como "eu não tenho HIV, de fato. Tudo isso é por precaução. Você acredita, certo?". Mas eu não disse nada e esperei.

•••◆•••

Vinte minutos depois, eu estava no trem 1, em direção ao sul, indo para casa com um grande saco plástico que continha todas as minhas novas medicações. Havia, ao todo, onze frascos de comprimidos, incluindo-se as medicações para prevenir náuseas e vômitos. Com as mãos na cabeça, fiquei pensando sobre o que dizer a Heather. Eu tinha que dizer a ela, mas como? E como eu lhe responderia se ela estivesse no meu lugar? Eu havia recebido ligações em pânico dos meus colegas de faculdade depois que "a camisinha estourou", mas isso era algo bem diferente. Heather e eu havíamos concordado em não falar sobre trabalho em casa, mas isso estava para acabar.

"Com licença, senhoras e senhores!", alguém gritou. Era Ali, usando suspensórios e uma cartola. Meu curandeiro espiritual havia retornado. Ele veio em minha direção e tentou me entregar outro cartão de negócios, mas eu não quis recebê-lo. Eu não queria ver o Ali ou qualquer outra pessoa. Eu queria ficar completamente sozinho e queria uma resposta. Eu tinha HIV ou não? Banderas disse que ainda faltavam semanas para eu saber. Se o vírus não me destruísse, a incerteza poderia fazê-lo.

Ao sair do metrô pegajoso na rua 75 e andar até o meu prédio com tons escuros, comecei a examinar os frascos de vários comprimidos que a dra. Chanel havia prescrito – Ritonavir, Lopinavir, Tenofovir, Darunavir, Raltegravir. Mais personagens de histórias em quadrinhos, todos com longos perfis de efeitos colaterais. O Darunavir parecia uma bola de futebol americano, laranja e em formato oval, enquanto o Ritonavir era uma cápsula enorme e pálida, uma refeição que um astronauta carregaria em um comprimido. Enquanto eu movia os vários frascos entre o dedão e o indicador, fiquei pensando se a medicação que causava diarreia seria balanceada por aquela que induzia à constipação.

Quando passei em frente a uma papelaria, pensei em Peter Lundquist e no coração que ele havia desenhado em seu bloco de notas, o coração quebrado dentro do qual não havia nomes. Aquele que havia me levado às lágrimas. Se eu não conseguira me manter firme, naquela tarde, com Denise e Peter, como é que eu ia lidar com isso? Era de longe a coisa mais atroz que já me havia acontecido, o tipo de coisa que você vê acontecendo com outras pessoas e que lhe faz ficar agradecido por não ter acontecido com você. Isso não era algo como esperar pelo resultado do exame de uma Doença Sexualmente Transmissível (DST) após uma noitada de bebedeira; tratava-se de um acidente de alto risco para a minha vida que poderia afetar todos aqueles com quem eu me importava e mesmo aqueles que não me diziam respeito. No último mês, eu vira pessoas no hospital à beira da morte, mas quem estava em risco eram elas, não eu. Eu não tinha nem mesmo certeza de que conseguiria esperar para descobrir meus resultados. E se eu tivesse contraído HIV... Bem, eu certamente não estava pronto para pensar sobre essa versão do meu futuro.

"Senhor Matt", o porteiro gritou para mim, enquanto eu caminhava pelo saguão. "Como vai?"

Rapidamente, coloquei os comprimidos dentro da mochila e lhe dei um aceno. "Muito bem."

Enquanto esperava pelo elevador, meus pensamentos estavam em outro lugar. Será que eu poderia ter filhos com HIV? E será que a gravidez poderia colocar Heather em grande risco? Merda, eu deveria saber tudo isso. Minha mente não estava funcionando como deveria. Na verdade, eu já não sabia como Heather ia responder a tudo isso.

Comecei a esboçar as palavras que introduziriam o que eu tinha para lhe dizer. *Então, uma coisa esquisita aconteceu hoje no trabalho... Adivinha quem vai ter que voltar a usar camisinha! Eu posso estar com HIV e entenderia se você quisesse me deixar.*

Abri a porta silenciosamente e entrei no quarto. Toquei nela suavemente, mas Heather estava adormecida. Talvez isso pudesse esperar. Eu estava aterrorizado em lhe dizer aquilo e estava buscando uma desculpa para ganhar tempo. Saí do quarto, mas, quando estava fechando a porta, Heather abriu os olhos.

"Que foi?", ela perguntou, esfregando os olhos com sono. "O que você está fazendo em casa?"

Sorri desconfortavelmente; as palavras vazaram: *cuidado entendo agulha pesadelo terrível explico Carleton viral perdão.*

"Caramba!", ela disse, jogando as cobertas no chão. "Você está bem?" Ela voou da cama e ficou a apenas alguns centímetros de mim. "Você está bem?"

Ela ainda não havia me tocado. Fiquei pensando se ela iria me tocar. "Recebi uma picada de agulha com HIV positivo, essa tarde. Eu estava tirando sangue e isso acabou acontecendo."

"Oh, meu Deus!" Ela me abraçou e disse, "O que quer que aconteça, eu quero que você saiba que estou aqui".

"Eu não sei exatamente como isso aconteceu, mas acabei me espetando com aquela merda. Eu não sei se me deu um apagão ou o quê."

"O que quer que aconteça", ela disse, me segurando com mais força, "eu estou aqui. Eu não vou a lugar algum". Eu me afastei um pouquinho para olhar para o rosto dela. "Eu te amo", ela disse e me deu outro abraço. "Eu te amo. Ponto final."

Eu fiquei maravilhado. Foi a coisa mais formidável que alguém já havia dito para mim. Fui buscar a mochila com as medicações para lhe mostrar minha nova realidade, mas acabei pensando bem e não o fiz. Ela me deu outro abraço e, momentos depois, nós nos deitamos e adormecemos com a minha mão cerrada à dela, como Denise e Peter.

Horas depois, fui acordado sem cerimônias por uma necessidade urgente de dar vazão aos intestinos. Com a merda da vaidade posta de lado, eu estava curioso para ver se meus excrementos poderiam me dar uma indicação prévia do meu estado viral. Será que eu conseguiria detectar uma diferença sutil ou aquilo era ridículo? Eu não tinha certeza.

Pensei em meus amigos e no que eles diriam. Mas antes de ligar para eles, eu precisava falar com a minha mãe e o meu pai. Eu havia aconselhado os pacientes a como contar sobre um diagnóstico de HIV para os parceiros, mas não para os pais. Alguns minutos depois, estava com ambos ao telefone. Uma infância assistindo aos canais de TV TBS e Lifetime me ensinou o que dizer em seguida.

"Mãe... pai... vocês estão sentados?", perguntei solenemente. "Porque eu tenho más notícias."

Eu os imaginei em telefones separados, a apenas alguns centímetros um do outro, na sala, levantando as sobrancelhas.

"Eu estava tirando sangue hoje e me piquei." Silêncio. "Eu me injetei com HIV. Muitas centenas de milhares..."

Eu parei de falar. Ocorreu-me que o meu cálculo estava fora de medida – era impossível saber quantas cópias do HIV haviam penetrado no meu dedo. Eu não me lembrava dos resultados dos exames laboratoriais mais recentes de David, e o número poderia ser ainda muito maior. Meus pais começaram a falar, mas eu só consegui ouvir alguns fragmentos.

"*Oh meu amor você a salvo... quando você... por quê um trabalho... venha pra casa amor... se afaste...*"

Meus pensamentos estavam em outro lugar, tentando me lembrar da carga viral exata de HIV de David. Ela não estava próxima de um milhão? Será que isso importava? Voltei aos meus pais.

"Tem sido um pesadelo, é claro", eu disse.

"Sabe, Matty", meu pai disse, com o tom de voz um pouco mais alto, "eu odeio dizer isso, mas esse acidente nunca teria acontecido se você fosse um dermatologista!".

Era mais uma das piadas históricas entre nós, piadas que sempre me faziam rir; o isolamento das arbitrariedades da vida era apenas mais uma biópsia de pele. Depois de mais algumas palavras de confiança e fé mútuas e obrigatórias, desliguei o telefone e voltei para a cama.

21

Na manhã seguinte, fiquei refletindo junto à janela do quarto – meu rosto estava caído e distorcido como um quadro de Dalí –, e dúzias de números transpassavam minha cabeça. Eu havia passado as horas antes do amanhecer devorando pesquisas sobre a transmissão do HIV, esperando que, ao calcular o meu risco com precisão, eu conseguiria traçar fronteiras estatísticas para, de alguma forma, conter o pesadelo. Mas os números apenas reforçavam a realidade da minha situação; algumas almas azaradas iam contrair o vírus depois de uma picada de agulha, e eu poderia ser uma delas. Eu apenas tinha que tomar meus comprimidos, cruzar os dedos e esperar.

Testei vários rostos valentes enquanto me barbeava. E se eu me cortasse? Será que gotas de sangue infectadas com HIV iam cair na pia? Fechei os olhos e deixei o barbeador de lado. Agora que aquele medo abjeto começava a retroceder, um sentimento novo e igualmente terrível estava emergindo: vergonha. A ideia de voltar para o hospital parecia excruciante. Como é que eu ia encarar o David? Ou a Ashley? Eu havia me tornado um fardo, um perigo para mim e para aqueles ao meu redor. Como é que Ariel, Lalitha e Meghan poderiam confiar que eu faria o meu trabalho? Como é que eu ia encarar todos aqueles pacientes com AIDS – aqueles que estavam se desintegrando diante dos meus olhos? Quais eram as chances de que eles confiariam em um descuidado que acabara tendo o mesmo destino que eles?

E isso era apenas hoje. Mais preocupações surgiam com o que poderia acontecer com a minha reputação e o progresso na carreira em longo prazo. Todo mundo no meu grupo de internos sentia uma pressão, falada ou não, para melhorar a cada dia – para fazer diagnósticos com mais rapidez, escrever anotações com mais perícia e saber mais sobre os nossos pacientes e suas doenças do que qualquer outra pessoa no hospital. Nós fazíamos isso agindo por trás das cenas, ficando até tarde para falar com a família dos pacientes ou chegando cedo para estudar a respeito de uma doença obscura, e, em muitos casos, fazíamos isso violando, na surdina, regulamentos estritos sobre o horário de trabalho. Ninguém sabia sobre essas violações, porque nós não registrávamos os horários de entrada e saída; nós apenas ficávamos lá até que o trabalho tivesse sido feito. E o trabalho nunca acabava. No fim das contas, o anonimato significava melhores cuidados para os nossos pacientes, já que podíamos burlar as regras, e eu temia que a minha picada de agulha ia romper meu anonimato; eu me tornaria *aquele rapaz*, alguém sobre quem as pessoas sabiam, alguém que deveria ser acompanhado, e eu não seria a única vítima do meu erro.

Fiquei avaliando quanto os comentários sobre a minha picada de agulha haviam viajado no mundo insular do nosso hospital. Apesar de não termos muito tempo para nos socializarmos, nós tínhamos tempo para fofocar. Eu sabia quem estava transando, quem estava grávida e quem estava tentando ficar grávida. Era muito fácil obter várias informações de segunda mão, de veracidade questionável, sobre colegas com os quais eu nunca havia conversado. Assim, eu bem podia imaginar o que seria dito sobre mim. Como Ashley transmitiria a notícia? Como Carleton a descreveria?

O que é que ele havia dito depois de eu ter ido ao consultório de Banderas? Será que aquele estudante de Medicina calmo e comedido descreveu o incidente em detalhes para seus colegas de classe? Teria ele dito que eu lidei bem com a situação ou será que ele reconheceu a verdade – que eu estava com medo e que fui crescentemente incapaz de funcionar conforme as implicações do meu erro se impuseram? E por que eu deveria me importar? O incidente já acontecera, não havia nada a fazer a não ser seguir em frente e atacar a variedade de tarefas que estava por vir. E é claro que eu estava com medo.

•••◆•••

Dispus a medicação contra o HIV com cuidado sobre a mesa da cozinha, tomando seis delas num segundo, seguidas de um copo de água e um punhado de cereais. Coloquei os comprimidos remanescentes em um saquinho e os coloquei no bolso da frente do meu jaleco branco para tomá-las mais tarde. Tecnicamente, não me havia sido requisitado que eu voltasse ao trabalho – os supervisores deixaram claro que eu poderia voltar ao trabalho quando estivesse pronto –, mas eu não queria deixar a peteca cair. Para começar, os internos já eram poucos; ficar em casa só tornaria as coisas piores e talvez gerasse a sensação de que eu não tinha espírito de equipe. Ademais, o fato era que, apesar do golpe psicológico, não havia nada de errado comigo. Eu tinha que voltar ao trabalho.

Passei o tempo da ida de metrô até o hospital virando as páginas do *Doenças cardíacas para leigos*, enquanto uma banda de *mariachis* ia de um vagão a outro, mas eu não conseguia me concentrar. Fechei o livro e meus olhos até chegar à rua 168.

Entrando no hospital, coloquei o jaleco branco e pus a mão no bolso, rolando os comprimindo por meus dedos. O primeiro rosto reconhecível que encontrei foi o de Benny, que estava em frente a uma máquina automática de compras, com um grande sorriso.

"Como você está, rapaz?", ele perguntou. "Tudo bem?"

"Oi, uh, Benny." Ele era, sem dúvida, o único paciente da UCC capaz de dar uma volta até a máquina de compras.

Ele levantou a barra de Snickers e deu uma risadinha. "Não me diga..."

Ele não deveria comer aquilo, pensei. "Não vou..."

"Você está bem?", ele perguntou de novo, estendendo um punho. Médicos, enfermeiras e pacientes estavam passando por nós. Alguns falavam por celulares, outros viam suas listas de tarefas. Eu não reconhecia um único rosto.

"Bem..."

"Você parece um pouco pálido", disse Benny.

Benny, no entanto, parecia melhor do que nunca. Ele estava vestindo uma camisa azul dos Giants e calças cinzas folgadas e havia acabado outra sessão em uma bicicleta ergométrica. Seu entusiasmo pela nova temporada da Liga Nacional de Futebol Americano, eu logo descobri, estava sendo mitigado por sua frustração de que uma de suas filhas estava se comportando mal, em casa. Tentei imaginar como deveria ser para aquela garota perder o pai e dizer aos amigos que seu velho não estava ali porque ele estava esperando no hospital por um transplante cardíaco que poderia não acontecer.

Notei uma pequena gaze próxima ao pescoço de Benny, de onde um grande acesso intravenoso havia sido removido. Isso me lembrou de que aquele homem não estava apenas esperando preguiçosamente, ele era submetido constantemente a exames de sangue, ressonâncias magnéticas, TACs e raios X, enquanto tomava todos os tipos de medicações fortes e potencialmente tóxicas. Mas com que finalidade? De muitas maneiras, Benny me parecia um interno: sorrindo por fora, mas torturado por dentro.

"Matisyahu!", um interno de passagem gritou. Eu lhe dei um breve aceno e busquei um Doritos na máquina de compras. Meu apetite parecia, momentaneamente, mais forte do que a minha resolução. Pensamentos sobre a agulha fizeram meu indicador tremer; fiquei me perguntando se deveria cobrir o dedo com um band-aid ou se isso chamaria a atenção para aquele lugar.

"Eu ainda estou esperando", disse Benny.

"Eu sei", eu disse, me referindo ao seu transplante cardíaco iminente. "Quanto tempo mais eles estão estimando?"

Ele balançou a cabeça. "Ainda estou esperando você me dizer se está bem." Ele apontou o Snickers para mim como se fosse uma pistola. "Você vai me fazer perguntar de novo?"

Dei um pancadinha em seu punho e sorri. "Eu estou bem."

Ele olhou para mim com desconfiança. "Está mesmo?"

"Sim. Segui seu conselho... Desacelerei as coisas, não estou com tanta pressa." Eu não havia tirado aquele sangue com pressa, não é mesmo? Minha mente voltou àquela picada de agulha, como havia acontecido a cada hora desde que o incidente ocorrera, e novamente eu tentava entender o que havia dado errado. Minha mente voou para alguns anos depois, para um tempo em que eu seria apenas mais um paciente na clínica de HIV. Um paciente que não poderia beber álcool por causa do efeito colateral hepatóxico do Ritonavir, alguém que poderia precisar de hemodiálise semanalmente por causa dos perigosos efeitos colaterais do Tenofovir, os quais, eu descobri, poderiam destruir os rins. Eu me imaginei em uma lista de espera, assim como Benny, esperando por um novo órgão depois de o meu órgão natural ter sido corroído pelo HIV.

"O que quer que seja, Matt, você vai superar."

"Eu estou bem!", insisti, mostrando-lhe o punho novamente. "E o que há de novo na UCC?"

"Eu estou lendo um bom livro", ele disse. "Garota doente, sobre um transplante cardíaco."

"Ainda não o li."

"E", ele piscou, "é a semana das garotas más no programa Juiz Joe Brown.

Um momento depois, meu *pager* tocou: PACIENTE COM ITENS ILÍCITOS EM SEUS SEIOS. POR FAVOR, VERIFIQUE.

"Você é popular", ele disse, olhando além de mim para um menino que estava segurando uma bexiga. "Seja positivo, meu amigo."

"Eu vou", disse. "Preciso correr."

"E eu preciso andar", ele disse, dando uma última mordida no chocolate.

Olhei para o *pager* de novo, balançando a cabeça diante da iminente busca e apreensão, e disse, suavemente, "Coisas incríveis...".

"Elas estão acontecendo", disse Benny, apontando para o chão branco e polido, "bem aqui".

...◆...

Saindo do elevador, alguns minutos depois, topei com Ashley. "Pergunta", ela disse, apontando para a minha barriga.

Meus joelhos cederam. O que ela ia dizer sobre o incidente? Eu não estava com humor para reviver aquele momento com ela ou para receber uma reprimenda em relação à minha imprudência. "O que foi?", perguntei com nervosismo.

"Eu preciso da sua opinião."

"Claro."

"Você preferiria se casar com alguém que te traiu uma vez ou com um alcoólatra?"

Ela sorriu, e uma onda de alívio me transpassou. "Adorei essa pergunta."

"Eu também."

Ocasionalmente, havíamos conversado sobre isso na faculdade de Medicina.

O consenso era casar com a pessoa que trai, mas Heather e eu havíamos preferido, inicialmente, o alcoólatra.

"Eu me casaria com a alcoólatra", disse para Ashley. "Sem dúvida."

Ela balançou a cabeça. "De jeito nenhum!"

Eu dei de ombros. "Talvez eu tenha confiança."

"Você já viveu com uma alcoólatra?"

"Não."

"Então você não pode responder a essa questão."

Eu sorri. "Me deixe consertar minha resposta. Eu não posso responder à sua pergunta, porque eu nunca vivi com uma alcoólatra."

Seu *pager* tocou e ela balançou a cabeça. "Vejo você nas discussões, colega. Você está bem."

Essa interação estúpida com as suas gloriosas maçãs do rosto era o que eu precisava. Ela havia me tratado como se nada tivesse acontecido. Eu não precisei me sentir embaraçado; eu não tive que ficar na defensiva ou oferecer alguma desculpa esfarrapada. Talvez as coisas se passassem de modo diferente nos próximos dias, mas, por ora, Ashley me havia deixado saber, tacitamente, que eu poderia me concentrar em ser um bom médico e que não precisaria me preocupar com o que as pessoas ao meu redor poderiam pensar.

"P.S.", acrescentou Ashley, "eu acho que você acabou com o Carleton. Caramba!".

22

Olhei para a minha lista de tarefas e procurei estabelecer prioridades. Meu instinto me disse que a única maneira pela qual eu conseguiria passar pelas seis semanas seguintes sem arrancar os cabelos de preocupação seria me jogar mais profundamente no trabalho, me concentrar nos pacientes. Mesmo isso, no entanto, apresentava um grande problema: eu estava para passar um mês imerso no mundo dos pacientes com HIV/AIDS enquanto esperava para saber se iria me tornar um deles. Cada interação oferecia um possível espelho para um futuro que eu tentava evitar desesperadamente.

Baseando-me na experiência com David, eu temia que, ao fim, acabaria internalizando todos os sintomas dos meus pacientes – que a erupção de AIDS se tornaria *minha* erupção, que um desconforto abdominal intratável se tornaria minha dor, e que a tristeza, que era, muitas vezes, inerente ao paciente de HIV, também se tornaria minha. Muitos se sentiam não cuidados, não amados, como se a vida os tivesse deixado de lado por causa do estigma de sua doença. Assustava-me pensar que eu poderia fazer parte desse grupo. Até então eu tinha um plano, era fazer tudo o que eu pudesse para melhorar a saúde dos meus pacientes, para que sua condição pudesse se vincular karmicamente à minha.

A primeira na lista de tarefas era a paciente com uma possível substância ilícita no peito. Notei que ainda não havia informações disponíveis sobre ela. Ela havia sido internada de madrugada e seria apresentada às discussões mais tarde, naquela manhã. Subi as escadas e me preparei conforme me aproximava do quarto dela. Era possível que eu estivesse muito perto da doença para tratá-la efetivamente.

"Olá?", eu disse, abrindo a porta vagarosamente.

"Olá", respondeu uma voz suave e profunda. Eu me vi olhando para uma mulher negra, de meia idade, que não pesava mais do que quarenta quilos. Ela estava usando calças baggy e uma camiseta branca e tinha dúzias de caroços em sua testa e bochechas que lembravam uma imagem de manual de varíola, uma doença que havia sido erradicada em 1979, um ano antes de eu nascer. Eles eram diferentes dos abscessos que eu havia visto em David – as feridas não pareciam estar cheias de pus. Elas pareciam que estavam em seu rosto há muito tempo e que não sairiam de lá tão cedo. O que poderiam ser? Catapora? Acne? Ela virou a cabeça para a direção contrária à da porta. "Quem é?"

"Doutor McCarthy", eu disse. "Ouvi que havia algo instigante por aqui."

"Nada de instigante", ela disse, ainda olhando para outro lugar.

"Uma das enfermeiras me enviou uma mensagem pelo *pager*", eu disse, pausando para dizer a melhor frase, "porque havia um item encontrado em sua blusa".

"Eu não estou usando blusa."

Ela não estava. "Em seu sutiã."

"Eu não estou usando sutiã."

Eu estava de mau humor e exalei um rápido suspiro. "Recebi uma mensagem porque uma enfermeira encontrou algo e queria que eu desse uma olhada."

"Pode olhar", ela disse, virando-se para mim. Comecei a procurar rapidamente quando nos olhamos. Seus olhos estavam quase completamente embranquecidos, como se a neve tivesse se acumulado na calçada e ninguém se preocupasse em removê-la. O que poderia causar isso? Algumas possibilidades passaram pela vista serena da minha mente desimpedida; meu diagnóstico diferencial consistia unicamente em glaucoma. Moranis provavelmente poderia indicar trinta coisas com que fariam com que os olhos dela ficassem assim.

"O que estou procurando?", perguntei.

"Ali", ela disse, apontando para uma pilha de roupas, "provavelmente está ali". Ela se moveu até o canto do quarto, o que significava que ela podia ver alguma coisa. Olhei para seus olhos novamente, esperando encontrar alguma pista que vincularia tudo, que explicaria os caroços, os olhos e o HIV, mas eu estava perplexo. Peguei uma camisa rubro-negra xadrez e um par de shorts. No bolso do peito da camisa havia um pequeno plástico contendo algo que parecia maconha.

"É medicinal", ela disse categoricamente.

"É mesmo?", perguntei com otimismo.

"Sim."

"Para quê?"

Ela zombou. "Eu sou cega. Não tenho onde morar. Tenho AIDS. Quer que eu continue?"

"Para que... especificamente?"

Eu tinha quase certeza de que a maconha medicinal não era legal no estado de Nova York. Será que havia exceções para pacientes com AIDS? Eu deveria saber. "Eu quero acreditar em você."

"Então, acredite em mim."

"Você tem uma receita para usá-la?"

Ela recuou. "E se eu não tiver?"

Franzi a sobrancelha. "Eu não sei. Acho que vou ter que... Eu..."

Ela balançou a cabeça. "Por que você está fazendo isso comigo?"

Olhei para as folhas verdes no saquinho plástico e suspirei novamente. "Você sabe que eu vou ter que relatar isso."

As palavras soaram tão estranhas vindas da minha boca. Será que eu precisava relatar isso? Eu não tinha certeza. Na faculdade de Medicina eu havia atendido vários usuários de drogas confessos, mas nenhum deles havia trazido as substâncias para o hospital. Isso parecia um trabalho mais para a segurança do que para um interno.

"Você não tem que fazer isso." Ela fez despontar um punhado de dentes marrom-amarelados. "Por favor, não." Havia um tom de desespero em sua voz, e eu, de fato, não sabia o que deveria fazer. Será que eu era apenas mais uma pessoa tentando tornar a vida dela mais difícil? Ou eu era um interno responsável, colhendo e reportando de forma apropriada itens proibidos? E, de qualquer forma, qual era o sentido de levar embora a maconha de uma paciente com AIDS cega e sem-teto? Parecia muito cruel. Como é que isso se enquadrava ao espectro de "não prejudicar"?

Tomei uma decisão rápida de me esconder atrás do casaco laboratorial. "Eu odeio usar essa frase, mas eu só estou fazendo o meu trabalho."

"Venha aqui", ela disse, acenando para mim. "Venha aqui. Aqui perto."

"Nós temos discussões", eu disse, planejando uma rota de escape, até que o conselho de Benny despontou em minha mente. Se havia uma coisa com a qual Benny me impressionara, era em relação à importância de dar aos pacientes meu tempo e minha total atenção. Desde a minha conversa com Benny e me lembrando de que havia me afastado de Peter Lundquist, eu quis estar mais presente com meus pacientes. Mesmo isso era algo muito difícil de se fazer. Os internos deviam estar em seis lugares ao mesmo tempo, e o *pager* nunca parava de tocar. O dia estava altamente planejado, com reuniões, discussões e anotações, mas também era tudo incrivelmente imprevisível. Conversar com um paciente frequentemente parecia uma atividade discricionária, até mesmo quando não era.

Tirei meu jaleco branco e me sentei na ponta da cama.

"Qual é seu nome?", ela disse.

"Doutor McCarthy. Matt McCarthy."

"Matt McCarthy... M e M."

"M e M, igualzinho ao doce."

"E o rapper: Eminem."

"De fato", eu disse. Assim como a conferência Morbidez e Mortalidade, eu pensei. "Como eu posso te chamar? Pelo seu primeiro nome ou..."

"Me chame de Dre", ela disse, rindo consigo mesma. "Você é o Em, eu sou a Dre."

"Excelente."

Ela balançou a cabeça. "Então, por que você quer me delatar?"

Eu quase bufei. Ela havia conseguido ir até o coração do meu dilema. "Eu não quero. Mas o que devo fazer?"

Antes de saber o que estava acontecendo, ela levantou as mãos e as colocou em meu rosto. Uma cobriu meu olho esquerdo e a outra pressionou minha bochecha direita. O movimento me deixou congelado. Ninguém havia feito algo assim comigo antes. Suas mãos úmidas e calejadas se moveram pelo meu rosto, pausando brevemente em minhas sobrancelhas e lábios. Ela tinha cheiro de loção, algo como lavanda. Eu esperava que o que quer que tivesse causado os caroços em seu rosto não fosse contagioso. A picada de agulha pululou em minha cabeça, e eu tentei tirá-la de foco. "Eu posso sentir que você está em luta consigo mesmo", ela disse, soando como uma cartomante noturna da TV. "Eu posso sentir."

"Eu não estou em luta comigo mesmo", eu disse, recuando levemente.

"Eles não lhe ensinaram que o paciente tem sempre razão?"

Eu dei risada e ela pegou minhas mãos, colocando-as em seu rosto. Ela tinha inúmeros queloides em seus ouvidos pela colocação errônea de piercings. Os pequenos cogumelos em seus lóbulos se deviam, na verdade, à cura imprópria da pele. Eu havia visto isso com frequência na faculdade de Medicina e sabia que não era contagioso. Mas, pelo grande número de cogumelos, duvidei de que ela havia sido informada sobre sua condição e tentou perfurar as orelhas, o que só fez piorar a situação. Eu fiquei me perguntando quanto ela sabia de seus outros problemas médicos. Será que nós estávamos estabelecendo uma conexão aqui? No filme hospitalar em minha mente, tocar seu rosto me ajudaria a conhecê-la de uma forma única e anteriormente impossível. Mas, na verdade, não era assim. Aquilo fez com que eu me sentisse mal por ela. Fez com que eu quisesse saber mais sobre sua doença e descobrir como eu poderia ajudá-la a melhorar.

"Eu acho que o dito é que o *cliente tem sempre...*"

Naquele momento em que nossas mãos estavam no rosto um do outro, Ashley teve a boa ideia de entrar no quarto. "Eu estava procurando o meu interno", ela disse, levantando os olhos do *pager*. "Eu acho que ele – *Que merda é essa?*"

Desconcertada pela cena, ela deu uma pirueta e saiu do quarto de uma só vez, enquanto eu retirava as mãos. Eu me levantei, coloquei o pequeno saquinho de maconha na palma da mão e vesti o jaleco. "Você vai me ver novamente."

"Não me delate!", disse Dre quando fechei a porta. "Não faça isso, hem!"

Enquanto eu caminhava até o posto das enfermeiras, uma série de pensamentos cruzava a minha cabeça. Eu acabara de ser tocado por uma paciente legalmente com AIDS e, subitamente, estava portando uns cem dólares de maconha em meu jaleco branco. Não era assim que Jim O'Connell faria as coisas. Eu não conseguia imaginá-lo tirando drogas de um de seus pacientes. Mas eu também pensei que Jim teria gostado de alguns aspectos da interação. Dre não era uma paciente típica. Não apenas por causa da massagem facial mútua, mas também por causa da corrente implícita de humor em nossa conversa. Esse era o tipo de paciente que eu o via buscar, o tipo com o qual Jim passaria um tempo a mais para estabelecer conexões. Por quê? Aquilo se referia a ela? Eu não tinha total certeza. Frequentemente, eu tinha problemas em prever que pacientes receberiam mais atenção de Jim, mas eu estava seguro de que Dre seria uma delas.

Eu coloquei o saquinho na grande mesa de madeira e me sentei perto de Ashley. "Eu tive que confiscar isso aqui."

"Isso é algo bizarro, cara", ela disse, rindo. "Eu disse que você era os olhos, e eu era o cérebro. Claramente, você também é as mãos."

23

As discussões começaram alguns minutos depois. Os *donuts* iam passando, e eu ouvia atentamente, enquanto a interna que virara a noite, Lalitha, apresentava o caso de Dre.

"Uma infecção congênita a deixou sem visão antes de ela chegar à adolescência", disse Lalitha, enquanto ela amarrava os cabelos escuros em um rabo de cavalo. "Ela foi infectada com HIV há uma década e, desde então, tem vivido uma vida de grande dificuldade, indo de uma relação de abuso a outra, e ela raramente vive no mesmo endereço por três meses consecutivos." Dre não tomava nenhuma de suas pílulas há meses e, com base em algumas informações laboratoriais preliminares e em descobertas de exames físicos, ela parecia ter neuro-sífilis, uma complicação neurológica severa decorrente da sífilis não tratada. A doença pode fazer com que o cérebro veja e ouça todos os tipos de coisas incomuns – de vozes misteriosas a sinfonias –, e o diagnóstico é feito através de um exame na medula espinhal, coisa que Dre não queria fazer.

Dre havia contado para Lalitha um pouco de seu histórico médico, mas não dissera tudo. Havia grandes lacunas em relação à maneira pela qual ela havia contraído o HIV, que infecções ela havia tido e quais medicações estava tomando atualmente. Dre havia dito à equipe da noite que as informações seriam dadas de maneira bem específica e restrita, porque ela não estava convencida de que todas aquelas questões médicas invasivas eram necessárias. E ela estava recusando as medicações contra o HIV, o que fez com que eu quisesse saber mais sobre Dre. Por que alguém recusaria um tratamento que potencialmente salvaria a sua vida?

Pensei em como havia ficado depois de adquirir meu próprio conjunto de frascos. Eu não queria que as pessoas no trabalho soubessem como e quando eu estava tomando minhas medicações, ou o que os comprimidos estavam fazendo dentro de mim. Todas as vezes em que eu tomava um comprimido, parecia que estava ingerindo uma pequena granada, algo que ia explodir quando eu menos esperasse, me trazendo muita dor abdominal ou me fazendo ir ao banheiro para evacuar meu próprio cérebro. Eu não queria que os outros médicos soubessem que, de vez em quando, eu saía das reuniões porque achava que ia vomitar, ou que os movimentos do meu intestino se tornavam intensos, porque eu não queria ser julgado. Talvez a Dre pensasse que também fosse ser julgada. Talvez ela só quisesse ficar sozinha.

Havia algo sobre ela, no entanto, que me fazia pensar que ela poderia se abrir. Talvez fosse aquele momento em que ela tocou meu rosto, talvez fosse sua maneira literal de lidar comigo. Talvez eu fosse alguém com quem *ela* quisesse se conectar. Minha mente se acelerou com as possibilidades. Se eu pudesse me aproximar dela de uma maneira que lhe confortasse, ou que ela respeitasse, eu talvez conseguisse estabelecer um efetivo contato para descobrir os detalhes de seu histórico médico da forma como O'Connell fazia.

Alguém precisava fazê-lo; ainda que Dre não o soubesse, ela era uma mulher doente. Sem tomar as medicações contra o HIV, ela poderia morrer em questão de meses, e se ela tivesse neuro-sífilis, as coisas poderiam ficar ainda mais complicadas. Quanto mais pudéssemos saber sobre ela, melhor. Mas o que seria descoberto ao me sentar com ela, ao conversar com ela, ao ficar sabendo pelo que ela estava passando: isso não seria lido em um manual ou não seria descoberto com a delação.

"Excelente apresentação", disse a dra. Chanel quando Lalitha terminou. "Alguém tem algo para acrescentar?"

Ashley olhou para mim e colocou as mãos em seu rosto, lutando para conter a risada. Era hora de delatar. Agora que já havia dito para Ashley, eu não tinha escolha. "Sim", eu disse. "Fui chamado para ver a paciente esta manhã porque ela tinha algo que parecia maconha no bolso de sua camisa." Acenos de cabeça coletivos. "Eu entreguei o conteúdo para a chefe das enfermeiras."

"Muito bem", disse a dra. Chanel. "Vamos ver a paciente?"

Aparentemente, essa pequena informação não trazia mais consequências. Mas como eu poderia saber? Eu não ia dizer para Dre que havia mencionado a questão das drogas para os demais. Andando pelo corredor do nono andar, Chanel pôs as mãos novamente em minhas costas. "Você está bem?"

"Estou tentando seguir adiante." Essa colocação era verdadeira em termos circunstanciais, mas era mentirosa espiritualmente. Eu era uma bola pulsante de ansiedade, voltando a ranger os dentes a pleno vapor durante as últimas dezoito horas. Pensar sobre o dilema de Dre era uma distração útil, mas obviamente não constituía uma cura. Mil pensamentos ameaçavam jorrar de mim em resposta à simples questão de Chanel, mas esses não eram o lugar e nem a hora de ser um paciente. Eu estava nas discussões, e nós tínhamos um trabalho a fazer.

"Me diga se você precisar de Zofran", ela disse, referindo-se à poderosa medicação antináusea. "É caro, mas funciona." Ela esboçou um sorriso, e eu lhe devolvi outro.

"Muito obrigado por me ajudar a passar por tudo isso", eu disse suavemente, me lembrando do monte de palavrões que eu havia dito em frente a ela no dia anterior. Eu havia passado o primeiro mês como interno venerando Baio, o homem que conseguia lidar com qualquer enigma clínico, mas em Chanel eu via uma pessoa única, alguém que eu admirava da mesma forma. Ela havia despontado como uma boa ouvinte e me deixava confortável com o que eu dizia ou fizesse em sua presença. Se eu quisesse me derreter, eu poderia, e sei que ela não ia me desconsiderar por isso.

"Eu vou deixar você informar a paciente sobre o nosso plano", ela disse suavemente, passando os dedos pelo seu rabo de cavalo lateral. Um momento depois, nossa equipe formou uma ferradura ao redor de Dre. As cabeças gradualmente se viraram em minha direção, e eu limpei a garganta, me perguntando quão familiar eu deveria soar em frente aos outros residentes. Eu havia ouvido detalhes muito íntimos de sua vida complicada, mas nós só havíamos trocado um punhado de palavras, e elas diziam respeito à maconha.

"É você, *Em*?", ela perguntou.

Fiquei vermelho com o apelido. "Eu estou aqui. Com a equipe toda, na verdade. Antes de nós começarmos, você gostaria de ser chamada pelo seu primeiro nome ou pelo sobrenome?"

"Me chame de Dre", ela disse.

Depois de sintetizar a nossa interpretação sobre o caso, cada um de nós a examinou. Seu pescoço estava excessivamente duro, tão rígido e dolorido que ela não conseguia tocar o peito com o queixo, e suas pernas estavam adormecidas abaixo da canela. Eu esperava examinar suas pupilas à procura de um dos sinais da neuro-sífilis, mas ela disse que já havia tido o bastante em termos de cutucadas e que queria tirar uma soneca.

"O mais importante de tudo isso", eu disse, enquanto colocava a caneta de ponta luminosa em meu jaleco branco, "é que nós estamos preocupados com você. Você precisa de um exame feito a partir da medula espinhal". Lalitha havia lhe explicado isso em seu turno de madrugada, mas eu não sabia o quanto daquilo havia sido registrado.

"Não, obrigada", ela disse, fechando os olhos.

"E você precisa voltar à medicação contra o HIV."

"Não, obrigada."

Eu me voltei para a dra. Chanel em busca de auxílio; ela levantou as sobrancelhas como que dizendo, "Continue".

"Você precisa do exame", eu disse com firmeza, "e você precisa das medicações". Talvez fosse apenas uma questão de persistir.

"Não." Ela cruzou os braços e novamente se virou para o outro lado. "Não vai acontecer."

Como é que eu poderia alcançá-la? Será que Dre se dava conta do que estava lhe acontecendo? Talvez não. Talvez esse fosse o problema. "Você pode morrer. E falo com franqueza."

"Tudo bem", ela disse. "Me deixa."

Eu abri a boca, mas não saiu nada. Ela havia cortado meu único ponto de coerência lógica. *Deixá-la morrer?* O que eu deveria dizer? Eu poderia tratar o HIV dela e o que parecia ser uma neuro-sífilis, mas como eu deveria tratar o que lhe fazia propensa a morrer, em vez de tomar os comprimidos?

Em pé diante dela, eu sentia o olhar fulminante dos meus colegas. Chanel deve ter sentido a minha dissonância cognitiva. Ela se sentou na ponta da cama. "Nós podemos falar sobre isso depois, só nós duas?"

"Você pode falar", disse Dre, "fale tudo o que você quiser".

"Muito bem", disse Chanel, "eu vou voltar mais tarde".

Nós saímos do quarto e discutimos a abordagem para essa paciente difícil. Todos concordaram que uma abordagem multidisciplinar seria necessária, incorporando psiquiatria, serviço social, enfermagem e, potencialmente, uma série de outros especialistas.

Conforme discutíamos as opções, fiquei repassando a interação várias vezes em minha cabeça. Por que a minha abordagem não havia dado certo? Será que o que eu havia dito poderia ser descrito como uma abordagem? Tudo o que fiz foi explicar o quadro e tentar amedrontá-la para que ela mudasse de ideia. Eu havia pressuposto que o espectro da morte seria o suficiente. Era mais do que suficiente para mim. Em menos de um dia, os comprimidos que eu estava tomando já haviam começado a liquefazer meus interiores, mas eu tomaria comprimidos que dariam um giro de 180 graus antes de me entregar ao destino quando o HIV viesse. Se era para eu ajudar Dre a lidar com aquilo, eu teria que imaginar como ela via as coisas.

Os desafios com que me deparei no andar de HIV eram muito diferentes daqueles com os quais eu havia lidado em outras áreas da medicina. Havia uma forma correta de fazer compressões peitorais, uma maneira apropriada de ajustar o ventilador. Faça isso e não faça aquilo. As habilidades de que eu precisava no piso do HIV – tato, paciência, empatia – eram mais abstratas. Mas os riscos eram tão altos quanto: se eu falhasse em adquiri-las, os pacientes poderiam morrer.

E se Dre estivesse passando por algo a mais, algo que eu estava ignorando inteiramente? Talvez houvesse realmente vozes em sua cabeça lhe dizendo para não tomar as pílulas. Que fazer, então? Nós poderíamos forçá-la a aceitar o tratamento? A ética da medicina era surpreendente.

"Grupo duro", disse Ashley, me dando um tapinha nas costas.

"Sim."

"Tente de novo, depois do almoço. Ela gosta de você."

"Ela esconde isso bem."

"Eu vi a maneira pela qual ela deixou você tocar no rosto dela." Eu havia notado uma mudança na conduta de Ashley comigo. A sargentona havia sido posta de lado; em seu lugar, havia alguém que estava me tratando como criança. Eu não sabia dizer se aquela era uma boa coisa.

Nós voltamos à sala de conferências e terminamos as discussões. Conforme Lalitha, que estava acordada havia mais de vinte e quatro horas, apresentava o próximo caso – mantendo de forma impecável seu papel de interna exuberante, simpática e bem composta –, eu olhei para o pequeno relógio na parede, contando os minutos até que tivesse que voltar para a minha próxima dose de vilões de histórias em quadrinhos. Eu pensei na bola de futebol americano laranja e na pílula do astronauta.

As medicações eram insípidas, à exceção do Ritonavir, que era doce, já que sua cápsula era de açúcar e tinha o gosto da vitamina dos Flintstones. Eu me perguntei se Dre tomava alguma dessas pílulas, ou se ela havia esquecido que medicações estava tomando e se sentiu envergonhada. Eu estava tentado deixar as reuniões para mostrar as medicações para ela, mas eu não tinha certeza se ela conseguiria vê-las. Será que era oportuno mostrar a uma mulher cega um punhado de comprimidos para ver se eles lhe pareciam familiares?

Quando Lalitha começou a escrever em uma lousa, coloquei as mãos no bolso do jaleco branco onde estavam os comprimidos, rolando cada um deles pelos meus dedos e me perguntando por quanto tempo eles fariam parte da minha vida. Era errado pensar em meus próprios problemas quando nós ainda tínhamos discussões sobre os pacientes, mas eu não conseguia evitar. A dra. Chanel havia dito que eu teria de tomar aquele conjunto de medicações por, no mínimo, quatro semanas, mas talvez fosse por mais tempo. Talvez para sempre.

•••◆•••

"A sua sorte continua", Ashley disse depois das discussões. "Hoje é o dia do relatório dos internos."

Balancei a cabeça. "O que é isso?"

"Eu fico com o seu *pager* por uma hora, enquanto você almoça com os outros internos e desabafa."

Aquela ideia me havia tocado em grande medida. Havia muito sobre o que eu queria falar e discutir. Os outros estavam lidando com o trabalho de interno da forma como eu estava? Ou eles estavam deslizando sem muitos esforços, como eu imaginava que estava ocorrendo com Carleton? Eu ainda não havia conhecido todos os internos – passar três anos como uma "vagem" para quatro pessoas, sem dúvida, tinha seus benefícios, mas o isolamento também parecia uma desvantagem significante. Do grupo com o qual eu havia começado o ano, só tinha conversado com metade dos integrantes. Eu havia tomado cerveja com apenas alguns e raramente via alguém abaixando a guarda. Todos estávamos tentando desempenhar o papel de médicos de verdade, enquanto mantínhamos nossas imagens puras e douradas.

"Se não acontecer nada de mais", disse Ashley, "deve ser um intervalo de uma hora."

Saí da sala de conferências e caminhei por um longo corredor, sentindo meu estômago grunhir ao longo do caminho. Já estava quase na hora de tomar os comprimidos. Fiquei revisando meus apelos para Dre, e, então, considerei novas táticas. Dar uma de policial bonzinho? Compartilhar minhas próprias experiências? Implorar.

Entrei na sala para o relatório dos internos, onde um jovem médico – um residente-chefe chamado Dave – estava em frente à lousa se dirigindo a quase quarenta internos sentados. Em sua mão esquerda havia uma agulha borboleta e, em sua mão direita, um torniquete. Observei a sala em busca de rostos familiares enquanto vagava pelos pratos de papel, refrigerantes e pizzas.

"Já houve sete picadas de agulha este ano", Dave disse bem alto, ajustando seus óculos. "São muitas ocorrências." Alguns olhos da multidão se voltaram para a minha direção, enquanto eu dava minha primeira mordida. "Isso já deveria ser algo bem natural, agora." Senti um princípio de raiva quando os olhos dele encontraram os meus. "Nós vamos revisar o básico sobre a extração de sangue, hoje", ele continuou. "A chave para isso, como em qualquer procedimento, é a concentração. Você não pode agir com pressa e nem ser desleixado. Tenha orgulho do seu trabalho."

Senti que ele estava falando diretamente comigo, sugerindo que o meu acidente tinha algo a ver com uma falta de respeito pela profissão. Mas, enquanto eu processava as palavras e olhava ao redor da sala, também senti um certo alívio. Eu não era o único. Meus colegas também estavam perplexos. Em teoria, nós não deveríamos tirar sangue – o hospital contratava flebotomistas profissionais para fazer isso. Mas, se um deles não conseguisse encontrar uma veia ou não pudesse convencer um paciente de que o exame de sangue era necessário, nós éramos chamados para realizar a tarefa. Não havia ocorrido um seminário de orientação sobre como tirar sangue, não havia um livro de instruções ou manual a respeito. Assim como em relação a muitas outras coisas, havíamos sido forçados a imaginar como fazê-lo por conta própria.

Observei a sala, olhando para o rosto de cada interno à procura de um olhar de desconforto ou angústia – um sinal de que alguém mais estava lidando com as consequências de uma picada de agulha. Mas o que eu mais vi foi exaustão. Enquanto a pizza gordurosa era devorada, vi vários internos tocando, discretamente, em suas cinturas à procura dos *pagers*, os quais, durante esta hora solitária, já não estavam lá.

Uma mão tocou meu braço. Era Ariel. Seu cabelo ruivo, crespo e revolto estava agora em duas tranças como Pipi Longstocking.[15] "Vamos", ela sussurrou me levando para fora da sala, "vamos comer no Wendy's".

Andamos pelo corredor em silêncio, terminando nossa pizza. Era a primeira comida de verdade que eu havia provado desde o falafel. Ariel sorriu e meu deu um tapinha gentil nas costas, como se eu fosse uma criança e ela estivesse me encorajando a comer.

Por causa de nossas rotinas, eu havia falado com ela mais em discussões do que pessoalmente. Ela não sabia quase nada sobre mim e eu tampouco sabia alguma coisa sobre ela, mas, subitamente, me senti como se fôssemos velhos amigos; nós havíamos compartilhado várias experiências como "vagens", experiências suficientes para ela querer me proteger quando o relatório dos internos prometia trazer mais ansiedade do que calmaria. Gostei do fato de que ela me havia levado para fora do hospital. "Pelo que vi ali", disse Ariel quando entramos no elevador vazio, "você poderia dar aquela aula".

"Obrigado por me salvar."

15 Pippi Longstocking (meias longas) é a protagonista de uma série homônima de livros infantis de autoria da escritora sueca Astrid Lindgren. (N. do T.)

Quando o elevador chegou ao saguão, senti uma raiva borbulhando dentro de mim. De fato, havia ocorrido outras seis picadas de agulha este ano, mas quantas delas tinham envolvido sangue com HIV? Quantos internos haviam recebido um saco cheio de comprimidos contra o HIV para que eles fossem postos em seu armário? Quantos estavam preocupados se eles poderiam ter um filho sem lhe passar o vírus?

A onda de raiva se arrefeceu quando saímos do hospital. "É foda!" Eu soltei, enquanto andávamos pela rua. "Eu me sinto um merda, que foda!"

Ao invés de se esquivar das minhas palavras, Ariel se aproximou e, intencionalmente, juntou os ombros aos meus. "Foda e merda?", ela perguntou. "Ouvi falar que não é uma boa combinação."

"Merda de foda. Eu ri. "Também é ruim."

Nós andamos em direção ao sul pela Broadway, sobretudo em silêncio, e chegamos ao Wendy's alguns minutos depois. "Dois cheeseburgueres duplos e dois milk-shakes", eu disse, presumindo que minha colega não era vegetariana. Eu imaginei Ariel em sua vida anterior como consultora, comendo um bife com os clientes e discutindo as margens de lucro.

"Estou vendo que seu apetite está em cima."

"Pois é."

"Eu mal consigo imaginar", ela disse, "como deve ter sido ontem".

"Eu não gostaria de falar sobre isso."

"Eu também não", ela disse, enquanto levávamos nossa comida para a mesa. Nós brindamos com os milk-shakes e, instintivamente, buscamos os *pagers* ausentes.

"Você já assistiu *Saved by the bell* (*Salvo pelo gongo*)? Perguntei, ainda pensando sobre a maconha de Dre e a minha decisão de relatar o fato.

"Uma ou outra vez."

"Há uma cena", eu disse, me preparando para citar um dos episódios mais famosos da série, "em que uma das garotas, a Jessie Spano, fica viciada em pílulas de cafeína e tem um colapso. Ela começa a gritar *Eu tô muito contente, eu tô muito contente, eu tô com muito medo!*".

Ariel mergulhou sua unha rosa no milk-shake e sorriu. "Matt, você está tendo um momento Jessie Spano?"

Ariel era tranquila; ela poderia falar a esmo com qualquer um. Conforme as semanas passaram, eu ia descobrindo que havia dois tipos de internos: aqueles que haviam ido diretamente da faculdade de Medicina para a residência e aqueles, como Ariel, que não haviam feito isso. O último grupo parecia ter uma maneira mais distinta e confortável de interagir com os pacientes. Pensei sobre o modo como ela havia revelado o novo diagnóstico de HIV para aquela jovem. Era algo difícil de se fazer, mas ela havia lidado bem com aquilo. Melhor do que eu teria feito, certamente. Sua abordagem era menos frenética, menos forçada. Talvez se tratasse apenas de idade e maturidade, ou talvez fosse algo a mais.

Conforme comíamos, pensei em contar para Ariel sobre a picada de agulha – como se revisitar cada detalhe doloroso fosse me ajudar a seguir adiante. Mas as palavras não vinham à minha cabeça – parecia que eu estava buscando piedade, ou, então, estivesse tornando o meu erro algo sensacional. Ariel não era nem minha terapeuta nem minha médica.

"Sabe", eu disse, olhando através de uma grande janela, "essas coisas que fazemos todos os dias... é um trabalho esquisito". Ela acenou com a cabeça. "É como se fosse um filme. Ou uma série de TV. Ou um livro."

Ela sorriu.

"E, às vezes", prossegui, "muitas vezes, na verdade, eu me sinto como se as coisas não estivessem fazendo sentido".

"Eu entendo você."

Ela havia se formado como a primeira da turma. Eu não tinha certeza se ela estava tirando sarro de mim. "É mesmo?"

"Sim."

"Às vezes, eu me preocupo se vou ser nocivo – eu mesmo – para os pacientes." Acho que eu queria, de fato, falar sobre isso. A picada de agulha havia minado minha autoconfiança, e aquilo estava me devorando. Eu precisava dizer a alguém que eu não estava lidando com aquilo sozinho. "Eu não me sinto assim sempre, mas, às vezes, sim."

"Nós poderíamos colocar você naqueles contêineres para material radioativo."

"Você acha que eu caberia lá?", perguntei, franzindo a sobrancelha.

"Matt", ela disse, abaixando o hambúrguer, "foi um acidente. Você ouviu: já houve sete picadas".

"E", eu disse, "eu preciso adivinhar, de forma temperamental, se esse trabalho é..."

"Segura essa ideia, aí", Ariel disse enquanto se levantava. "Vamos pedir mais uma rodada."

Nós voltamos à fila e olhamos o menu – havia algo decadente e travesso em ignorar as recomendações médicas para se empanturrar com cheesebúrgueres duplos e milk-shakes. Imaginei milhares de pequenas batatas fritas entupindo minhas artérias.

"Eu me sinto..." Pensei na maneira apropriada de expressar o meu vago desconforto. "Isso parece bobo, mas... eu me sinto como se fosse uma parede que precisa ser pintada. E todos os dias um pouco de tinta é borrifado em mim." Ariel sorriu. "É assim todas as vezes que eu vejo um novo paciente ou um novo caso, um pouco de tinta é borrifado."

"De que cor de tinta nós estamos falando?", ela disse, colocando uma batata frita na boca, "aí eu vou conseguir te entender".

Eu olhei para os sachês de ketchup entre nós. "Vermelho."

Agora, ambos sorrimos.

"Em muitos dias", prossegui, "vejo a mesma merda – parada cardíaca, pneumonia, coágulos sanguíneos –, e as mesmas partes da parede são pintadas. Mas há essas enormes partes brancas na tela. Ler sobre os casos não me ajuda em nada. Eu durmo antes de terminar uma página. Eu preciso ver a coisa pessoalmente, ou então aquilo nunca aconteceu. Mas e quanto às doenças raras? O que vai acontecer quando eu atender um ou for confrontado por um paciente moribundo, com uma constelação de sintomas que eu nunca vi antes?".

"Eu me sinto da mesma forma", Ariel disse, categoricamente. "Não é possível aprender medicina no sofá."

Ariel poderia estar melhorando o meu humor – eu imaginava que ela havia passado pelos campos da residência da forma que Carleton passaria –, mas, então, comecei a duvidar. Parecia que ela também estava à procura de uma maneira de aprender tudo sobre tudo.

"E agora, é claro, tenho mais merda no meu prato." Eu balancei a cabeça e olhei para o meu dedo. "Eu ainda não consigo acreditar."

"Nós estamos lidando com algo."

Esperei que ela expandisse aquela ideia. Eu queria saber pelo que ela estava passando. Ela havia cometido erros? Havia sido posta para baixo? Alguém havia gritado com ela? Ela estava fazendo amizade com pacientes como Benny? Eu não havia visto nada disso, possivelmente porque eu estava muito envolto no meu próprio mundo, apenas tentando passar por cada dia exaustivo.

Esperei e esperei, mas Ariel não elaborou a ideia, e eu não tinha certeza se deveria questionar mais. Eu me perguntei se sua reticência tinha mais a ver com me dar uma chance de desabafar ou se ela não queria se abrir. Parecia ser a coisa mais instintiva a se fazer. Até mesmo os relatórios dos internos, um lugar ostensivo para que os novos médicos baixassem a guarda, havia se tornado um tutorial médico sobre os princípios básicos da flebotomia.

Ariel virou a cabeça para olhar para fora. Ela novamente tocou na cintura em busca do *pager* ausente.

"De qualquer forma", eu disse, quebrando o silêncio, "eu lhe asseguro que essa merda de picada de agulha vai ficar na minha cabeça para sempre. E eu nunca mais vou esquecer os efeitos colaterais das medicações contra o HIV".

"Aposto que sim". Ela levantou o milk-shake. "Você vai ficar bem."

"Você acha?" *Minta para mim*, eu queria dizer, *minta para mim se for preciso*.

"Um dia tudo isso vai ser apenas uma mancha na parede."

"Na tela", eu disse sorrindo, enquanto embebia o meu dedo indicador direito com ketchup. "Vamos ficar com a tela."

Ariel olhou para o relógio e se levantou; a hora do descanso acabara. Nós tínhamos que pegar nossos *pager*s e ver os pacientes. E eu tinha um encontro com uma mochila cheia de comprimidos contra o HIV.

24

"Meu presente para você", disse Ashley me entregando o *pager*, dez minutos depois. "As coisas nunca param de ressoar."

"*Gracias.*"

"Como foi o relatório dos internos?", ela perguntou.

"Tudo bem", eu disse. "Ouça, eu vou tentar de novo com a Dre." Na caminhada de volta do Wendy's, eu havia pensado mais sobre como quebrar o gelo com ela. Eu não havia chegado a muita coisa, mas me senti momentaneamente revigorado com a minha conversa franca, durante o almoço, com a Ariel. "Acho que ela precisa de um pouco de amor pungente." Eu imaginei o que Ariel diria para Dre. "Ou o oposto. Eu realmente não faço ideia."

"Eu queria falar um pouco mais sobre ela com você. Algo que não surgiu nas discussões."

"Claro."

Ashley sacou uma folha de dados laboratoriais. "Você acha que ela precisa de diálise?"

Eu cocei a cabeça. "Alguém mencionou uma doença no rim, mas eu não tenho certeza se ela precisa de diálise."

"Por que não?" Ela piscou seus olhos de avelã. "Eu quero saber em que você está pensando."

"Não é muita coisa."

"Vamos lá, diga."

"A creatinina dela está em quase três", eu disse, referindo-me ao exame de sangue que refletia a função do rim. Um valor normal oscila ao redor de um. "Não é algo fantástico, mas também não é horrível."

"Tudo bem."

Eu me lembrei de um punhado de pacientes de quem eu havia cuidado e que tinham falência renal. "A diálise geralmente é feita em uma emergência."

"Às vezes. Mas nem sempre."

"Ok. Quero dizer, ela parece estável. Doente, mas estável. Eu posso ligar e marcar uma diálise, certamente."

"Quando você ligar, você deve explicar todo o caso." Ela uniu o dedão e o dedo indicador e olhou para meus olhos, profundamente. "Os nefrologistas são ocupados e é um saco fazer diálise. Você precisa de um bom argumento. O que você vai dizer?"

"Eu diria que seus rins só estão funcionando marginalmente e que, por segurança, é preciso fazer a diálise."

"Errado!" Ela imitou o som de um gongo. "Nunca diga 'por segurança'. Nós estamos em um hospital – isso está um dado." Ela deu um grande trago em seu café com leite. "Você se lembra das aulas sobre diálise na faculdade de Medicina?"

"Vagamente."

"Tudo pode ser resumido da seguinte forma: A-E-I-E-U." Ela se moveu até o bolso da minha camisa e sacou uma caneta para fazer anotações. "A. Acidose – o sangue do paciente está ácido? Se estiver, diálise. E. Eletrólitos. Se um eletrólito estiver severamente comprometido..."

Ela apontou para mim.

"Diálise", eu disse.

"Bom. I. Intoxicação – o paciente ingeriu algo tóxico ou teve uma overdose com algo como o lítio?"

A diálise sempre me confundiu. Será que a coisa era assim tão direta?

"Há excesso de fluido – muito líquido nos pulmões?"

A abordagem dela a esse respeito me lembrou de Baio, e eu sabia que não ia esquecer isso. A verdade é que decisões complexas são feitas, frequentemente, usando mnemônica simples. Abreviações linguísticas não eram encorajadas em Harvard – as informações precisavam ser dominadas antes que fossem abreviadas –, mas Ashley acabara de simplificar, com algumas vogais, uma série de aulas confusas da faculdade de Medicina sobre diálise .

Meu *pager* tocou. Olhei para ele.

A GRANDE CORRIDA DO BIGODE – VOCÊ ESTÁ DENTRO?

Tirei o *pager* da linha de visão de Ashley. "U. Uremia", ela disse rapidamente, "e é isso aí, A-E-I-E-U".

"Uau!"

"Ano que vem, a rede de segurança da Ash vai desaparecer", ela disse, colocando uma mão cálida sobre o meu ombro, "e os republicanos vão ganhar. Você estará sozinho. Isso posto, você está fazendo um bom trabalho. Apenas tente relaxar um pouco."

Eu já não me sentia um peso morto, e ela já não parecia uma babá emburrada. Será que era por causa da picada de agulha? Ou era outra coisa? Ela sabia que eu estava ficando até tarde e que estava chegando cedo, que eu me preocupava muito com o meu trabalho e que queria me tornar um médico melhor. Talvez eu tivesse ganhado seu respeito, e ela passou a me ver como um membro de sua equipe. Ou talvez ela apenas estivesse se sentindo mal por mim. Eu queria saber o que havia mudado, mas não conseguia achar uma forma de lhe perguntar.

"Tudo bem", eu disse, me levantando, "obrigado pela mnemônica. É hora de ir à luta com a Dre."

"Boa sorte."

"Alguma palavra final de sabedoria?"

Ela se levantou e juntou as mãos. "Ajoelhe-se, Matt, e rasteje."

"Sério?"

"Eu não sei. O que você queria ouvir?"

•••◆•••

Conforme Ashley se afastava, fiquei olhando para a paisagem marinha impressionista pendurada na parede e que torturava minha mente. Como é que haviam falado comigo sobre coisas desconfortáveis no passado? Medo, trapaça, álcool e dinheiro vieram à minha mente – táticas que, aqui, não eram apropriadas. Eu havia pulado para a oferta de medicações contra o HIV, mas esse cenário também não era muito aplicável. Meu maior medo era saltar de paraquedas. Como é que alguém poderia me dizer para saltar de um avião? Não era possível. Eu sequer consideraria fazê-lo. O que é que Jim diria para Dre? Ou Baio?

Eu tinha uma nova tática em mente, uma tática que era arriscada e que, potencialmente, me deixaria exposto, mas eu tinha um pressentimento de que ela poderia funcionar, e eu já estava ficando sem opções. Simultaneamente, bati à porta do quarto de Dre e a abri alguns minutos depois. "É você, *Em*?", ela perguntou.

"Como você sempre sabe que sou eu?"

"Pelo cheiro", ela disse, se sentando na cama.

"Sério? Que cheiro?" Eu busquei as minhas axilas.

"Eu estou brincando! Foi só um palpite."

Sentei na ponta da cama – fazer isso realmente me forçava a ouvir. "Então", eu disse, tomando sua mão esquerda macia nas minhas, "você estava prestes a me dizer que estava pronta para tomar os remédios".

Ela puxou a mão levemente, mas eu não a deixei ir. "Não."

"Por favor."

"Não, obrigada."

Eu não lhe havia perguntado do que ela tinha medo. Da morte? Não podia ser. Sem as medicações, ela iria morrer. Claro, eu agora me via lidando com uma diarreia tão agressiva que, ocasionalmente, ela deixava manchas de sangue no papel higiênico, mas não havia outra opção. Tentei me colocar no lugar dela, mas para onde isso me levou? Em seu lugar, eu tomaria os comprimidos. "Me ajude a entender o que está acontecendo."

"Eu sou imune às suas tentativas, hem."

Voltei ao meu próprio medo. Nenhum pedido ou argumento poderia me fazer colocar um paraquedas e saltar. A única maneira de me fazer saltar seria me arrastar contra a minha vontade e me jogar para fora do avião. Mas aqui estava eu, em queda livre. Nós poderíamos administrar a medicação contra o HIV de forma coercitiva? "Eu gostaria de lhe explicar o que está acontecendo. O que nós sabemos sobre o seu problema e o que nós ainda precisamos descobrir."

"Está perdendo seu tempo, hem."

Mas a analogia com o salto de paraquedas não parecia propícia. Na verdade, eu estava longe de ser um paciente modelo – eu ignorava constantemente a recomendação médica de passar protetor solar apesar do meu histórico familiar de melanoma – mas por quê?

"Às vezes", eu disse, ponderando o que dizer em seguida. "Às vezes nós fazemos coisas..."

E então eu lhe contei. "Eu tomo medicações contra o HIV", eu disse rapidamente. "Eu vou tomá-las com você". Eu me senti bem em dizer isso. Eu disse de novo, dessa vez mais devagar e mais alto. "Eu vou tomá-las com você."

"Oh, por favor."

"Eu vou. Eu juro. Eu as tomo em casa."

"Tente de novo."

"Eu estou falando sério."

Ela apertou minha mão. "Eu sou cega, mas não sou ingênua. Não..."

"Eu lhe dou minha palavra." Eu estava sendo manipulador? Será que isso importava?

"Você tem HIV? "Ela buscou o controle remoto perto do travesseiro."

"Eu posso ter HIV, sim." Eu cheguei mais perto. Senti que minha voz estava para estremecer, então, sussurrei. "Eu me piquei outro dia com uma agulha. O paciente tinha AIDS. E..."

"E agora você está cruzando os dedos."

"Sim."

Ela balançou a cabeça. "Essa não é a merda."

Eu limpei a garganta. "Me faça um favor. Tome apenas um comprimido, uma vez."

Tomei suas mãos nas minhas como se estivéssemos fazendo os votos de casamento de maio a dezembro. Eu estava com uma sensação vaga de que eu estava progredindo. Ela estava interagindo mais comigo do que com outros médicos, a maioria dos quais ela dispensava imediatamente. Não era muita coisa, mas já era algo.

Eu queria saber o que exatamente ela via ao olhar para mim. "Muito bem", ela disse. "Um comprimido. Uma vez."

"Tudo bem!" Ah, se Jim O'Connell pudesse me ver agora! Se houvesse uma taça de vinho eu certamente a teria tomado. Suspeitei de que Dre estava negando sua doença, e eu queria que ela superasse aquilo. Eu queria que ela ficasse com raiva, que superasse os estágios de dor e aceitasse que ela tinha uma doença bastante real e tratável. Eu não me importava com o fato de ela fumar maconha; eu também não me importava se ela vendia maconha. Eu só queria que ela reconhecesse pelo que estava passando e se desse conta de que poderia vencer. Até aí, eu ficara frustrado. Mas, aqui, eu vi uma abertura.

"E se isso der certo", eu disse com exuberância, "nós podemos tomar dois. Dois comprimidos". Ela tinha, no máximo, alguns meses antes que fosse tarde. "E, então, três."

"Eu disse um comprimido. Uma vez. Se você continuar falando, eu vou mudar de ideia."

Soltei suas mãos e me levantei. "Maravilha. Vejo você amanhã de manhã."

Dre e eu ainda precisávamos encarar a punção lombar da medula, e, para levá-la até lá, eu precisaria fazê-la concordar com o procedimento. Sem dúvida, eu ainda precisaria ir mais fundo, buscando outros caminhos para me conectar com ela.

Andando para fora de seu quarto, eu me senti um médico de verdade, pela primeira vez. Nas palavras de Baio, era muito bom!

25

"Ótimas notícias", eu disse para Ashley, na manhã seguinte. Nós tínhamos exatamente trinta e sete minutos para discutir sobre os doze pacientes. "Eu falei com a Dre para ela tomar as medicações contra o HIV."

"Eu não quero saber que coisas loucas você fez para que ela concordasse em tomar as medicações."

Ela começou a dar risada e levantou a palma da mão. Eu toquei minha palma na dela. "Eu quase cheguei à segunda base." Eu ainda estava me sentindo exuberante.

"Você é doido." Ela sorriu e pegou seu café. "Então, que coquetel nós estamos dando para ela?"

"Eu acho que o comprimido que age sobre vários problemas é o que faz mais sentido."

Ela deu um sorrisinho. "O Atripla? Me desculpa. Resposta errada. Sua doença é resistente. Ela vai precisar de algo a mais."

Não havia outro comprimido faz-tudo contra o HIV. "Merda."

"Ela vai precisar de uma combinação de três ou quatro comprimidos", disse Ashley. "A boa notícia é que nós temos algumas opções."

"Ela disse que só tomaria um hoje. Talvez aquele que tiver menos efeitos colaterais."

"Também não é uma opção. Você tem que atingir o vírus simultaneamente por vários ângulos, com muitos comprimidos diferentes. Dar-lhe um comprimido poderia fazer sua doença ficar ainda mais resistente."

"Ela disse que só tomaria um comprimido hoje."

"Bem, então não vai ser um contra o HIV. Isso seria um mau começo."

Cerrei os punhos pela frustração. Meu grande avanço já estava naufragando, e eu mal tivera tempo de comemorar. Pior, eu me preocupei que aquilo faria recuar minha boa relação com a Dre. Ela poderia achar que a novidade era uma traição, ou pensar que eu estava jogando com suas emoções e que era apenas um idiota que sequer havia verificado que tipo de comprimidos ela precisava tomar antes de tentar convencê-la a tomá-los.

Antes das discussões, fiz a longa marcha até o seu quarto. Eu me senti como um pai que havia cancelado uma viagem para a Disney e que estava para dar a notícia às crianças.

"Propaganda enganosa!" Dre gritou quando ela ouviu a novidade. "Agora vão ser quatro? Não, obrigado." Ela virou as costas para mim e cobriu a parte de cima do corpo com o lençol.

"Por que você acha que eu estou te enchendo tanto o saco?", perguntei. Tentei manter a compostura, mas a exasperação estava começando a me tomar. Ela não se movia. Nós estávamos de volta ao ponto inicial. "Fale comigo."

"Você não faz ideia, Em."

Ela estava certa, eu não fazia ideia. Andei pelo quarto e voltei ao campo de visão dela. Meus olhos, mais uma vez, puderam ver os inúmeros caroços em seu pequeno rosto. Levei uma cadeira para perto da cama dela, me sentei e comecei a lhe contar meu caso. Será que eu tinha HIV? Ou será que eu deveria apenas me desculpar pela falha na tentativa de entender a complexidade da doença dela? Expliquei como a medicação funcionava e por que tomar múltiplos comprimidos era a única maneira de combater o vírus. Mas Dre não estava com vontade de ouvir. Depois de vinte minutos de idas e vindas beckettianas[16], joguei a toalha e concordei em tomar um dos meus comprimidos contra o HIV – Raltegravit – em troca de que ela ingerisse um suplemento de magnésio para pacientes com problemas cardíacos. Dre tinha inúmeros problemas, mas doença cardíaca não era um deles.

"Muito obrigado", eu disse enquanto meu *pager* tocou. "Progresso." A discussão sobre a punção lombar teria que esperar.

VENHA ATÉ A UCC O QUANTO ANTES

"Amanhã nós vamos tomar dois comprimidos", eu disse, fechando a porta antes que ela tivesse uma chance de responder.

A mensagem me deixou nervoso – tudo no hospital era feito o *quanto antes* – o que tornava suspeito escrever isso em uma mensagem de texto. A UCC era o meu velho território, o lugar onde eu havia conhecido Baio, Ariel, Meghan e Lalitha e onde eu havia encontrado Carl Gladstone pela primeira vez. Eu considerava o capítulo Gladstone uma página virada; eu ficara sabendo por um colega que ele havia sido transferido para uma clínica de reabilitação e esperava-se que ele se recuperasse completamente. Desci quatro lances de escadas até a UCC, sussurrando de forma reflexiva. "VRRC, VRRC", até que me deparei com Mark, um colega interno.

"Matisyahu!", ele disse, parado no centro da unidade com as mãos na cintura. Ele tinha cabelos ruivos como fogo cortados bem rente e usava óculos com armação de metal bem fina.

"Ainda tentando fazer aquilo acontecer?", perguntei.

"Recebeu minha mensagem?", ele perguntou. Mark, meu colega endiabrado, era conhecido informalmente como o marca-festas da nossa classe de internos, já que ele sempre agitava *happy hours* e campeonatos de cerveja.

"Sim", eu disse, levantando o *pager*. "O que aconteceu?"

Ele colocou um dedo por sobre os lábios. "Corrida do bigode! Você está dentro?"

16 Referência a Samuel Beckett (1906-1989), dramaturgo, escritor e crítico literário irlandês. (N. do T.)

Eu estava pensando em Dre. A propaganda enganosa, como ela havia dito, havia sido um passo para trás entre nós. Ver Jim O'Connell exercer sua magia não havia me preparado de fato para construir uma relação de confiança delicada e complicada que ele deve ter conseguido estabelecer com seus pacientes mais difíceis. Eu me lembrei de Sheryl e dos seis anos de que Jim precisou para fazê-la concordar em passar por uma sessão de terapia. Eu conseguia ver, agora, quão vagaroso seria o processo com Dre. Poderia levar semanas ou até mesmo meses para chegar até ela, um tempo que ela não tinha. Eu deveria ter voltado para encontrá-la imediatamente, em vez de ter descido à UCC para falar sobre um torneio estúpido. Será que Dre ou os outros pacientes se importariam se os internos subitamente aparecessem de bigode? A questão despertou pensamentos sobre Axel e seus fragmentos de sabedoria médica – não use gravata borboleta, não compre uma moto –, e eu o imaginei pulando sobre mim por causa do bigode.

Então, a imagem dos olhos brancos e apagados de Dre veio à minha mente; eles pareciam dois iglus tombados. Suas palavras me picavam, e, subitamente, eu queria alguma distração. Por sorte, a pessoa certa estava à minha frente. Eu coloquei as mãos na cintura, imitando Mark. "Acho que sim. Estou dentro."

Olhei ao redor da unidade – era estranho voltar ali – e me senti aliviado por saber que não era responsável por nenhum dos pacientes. Aquela era uma visita social. "Eu mal posso esperar", disse, fingindo um pouco de entusiasmo em nome da camaradagem profissional. Acabou me ocorrendo que a próxima vez em que eu estaria trabalhando na unidade seria como um residente do segundo ano, ensinando um interno inexperiente a ser um médico.

"Ótimo! Glória vai ser a juíza. Será ótimo para o nosso moral."

Glória era a administradora sênior do programa de residência – uma latina rechonchuda e jovial que nunca perdia uma chance de celebrar.

"Eu já vou te avisando", eu disse, "meu bigode vai ser vermelho".

"Incrível!"

Mark parecia perfeitamente em casa na unidade, de alguma forma, indiferente ao peso de seu trabalho. Como Baio e Moranis, ele parecia genuinamente gostar de praticar a medicina. Eu me perguntei qual era o seu segredo. Havia notado quantos internos, eu mesmo entre eles, que pareciam, às vezes, fingir a esse respeito. Nós sorríamos enquanto estávamos delirando de exaustão, ou, entusiasticamente, nos oferecíamos para transportar um paciente ou tirar sangue, quando, na verdade, só queríamos ir para casa e jantar. As máscaras eram onipresentes, mas Mark era diferente – ele não parecia o tipo de cara que ficaria se escondendo em erros ou no sucesso. Provavelmente, ele tentaria fazer o melhor pela Dre e, então, seguiria adiante.

"Ei, aquele ali é seu paciente, certo?" A imprudência evaporou quando Mark apontou para a cama que havia sido ocupada anteriormente pelo professor Gladstone.

Uma multidão de médicos e enfermeiras estava em frente a seu quarto. "Eu não vi você falando com ele outro dia?"

Fiquei na ponta dos pés e vi Benny, que parecia estar em uma montanha russa – seus dentes estavam travados, enquanto ele segurava com força as hastes laterais da cama. "Oh, merda", eu disse suavemente, "merda, merda". Ele estava lutando para respirar quando um anestesista entrou no quarto e tampou minha vista.

"Ele voou", disse Mark. "Não sei ao certo o que o derrubou. Provavelmente, terá que ser entubado." *Voar* significava que seus pulmões haviam ficado subitamente repletos de fluido, como uma enchente relâmpago. Isso acontece quando o coração deixa de bombear sangue suficientemente; o sangue reflui para os pulmões e cria uma sensação de afogamento. Uma causa comum, particularmente para um cara como Benny, que estava esperando por um novo coração, era a dieta indevida. Pensei na barra de Snickers. "Meu Deus!"

Eu queria correr até lá, mas o quarto estava cheio. Alguém estava para colocar o ventilador pulmonar em Benny. Apertei o peito, antecipando o espectro da dor por conta de um grande tubo descendo pela minha própria garganta. Mas eu não senti nada. Apenas fiquei lá, estupefato pelo que estava vendo. Benny estava se afogando diante dos meus olhos, ele estava se afogando em seus próprios fluidos corporais. Como é que eu poderia estar tão impotente para ajudá-lo? Ou para ajudar a Dre com seu problema? Um residente inclinou a cabeça de Benny para trás, e o grande tubo de plástico serpenteou pela sua garganta. Um momento depois, uma máquina estava respirando por ele. Um narcótico foi rapidamente aplicado por via intravenosa para assegurar que ele estava suficientemente sedado.

"Eu espero que ele saia dessa", disse Mark.

Ele parecia com qualquer outro médico que tinha uma relação emocional saudável com os resultados de seus pacientes. Mas eu não era um médico assim. Eu não sabia o que faria se Benny não sobrevivesse. "Merda."

Mark olhou para seu *pager*, enquanto nós nos apertávamos para conseguir uma melhor visão de Benny. Mark deu um leve soco no meu braço esquerdo. "Estou louco para ver o bigode épico. Agora, de volta ao trabalho."

E, com isso, ele foi ao velho quarto de Gladstone e ordenou calmamente uma série de medicações destinadas a remover o fluido dos pulmões de Benny, enquanto eu ficava ali, congelado no espaço. O homem sorridente que conseguia andar de bicicleta ergométrica por uma hora não podia comer uma barra de Snickers em segurança sem lhe causar uma inundação relâmpago nos pulmões. Na ponta dos pés, olhei estupidamente para o ventilador até que o meu *pager* tocou: EI, ONDE VOCÊ ESTÁ? – ASH.

Silenciei o *pager*, saquei minha lista de atividades e voltei para o andar do HIV. No saguão, cruzei com Baio, que estava vendo uma máquina automática de alimentos. Fiquei ao lado dele e olhei para a fileira de barras de Snickers. Nós não tínhamos tido uma conversa substancial desde o nosso tempo juntos, na UCC. Eu Fiquei me perguntando se ele sabia sobre o meu acidente no andar de HIV.

"Eu ouvi falar", ele disse, inserindo cuidadosamente uma nota amassada de um dólar. "Que merda isso, velho!"

Claro que ele sabia. "Notícias correm rápido."

Ele ficou olhando atentamente, enquanto a máquina ia devolvendo seu dólar sucessivas vezes. Queria pegar a nota e inseri-la, dizer algo sagaz e sair dali. O professor se torna o aluno ou algo assim.

"Você vai sair dessa", ele disse. "Você vai."

"Sim", eu disse. "Você não acreditaria em todos aqueles comprimidos." Eu tinha que tomar outro deles em meia hora.

"Ei, ao menos o cara não tinha hepatite C."

"Gozado você dizer isso."

"Não!", ele disse, passando as mãos no cabelo.

"Eu fui lá e olhei. HIV e hepatite C. Dupla dinâmica."

Fiquei me perguntando o que ele via quando olhava para mim. Será que ele se perguntava o que eu estava fazendo no hospital? Como eu estava progredindo como médico? Será que ele pensava em nosso tempo juntos, na UCC?

"Você vai ficar bem", ele disse.

"Espero que sim."

"Sem dúvida."

A máquina aceitou seu dólar. "Será que é assim mesmo?", perguntei. "Algo como dizer a todo mundo que eles vão ficar bem?"

"Não."

"De verdade?"

Ele sorriu e me deu um tapinha nas costas. "Sim, é algo assim."

26

O céu estava cinzento como ardósia, na manhã seguinte, quando saí do meu apartamento e me dirigi até o metrô, reformulando meu caso para Dre. Eu ficara pensando sobre aquilo a noite inteira, enquanto lia e relia as várias anotações que havia feito no dia anterior. Quando voltei do trabalho, Heather percebeu que eu estava precisando de distração e me levou até um restaurante indiano para que eu me distraísse. No entanto, me vi incapaz de falar com ela sobre qualquer coisa que não fosse o hospital – meus pacientes, meus comprimidos – e comecei a me sentir mal depois que tentei tomar meu primeiro trago de cerveja.

Eu não estava conversando muito com ela esses dias; pedi o meu frango temperado com salsinha e ervas, enquanto olhava para o lugar, tentando, em vão, divorciar meu trabalho de minha vida privada. Mas eu estava tomado pelos pensamentos sobre Dre e Benny e sobre o meu próprio problema médico. Heather me trazia confiança diariamente (às vezes, a cada hora), mas não adiantava muito. Nós dois sabíamos que as estatísticas estavam ao meu lado, mas, e se eu caísse fora da curva? Pouco depois de colocarmos os restos da comida nas caixinhas, eu já estava na cama e procurava dormir, só que meus pensamentos retornavam a Dre e aos caroços em seu rosto. Ela logo estaria tomando nove medicações diferentes, coisa que eu esperava alcançar, uma por uma, o quanto antes.

Tive uma noite irregular de sono – fui comer o resto de comida indiana às três da madrugada e passei a hora seguinte lendo meus e-mails. Foi só ao caminhar em direção à estação de metrô para o alto da cidade, enquanto o sol da manhã estava subindo sobre o East River, que me dei conta de que Ashley estava certa. Sob seu exterior rude, Dre gostava de mim. Não era bem como as relações que Jim O'Connell tinha com seus pacientes, mas era alguma coisa. Isso poderia me dar uma sustentação para que eu superasse a propaganda enganosa. Quando entrei no trem 1, com direção a Washington Heights, a ideia de uma carreira utilizando métodos não convencionais para trabalhar somente com os casos mais difíceis tomou conta de mim.

Oh, McCarthy é o cara que toca os rostos. Como um Patch Adams ainda mais estranho, ele não é para qualquer um, mas há um método para seu...

Uma lufada fétida vinda da parada do metrô da Rua 168 – enxofre e saliva hoje – me deu a deixa de que era hora de parar de sonhar acordado. Quando pisei no Tuberculador, meus pensamentos voltaram à tela prateada e ao meu filme favorito, *Feitiço do Tempo* no qual Bill Murray revive o mesmo dia, sucessivamente. A vida na Universidade de Columbia, que, frequentemente, tinha uma qualidade cinematográfica, era a antítese daquele filme. Eu gostava de pensar que ela era boa. Minhas experiências fora do trabalho, em contraposição, eram relativamente comuns. Quando Heather e eu podíamos comer juntos, nós comíamos; quando podíamos dormir, nós dormíamos. E, se estivéssemos com vontade, nós devorávamos episódios de *Lost*. Mas a picada de agulha havia acabado com aquilo. Agora, eu me via rotineiramente sozinho em casa, beliscando o jantar ou olhando para a parede, enquanto tentava reconquistar energia física e emocional para lidar com os rigores do meu trabalho e contemplava um futuro incerto e possibilidades desconfortáveis.

As novidades não eram de todo más. Benny havia sido estabilizado e se esperava que ele saísse do ventilador pulmonar nas próximas 24 horas, depois que o fluido fosse removido de seus pulmões, e Ashley havia me elogiado em frente da dra. Chanel por ter convencido Dre a tomar o suplemento de magnésio. Eram pequenas vitórias, mas eram coisas que já davam para ser trabalhadas.

"Dois comprimidos", eu dizia para mim mesmo, enquanto me aproximava do hospital. "Eu sei que você pode fazer isso, Dre."

Saí do elevador e segui diretamente para o quarto de Dre. Bati à porta e chamei seu nome, mas não houve resposta. "É o Em", eu disse alto, enquanto abria a porta. O quarto estava vazio. "Dre?" Franzi as sobrancelhas e imaginei aonde ela poderia ter ido. Pacientes, frequentemente, saem do quarto para estudos de imagens, mas eu não havia marcado nada para ela. Enquanto olhava para a sua cama vazia, uma senhora branca mais velha foi trazida para o quarto de cadeira de rodas pelo enfermeiro.

"Onde está Dre?", perguntei.

O enfermeiro balançou a cabeça. "Quem?"

"A mulher que estava neste quarto, ontem." Os pacientes eram ocasionalmente mudados de lugar com base na distribuição de camas entre homens e mulheres e, às vezes, eram colocados em quartos com base em seus históricos de doenças contagiosas. "Uma mulher negra pequena", eu disse, colocando a mão no quadril.

"Oh", ele disse, ajudando a colocar a mulher na cama. "Ela saiu."

"Sim. Para onde?" Eu não tinha muito tempo antes das discussões, e nada era rápido com a Dre.

"Ela foi embora, cara."

"O quê?"

"Foi embora no meio da noite."

"O quê? Como?"

"Pegou suas coisas e foi embora."

"Ela é cega. Ela não consegue simplesmente ir embora."

"Apenas pegou suas coisas no meio da noite e foi embora."

Balancei a cabeça. "Isso é impossível."

"O segurança tentou impedi-la, mas ela foi embora."

Meus braços ficaram bambos; eu me senti como se tivessem chutado o meu estômago. Eu não havia sentido, até aquele momento, como eu havia sido tomado emocionalmente pela vida de Dre. Os toques no rosto, a brincadeira com os apelidos, o trato com os comprimidos. Nós estávamos nos conectando. Ao menos eu havia pensado que estávamos. Agora, fiquei pensando se havia imaginado a coisa toda. E se ela fosse assim com todo mundo? Eu havia pensado que era especial, quando, na verdade, não era, e aquilo doía.

E havia dito a ela que eu poderia ter HIV. Aquilo havia parecido tranquilo, naquele momento, quando nós estávamos tendo progresso, mas, agora, me sentia vulnerável e desconfortável com relação àquilo, sem mencionar que me sentia culpado. À luz fria da ausência dela, o nível de partilha parecia manipulável. Ela era uma pobre mulher sem-teto que sofria terrivelmente de uma doença. Eu era um médico que sequer tinha certeza de ter essa doença. Obviamente, o que eu havia apresentado a ela não era equivalente. Talvez ela tenha se dado conta disso. Talvez ela me odiasse pelo fato de eu ter dito essas coisas e as usado para conquistar sua simpatia.

Aquilo me importava ainda mais porque ela estava sob minha responsabilidade. Lalitha pode ter verificado Dre de madrugada, mas, tecnicamente, Chanel e eu éramos os médicos dela. Eu me senti como se tivesse falhado com Dre. Ela havia saído para o mundo sem as medicações contra o HIV e morreria em poucos meses porque eu não conseguira lidar com ela. Esse tipo de coisa nunca acontecia com Jim O'Connell.

Meu corpo arquejava, enquanto eu saía do quarto e andava até o saguão. Eu queria conversar com alguém. Eu queria ir até o Wendy's e tomar outro milk-shake com Ariel. Eu não conseguia seguir adiante, mas eu precisava. Havia mais pacientes a serem vistos e mais anotações a serem escritas. Fechei os olhos com força, enquanto cinco palavras começaram a girar ao redor da minha cabeça: *Por que ela se foi?*

Parte III

"Eu não quero lhe prejudicar."

As palavras de Meghan me deram uma bofetada na cara, às dez da manhã, semanas depois de a Dre ter saído AWOL[17]. A nossa "vagem" havia se mudado do serviço de doenças infecciosas para o andar de medicina geral, e aquela noite era a minha vez de fazer o plantão de trinta horas. O andar abrigava doenças mais comuns – coágulos sanguíneos, desintoxicação alcoólica, dores de barriga –, assim como pacientes com doenças misteriosas que não poderiam ser encaminhados a um andar especializado porque ninguém conseguia descobrir o que havia de errado com eles. Não estava claro por que Meghan ainda estava zanzando pelo posto das enfermeiras. Ela deveria ter ido para casa havia horas. E sobre que diabos ela estava falando?

"Como?", murmurei, inclinando meu corpo e buscando restos de *donuts* enquanto ela passava perto de mim. Acenei com a mão para chamar a atenção dela, mas seu foco estava em outro lugar. À procura de uma enfermeira, Meghan levantou um dedo em minha direção e disse, "Um segundo".

Eu me sentei em um computador e comecei a revisar um exame de ressonância magnética cerebral. Lalitha e Ariel haviam me dado suas listas de atividades e delegado seus *pagers* há horas, e, assim, eu recebera um torvelinho de tarefas inacabadas. A ideia era manter a lista de afazeres tão curta quanto possível, porque a transição noturna de cuidados era inerentemente repleta de complicações. Eu nunca havia visto seus pacientes, e tinha minhas próprias admissões para me distrair ao longo da noite insone; então, naquele contexto, eu estava bastante propenso a interpretar de maneira errônea um sintoma ou preocupação. Mas essas delegações eram uma parte inevitável e que prevalecia crescentemente na medicina. Eu tinha ouvido falar que alguns hospitais chegavam a ensinar a arte da transição durante a orientação. Eles podem ter feito isso na Universidade de Columbia, mas, se isso de fato aconteceu, eu acabei perdendo tais aulas.

"Me desculpe, não queria te prejudicar." Meghan puxou uma cadeira dez minutos depois. "Eu me ferrei", ela disse, apontando o dedo para a sua lista de atividades, "na última vez em que estive em uma chamada. Totalmente destruída." Ela pegou um elástico do bolso de trás de seu jaleco e o colocou ao redor dos cabelos loiros.

"Oh?" Eu olhei com algum alívio para a lista esparsa que ela estava para me entregar.

"Hoje tem sido um pesadelo."

17 "Absent Without Official Leave" (ausente sem permissão oficial): termo usado nos Estados Unidos para descrever um que abandonou seu posto sem permissão. (N. do T.)

"O que aconteceu?"

Ela inclinou a cabeça para um quarto da unidade – um quarto fechado para pacientes que estavam seriamente doentes, mas que haviam perdido a vaga para ir para uma UTI. "Mula de drogas"[18] ela disse.

"Como? Uma mula de drogas de verdade?", perguntei, olhando ao redor da unidade. "Uma mula de drogas como no filme *Maria cheia de graça*?"

"Uma jovem de dezenove anos ingeriu dezesseis pacotes de heroína na República Dominicana e tomou um voo para o aeroporto JFK."

"Meu Deus!" Nunca havia um dia repetido, como em *Feitiço do tempo*, na Universidade de Columbia.

"Ela tomou um táxi, veio direto para a nossa emergência e confessou. Da República Dominicana para a emergência."

"Uau!"

"Ela vem expelindo os pacotinhos um por vez, algemada à cama do hospital. Um policial está sentado ao lado dela."

"E isso tem que ser feito ali, naquele quarto da unidade?"

"Se um daqueles pacotinhos se partir, ela está morta."

"Pois é..."

Ela me entregou sua lista de atividades. "A única coisa que eu preciso que você faça hoje à noite é um exame de fezes."

"Exame de fezes?"

"Certifique-se de que ela continua a expelir todos os pacotinhos de heroína. Uma constipação poderia matá-la. Se ela parar de defecar, faça uma tomografia axial computadorizada. E, se houver uma obstrução, chame a cirurgia."

"Acho que dou conta disso."

Como a maioria de nós, Meghan passava por poucas e boas. Todos os dias pareciam não terminados, trabalhos complicados em curso com uma miríade de finalidades desconectadas, e sempre havia um motivo para ficar uma hora a mais no hospital. Os médicos gostavam de dizer que quanto mais tarde você saía, mais tarde você saía. Isso significava que amizades e relacionamentos amorosos ficavam em segundo plano em muitos casos e começavam a ruir. Tive momentos difíceis imaginando o que eu falaria com os meus amigos da universidade que viviam em Manhattan e trabalhavam com finanças.

"Eu devo ter analisado centenas de milhares de dólares em sua merda hoje", disse Meghan. "Inacreditável."

Tentei imaginar as circunstâncias de vida que teriam levado uma adolescente a ingerir narcóticos caros e a tomar um avião. Enquanto eu escrevia exame de fezes, nossos *pager*s tocaram simultaneamente.

18 "Mulas de drogas" são pessoas que ingerem pacotes ou papelotes de cocaína para transportá-los. (N. do T.)

PASSEIOS COM BIGODES GRATUITOS NA UCC!

Meghan balançou a cabeça. "Vocês estão se divertindo muito com isso."

A mensagem me lembrou de Benny. Eu havia continuado a acompanhar seu caso depois que o tubo respiratório fora removido de sua garganta. Não foram visitas longas, eu só havia ido lá para obter informações e confirmar se ele estava melhorando. Quando ele recobrou a capacidade de falar, nós falamos sobre futebol americano e assistimos aos Yankees. Era impressionante quão próximo da morte ele estivera e quão pouco derrubado pela experiência ele parecia, poucas semanas depois. Eu gostaria de ter essa resiliência.

Às vezes, eu tentava me convencer de que esse progresso suave espelhava o meu próprio progresso. Conforme eu me tornava, gradualmente, mais capaz, mais confiante, mais eficiente, seu coração ia se tornando mais forte e seus pulmões, mais secos. Mas, no fundo, eu sabia que aquilo não era justo. Nós éramos duas pessoas ao acaso que haviam se aproximado, e nossos desafios eram muito diferentes um do outro. Meu sucesso ou falha como médico não tinha nada a ver com sua luta para conseguir um coração. Mas eu gostava de dizer para mim mesmo que sim. Eu gostava de pensar que quando eu finalmente tivesse dominado todas as habilidades necessárias para ser um médico, Benny finalmente teria conseguido seu transplante.

Meghan se levantou e pegou sua bolsa.

"UCC?" Perguntei com um sorriso.

"Cama", ela disse. "Boa sorte hoje à noite."

•••◆•••

Às duas da madrugada, depois que todas as tarefas, à exceção de uma, haviam sido riscadas da lista de atividades, peguei uma par de luvas descartáveis e me dirigi até à sala reservada da unidade para fazer o exame de fezes. Quando entrei no quarto mal iluminado, mal pude reconhecer o rosto de uma adolescente hispânica – uma menina, na verdade – algemada a uma cama, soluçando baixinho. Próximo a ela havia um policial sentado sobre um plástico laranja com o jornal *New York Post* em seu colo. O policial abaixou o jornal e acenou para mim.

"Doutor McCarthy", eu disse, me aproximando deles. "Estou aqui cobrindo a equipe médica do dia."

Uma televisão muda no canto do quarto escuro iluminava seus rostos. A paciente era pequena, magra e tinha cabelos compridos, e eu podia ver lágrimas rolando pelo seu rosto. Hematomas delgados e vermelhos circundavam seus pulsos, e o topo de seu uniforme azul-claro do hospital era um reservatório de lágrimas. Entre o policial e a angústia dela, me senti imediatamente desconfortável. Do que eu estava participando? O que iria acontecer depois que essa mulher finalmente defecasse todas as trouxinhas? Será que aconteceria uma viagem direta com o policial daqui para a cadeia, voltando à situação terrível que a havia compelido a fazer isso? Coloquei as luvas e pus uma mão em seu ombro.

"*Ayúdame*" (me ajude), ela disse quando me aproximei.

Coloquei o estetoscópio nos ouvidos e olhei para o policial. "Só estou aqui para acompanhá-la esta noite." Ele acenou, e eu coloquei o instrumento sobre o abdômen dela. Sua barriga macia se movia gentilmente para cima e para baixo, enquanto eu tentava ouvir os sons intestinais, mas tudo o que eu conseguia ouvir eram soluços abafados. Meu pescoço se enrijeceu em resposta aos seus rompantes de emoção. A imagem de Dre despontou em minha mente.

"*Ayúdame*", ela disse, novamente.

Olhei para a sua secção medial e imaginei as pequenas trouxinhas de narcóticos logo abaixo da superfície, nadando através de seus intestinos. Pressionei gentilmente as pontas dos meus dedos sobre sua barriga, tentando provocar um sinal sutil de dor ou sensibilidade, algo que pudesse indicar que uma trouxinha tivesse estourado, mas não havia nada. Removi o estetoscópio e examinei seu rosto, me perguntando, novamente, que circunstâncias de vida haviam levado aquela mulher a um momento assim.

Mas, assim que comecei a imaginar, senti minha mente se fechando, e um tipo de autoentorpecimento se estabeleceu. Certamente, havia uma parte de mim que queria saber mais sobre ela – sua vida, família, por que ela engolira drogas por dinheiro –, mas até mesmo o pensamento de tocá-la me trazia um pouco de vergonha, e, então, irrompeu novamente a raiva que senti ao ver a cama de Dre vazia. É claro, eu ainda queria ser como Jim O'Connell, mas a realidade de estabelecer conexões com os pacientes era bem mais difícil do que eu havia imaginado. Ela era caótica e tinha o potencial de me trazer caos também, algo que eu queria desesperadamente evitar. Investir emocionalmente nos pacientes era importante, mas isso colocaria em segundo plano todas as outras atividades que havia em minha lista de tarefas.

Dei um tapinha em seu pulso algemado. "*Lo siento*" (sinto muito), eu disse.

Ignorar as lágrimas daquela mulher me fez sentir como uma máquina. Era assim que o Fodão se sentia quando ele via os pacientes? Olhei para o policial. "Eu preciso examinar as fezes dela."

Ele apontou para um penico de plástico azul do tamanho de uma cartola que estava cheio de um líquido marrom espumoso. Eu me afastei da mulher, levei o penico até a pia e enfiei meu indicador com a luva ali, olhando ao redor em busca de um saco plástico. Eu respirava com a boca para evitar o odor e tive cuidado para não espalhar os resíduos sobre o chão.

"Não há drogas", eu disse um momento depois. "Nada." Olhei de volta para a mulher e tirei as luvas. Seus grandes olhos negros continuavam a emitir uma torrente de lágrimas. O policial encolheu os ombros e voltou a ler o jornal.

"*Ayúdame*", ela disse, mais uma vez.

Balancei a cabeça. "Eu vou voltar em algumas horas", eu disse sem mais, "para fazer isso novamente". Então, saí do quarto e fechei a porta.

Como já havia se tornado comum, fui até o banheiro para outra parada mortal com os meus intestinos. Após várias semanas tomando os comprimidos contra o HIV, eu agora entendia claramente por que alguns dos pacientes se recusavam a tomá-los. O Ritonavir, o comprimido que parecia comida de astronauta, como que ficava preso em minha garganta sempre que eu tentava engoli-lo, e a primeira onda de efeitos colaterais incluíam uma sensação onipresente de saciedade que reduzia meu apetite a níveis de subdieta. Então, comecei a sentir dores corrosivas e contrações musculares que se manifestavam de forma imprevisível em várias partes da minha barriga. A dor vinha durante as refeições ou não, e havia muito eu estava tendo dores espectrais de estômago, que começavam no momento em que eu colocava o comprimido na boca.

O que ser um médico me deu em perspectiva acabou sendo varrido pela hiperformação. Eu sabia o que o Tenovofir poderia fazer com os meus rins, e o dano que o Ritonavir traria ao meu fígado, e logo esses órgãos começaram a doer também, ainda que os exames não atestassem problemas. Andando pelo hospital e me sentindo tonto, fiquei me perguntando se estava com desidratação nos rins ou se era a minha cabeça que estava atordoada. Claramente, a diarreia não era um fantasma. Eu havia aceitado a prescrição do Zofran feita pela dra. Chanel para combater a náusea, o que aumentou o fardo dos meus comprimidos.

Quando saí do banheiro novamente, me sentindo trêmulo e abalado, tentei pensar na mulher a chorar naquele quarto, mas aquilo não estava dentro de mim. Entre ficar ardente pela Dre e me sentir um caco por causa dos comprimidos, havia muito pouco espaço para me conectar com os pacientes para além de tentar mantê-los vivos. Cada vez que pensava sobre a dor dos pacientes, eu pensava na minha dor e nas medicações que a estavam causando. Todas as vezes que eu imaginava ter de tomar os comprimidos pelo resto da vida, eu queria gritar.

••◆••

Em meio ao terceiro e último exame de fezes, poucos minutos antes das sete da manhã, meu *pager* tocou. A mensagem era apenas um número de telefone, e um momento depois me vi ao telefone com um oncologista chamado dr. Phillips. Uma de suas pacientes – uma cubana de meia-idade com mieloma múltiplo – havia sido hospitalizada com pneumonia, e eu estava tomando conta dela no serviço de medicina geral. Eu nunca havia me encontrado com o dr. Phillips, mas ele deixara anotações no histórico médico da paciente, explicando o que queria que eu fizesse por ela em dado dia.

"Preciso que você venha ao meu consultório", ele disse, enquanto eu segurava o telefone com uma mão e as luvas sujas com a outra. "O quanto antes."

Eu estava no finzinho de um plantão de trinta horas, e meu cérebro estava começando a se bloquear; logo minha visão estaria embaçada, e meus julgamentos ficariam danificados em grande medida. Eu não queria encontrá-lo. "Será que não é algo que nós poderíamos discutir ao telefone?", perguntei. "É que eu já estou fora do meu horário, e nós teremos discussões que irão até a tarde."

"Encontrarei você no meu consultório, logo depois das discussões."

Sobre o que seria isso? Fiquei pensando. O que não poderia ser dito ao telefone? Ou por e-mail? O que quer que fosse, não parecia algo bom, e eu nem de longe estava em um dia para más notícias.

Logo após as discussões da tarde, fui até o consultório bem decorado do dr. Phillips. Havia uma orquídea em sua mesa e a coluna usual de diplomas na parede. Ele tinha cabelos brancos e um nariz grande e largo. Ele me pediu para sentar em uma grande cadeira de couro marrom, enquanto permanecia de pé, atrás de sua mesa.

"Doutor McCarthy", ele disse, "obrigado por me encontrar pessoalmente".

"Claro. É legal finalmente conhecê-lo pessoalmen..."

"Você está cuidando da senhorita Barroso", ele disse, juntando as mãos sonoramente. "Eu a conheço há muito tempo. Há muito, muito tempo."

"Sim." Eu escaneei rapidamente meu cérebro em busca dos últimos detalhes de seu caso. "Ela parece estar indo bem. É possível que ela seja dispensada em alguns dias."

"Diga-me, doutor McCarthy, o que acontece com os sinais vitais quando uma paciente está sentindo dor?"

Isso não poderia ter sido perguntado pelo telefone? Meus olhos estavam pesados e meu estômago doía; eu estava à beira de mais uma rodada de comprimidos contra o HIV. Por que ele estava fazendo aquilo comigo? "Os batimentos cardíacos e a pressão sanguínea aumentam", eu disse. "Embora eu esteja certo de que haja exceções."

Ele acenou com a cabeça. "Agora, me diga, será que os sinais vitais relativamente rotineiros dela lhe dizem algo sobre se a senhorita Barroso está sentindo dores?"

A pergunta parecia uma pegadinha. Eu me lembrei da conversa com Sothscott sobre Gladstone. Meu pescoço começou a se enrijecer. "Não necessariamente".

Ele se sentou e franziu o cenho. "Doutor McCarthy, a senhorita Barroso está em agonia há vários dias. Ela está sofrendo." Ele balançou a cabeça e me olhou fixamente. "E é por sua causa."

Súbito, me senti bem acordado; senti cada músculo do meu corpo retesado. "O quê?"

"Pedi que você viesse ao meu consultório porque eu preciso de uma explicação. Eu preciso ouvir de você por que isso está acontecendo."

Eu balancei a cabeça e sentei em minha cadeira, enquanto as palavras saíam da minha boca. "Todos os dias eu perguntava a ela, *Tienes dolor*? Você está sentindo dores? E ela dizia não. Todos os dias. Essa é a primeira vez que estou ouvindo que ela está sentindo dores."

Ele colocou os cotovelos sobre a mesa e franziu as sobrancelhas. "Você usa um tradutor?"

"Não, eu não uso. Eu lhe perguntei em espanhol se ela estava sentindo dores, e ela me disse que não."

Ele balançou a cabeça.

"Eu lhe pergunto todos os dias", acrescentei. Eu via que minhas palavras estavam despontando muito rapidamente, que eu parecia ofensivo. Tentei me acalmar, mas não conseguia. "As enfermeiras lhe perguntam a cada turno. Se ela dissesse sim, elas teriam me mandado uma mensagem pelo *pager*. Mas elas não me enviaram nenhuma mensagem."

Ele balançou a cabeça. "Ela está sofrendo."

Será que nós estávamos falando sobre a mesma paciente? "Algo está errado aqui."

"De fato."

Isso não estava fazendo sentido. "Eu estou percorrendo todo o hospital, e ninguém me mandou mensagem alguma pelo *pager*..."

"Já lhe ocorreu que você não está usando as palavras certas? Que você não está fazendo as perguntas corretas?"

Fiz uma pausa. "Honestamente, não."

"Se você tivesse se preocupado em buscar um tradutor, você teria entendido que ela está sofrendo."

Eu, me preocupado? Ele estava dizendo que eu havia sido negligente? "Eu me sinto muito mal em dizer isso, mas não tenho certeza sobre o que dizer."

"Desculpe-se. E procure um tradutor."

Olhei para os meus sapatos, tentando entender essa conversa. Eu estava quase delirando pela falta de sono, mas isso não tinha nada a ver com a história. "Eu sinto muitíssimo, mas a ninguém foi comunicado que ela está sofrendo. E eu não posso zanzar por aí com um tradutor ao meu lado."

Ele cerrou os dentes. "Foi comunicado para mim. E há tradutores por telefone, em cada quarto." Ele escreveu um telefone em um cartão e o entregou para mim. "Use-o."

Olhei para os números e tentei entender efetivamente o que estava acontecendo. Respirei profundamente. "Ok."

Ele fechou os olhos e suspirou. "É isso. Isso é tudo o que eu tenho a dizer. Vou te dar mais uma chance de ajeitar isso."

E então o quê? Eu estava com muito medo para perguntar.

28

Dois dias depois, eu estava sentado de pernas cruzadas, em um grupo em Palisades, Nova York, no retiro dos internos onde, por 24 horas, nós podíamos respirar fora da vida hospitalar. Era uma tarde fresca no Centro de Conferências Executivas da IBM, um refúgio corporativo com quadras de tênis, saunas e trilhas para caminhadas. Gansos andavam entre nós – uma médica atendente e sete internos – , que estávamos sentados juntos a um pequeno lago. O retiro era uma oportunidade para que limpássemos nossas mentes – *higiene mental* era a frase do dia –, mas eu não conseguira me aliviar nas últimas 48 horas. Como um delírio, a conversa com o dr. Phillips, em seu consultório, parecia um pesadelo. Eu não achava que estava errado, mas odiava pensar que uma paciente pudesse estar sofrendo por culpa minha. E ser desnudado por Phillips a respeito da minha competência na toada da picada de agulha e da fuga de Dre fez com que eu me sentisse nervoso e com vergonha.

"Está sendo uma droga de ano", a médica atendente disse. "Essa é uma chance para vocês falarem, extraoficialmente, sobre como as coisas estão acontecendo. Sem julgamentos".

Ela era alta e magra, com um cabelo bem loiro e uma pinta na bochecha esquerda, e estivera em nossa posição seis anos antes. Ela se virou para a direita e acenou. "Você é o primeiro."

O médico à direita dela, um indiano magro e de bigode, que esperava se tornar um cardiologista, levantou as mãos e disse "Ótimo", e então se virou para a direita.

"Excelente" veio em seguida.

"Fantástico. A cada dia em que vou trabalhar, testemunho um milagre."

Girei os olhos. Nenhuma brecha na armadura do entusiasmo.

"Realmente maravilhoso."

Essas não eram as palavras que vinham à minha cabeça. Eu conseguia ouvir as palavras de Baio sussurrando, *Todo mundo entra em colapso*.

"Incrível."

Vinte e quatro horas antes, eu havia descido até a UCC para visitar Benny, que agora parecia cadavérico e frágil. Alguns cabelos grisalhos despontavam em sua cabeça normalmente calva, e ele falava frases com uma ou duas palavras. As últimas semanas haviam sido um inferno para ele, e o processo de entubação me lembrara de quão perto Benny estivera da morte. Havia sido um erro fundir a saúde física dele com a minha saúde mental. A vida dentro do hospital era igual à vida fora do hospital – imprevisível e injusta. O interno à minha esquerda tocou no meu ombro – minha vez.

"Bem, tem sido um desafio", eu disse, pensando em Gladstone, Dre, no dr. Phillips e em meu mais recente ataque de diarreia radioativa. "Eu tenho aprendido muito, mas eu não diria que tem sido ótimo." Eu vi uma mistura de acenos de cabeça e rostos pálidos; toquei uma das pílulas em meu bolso e a friccionei contra a minha coxa. Eu ia fazer um teste de HIV em menos de duas semanas. Aquilo despontava no horizonte como o Dia do Juízo Final.

A médica atendente se inclinou em minha direção. "Você gostaria de falar mais sobre isso?"

Pensei sobre todas as merdas pelas quais havia passado. O ano de interno tinha me revirado – eu conseguia me sentir queimando –, e eu não sabia como parar tudo aquilo.

Olhei ao redor da roda para os rostos vagamente familiares e me dei conta de que havia passado muito pouco tempo com os internos que não eram do meu grupo de "vagens". Meghan, Lalitha, Ariel e eu havíamos ficado mais próximos conforme o ano foi passando – indo até o Wendy's sempre que podíamos para ficarmos alguns momentos fora do hospital. Nós falávamos sobre a família e nossas vidas prévias – Lalitha e eu descobrimos que havíamos feito a mesma disciplina de química orgânica na faculdade –, mas, na maioria das vezes, a gente apenas dava uma respirada. Nós falávamos sobre os ocasionais pontos altos e, na maioria das vezes, sobre nossos pontos baixos: os sermões ouvidos, os erros e as noites sem dormir. Era difícil para cada um de nós, mas de maneiras diferentes. Nós prometíamos manter as frustrações em meio ao nosso grupo fechado de quatro pessoas, lembrando que ninguém quer ficar ouvindo um médico ranzinza falar.

"Aqui é um espaço seguro", a atendente disse, pedindo que eu elaborasse aquilo.

"Talvez mais tarde", murmurei. Eu não queria partilhar tudo aquilo com um grupo de pessoas relativamente estranhas. O velho código de proteção dos internos veio à tona: erros são sinais de fraqueza, e essas pessoas não me conhecem de fato. Vulnerabilidade não era a primeira impressão que eu queria deixar.

Notei como aquilo era diferente da faculdade de Medicina, em que eu era amigável com todo mundo. Nós assistíamos às aulas pela manhã, estudávamos à tarde e nos reunimos nos dormitórios ou apartamentos à noite para nos socializarmos ou para estudarmos mais. Mas, em Manhattan, todos levavam vidas separadas, anônimas e exaustivas.

"Certamente", a atendente redarguiu e passou a palavra para a mulher ao meu lado.

"Realmente gratificante", ela disse.

"Ok, ótimo", disse a nossa líder. "Então... Eu quero que essa seja uma oportunidade para falarmos. Tenho algumas perguntas que vou lançar para o grupo."

Um ganso se aproximou da roda, e alguém jogou uma pedrinha nele.

"Alguém viu alguma coisa no hospital que o tenha traumatizado?"

O silêncio foi seguido por risos abafados. "Por onde eu começaria?", disse outro médico indiano, este com uma barba desgrenhada.

"Sim", disse uma morena. "Quase todos os dias."

Algo havia mudado. Era possível ver na mudança desconfortável na roda que a pergunta havia chacoalhado algo. Fiquei pensando se cada um dos meus colegas internos tinha uma válvula de escape adequada, uma maneira de deixar vazar o vapor após um dia terrível.

Aqueles que se sentiam mais desconfortáveis tinham uma relação nada fácil com o *slogan* do hospital: *Coisas incríveis estão acontecendo aqui!* Sem dúvida, coisas incríveis estavam acontecendo todos os dias, tais como avanços em descobertas para tratamentos que salvavam vidas que pareciam perdidas; e parte daquela emoção era partilhar aqueles sucessos. Mas alguns entre nós não viam problema em ver a ironia da palavra *incrível* – os momentos em que receber fortes reprimendas ou ser fisicamente ameaçado poderiam deixar alguém sem fala. Muitas vezes, quando eu compartilhava uma história particularmente deprimente, um interno ouvia o slogan em sua cabeça: "Um paciente vomitou em mim, ontem. *Duas vezes.* Sim, coisas incríveis estão acontecendo aqui." A frase tinha se tornado um tipo de mantra para os internos, um mecanismo para tentar apreciar os grandes momentos da carreira de médico e para contextualizar os momentos difíceis. Eu não conseguia deixar de pensar que o departamento de relações públicas do hospital teria ficado chocado. Mas quanto mais eu pensava sobre ela, mais eu considerava a frase um *slogan* brilhante, uma síntese de nossa profissão, que parecia uma montanha russa.

A líder sorriu. "Alguém gostaria de elaborar mais essa ideia?"

Os olhos se desviaram. Mais silêncio. "Ok, vamos mudar de tópico. Alguém cometeu o que poderia ser considerado um erro médico?"

Ninguém falou nada. Pareceu subitamente uma boa hora para sentir as cercanias. Será que nós estávamos tendo experiências remotamente similares? Estávamos todos destinados a entrar em colapso? Subitamente, me ouvi falando.

"Eu cometi", disse. Fiz uma pausa. Eu não tinha total certeza sobre por que eu havia aberto a boca. Um momento antes, eu não queria falar. Mas aqui estava eu, na iminência de me abrir. E o engraçado era que eu já me sentia melhor, apenas por ter dito "eu cometi". Era o mesmo sentimento de alívio que eu havia vivenciado no Wendy's ao contar à Ariel sobre a picada de agulha, e quando eu havia confessado as coisas para a Dre. Eu não era um médico que conseguia viver com essas coisas sem que elas pudessem ser ditas ou partilhadas. Talvez fosse simples assim.

"Eu também", disse o aspirante a cardiologista.

"Eu também", disse outro.

A atendente acenou para que eu continuasse. Parecia que eu tinha um monte de riquezas embaraçosas quando se tratava de erros – qual delas eu deveria escolher? A picada de agulha era um erro médico, certamente, mas eu não queria falar sobre isso. Será que eu deveria mencionar o dr. Phillips e seu comentário de que ele ia me *dar mais uma chance para ajeitar isso*? Eu contei sobre Gladstone. Parecia o assunto mais resolvido.

"Na UCC", eu disse tranquilamente, "na primeira semana de trabalho, recebi um paciente com anisocoria". Sobrancelhas se franziram, reconhecendo o problema incomum. "Pensei que aquilo estivesse relacionado com a medicação. Mas não estava." Fiquei ponderando quanto deveria ser divulgado. "Era... era, na verdade, algo totalmente diferente."

"Eu fiz algo assim também", disse a morena, rapidamente. Todos os olhos se voltaram para ela. "Pensei que a tosse de um paciente se devia à asma", ela disse, piscando seu olhos azuis brilhantes, "mas recebi um raios x do peito e, na verdade, aquilo era efusão pleural".

A atendente sorriu com a reaproximação do ganso. "Matt, voltemos a você. O caso do seu paciente teve um resultado ruim?"

Eu olhei para o ganso e disse suavemente, "É... complicado."

A atendente se moveu gentilmente. "E, Matt", ela perguntou, se inclinando em minha direção, "você pediu desculpa?".

Tentei engolir a seco. Não estava esperando essa questão. "Não." As cabeças giravam; a morena recuou. "Eu não sabia muito bem como fazer isso", eu disse, categoricamente. "Dadas as circunstâncias... Eu não sei se teria sido algo apropriado. Outra pessoa descobriu o meu erro." Em teoria, havia um milhão de razões pelas quais eu não deveria me desculpar. Mas, na verdade, não havia nenhuma. Frequentemente, eu pensara que deveria ter procurado a esposa de Gladstone para lhe dizer que, se não fosse por Diego, eu teria cometido um descuido colossal, e as ramificações daquele descuido haviam me provocado pesadelos por meses. Mas para que aquilo serviria? Eu me arrependia do episódio inteiro, mas ventilar dúvidas sobre mim mesmo com alguém da família do paciente parecia algo imprudente.

Olhei para cada interno da roda. Aquela ocasião era diferente dos relatórios dos internos, em que eu fora convencido de que estava observando apenas máscaras. Aqui, eu via uma mescla de emoções – alguns rostos sorrindo, fingindo que a vida era *incrível!* Ou, talvez, apenas aliviados em passar algum tempo fora do hospital. Mas outros pareciam angustiados, pensando profundamente sobre um incidente que poderia ter acontecido no hospital. Todos nós estávamos refletindo silenciosamente sobre algo. Logo, o silêncio se tornou desconfortável; fiquei esperando que alguém mais dissesse algo. Qualquer coisa.

"Cometi um erro, uma vez", disse a médica atendente. "Uma semana antes do meu casamento, precisei colocar um tubo peitoral em um paciente. O pulmão estava se enchendo de fluido, e o paciente não podia respirar. Fiz a incisão e o tubo deslizou devidamente. Fácil, fácil!" Ela franziu o cenho e olhou ao longe. "Suturei a pessoa, fiz um raio x do peito e me dei conta de que havia colocado o tubo no pulmão errado." Ela mordeu o lábio inferior e passou as mãos nos cabelos. "Penso naquele tubo peitoral sempre que vou fazer um procedimento. Eu estava pensando sobre isso uma semana depois, enquanto andava pelo corredor."

29

Dois dias depois e de volta ao hospital, recebi uma mensagem pelo *pager* de Dave, o chefe dos residentes, que havia dado a aula sobre flebotomia no dia do relatório dos internos. Eu não tinha certeza sobre o que ele queria falar – a mensagem apenas perguntava, VOCÊ ESTÁ LIVRE? –, então, tentei me lembrar se havia dito ou feito alguma coisa que justificaria uma discussão face a face com um administrador.

Minha mente imediatamente voltou ao retiro de Palisades, o qual havia terminado como uma experiência de vínculo catártica com os outros internos. A percepção de que eu não estava sozinho me deu a coragem de tirar o fardo das minhas costas; acabei contando em detalhes o que eu havia passado com Gladstone, Peter, Denise e Dre, apesar de ter deixado de lado a parte sobre a picada de agulha. Ao longo do retiro, apenas algumas pessoas tinham se recusado a falar abertamente. Muitos dos meus colegas haviam se aberto sobre os traumas diários que a medicina havia provocado em suas frágeis psiques. A parte surpreendente era como, apesar de todas as vicissitudes dos últimos meses, eu não era o interno mais exaurido ou o mais machucado. Durante uma caminhada em grupo, vários colegas confidenciaram que eles queriam abandonar o programa antes do fim do ano. Eu me senti melhor em ouvir suas histórias, mas, agora, comecei a me perguntar se havia falado demais; se, apesar de o retiro ter sido um lugar seguro, algo tinha chegado até Dave.

Coloquei meu *pager* de volta na cintura e me dirigi até o escritório do chefe da residência. Havia quatro chefes, e cada chefe de residência acabara de terminar o programa de residência em Medicina Interna da Universidade de Columbia e agora passava o ano participando de conferências, ensinando os estudantes de Medicina e tomando conta da saúde mental dos residentes. Eles eram as ligações entre os residentes e a administração do hospital, frequentemente atuando como aqueles que davam as más notícias quando um novo regulamento ou um comitê de investigação de erros era realizado em relação às nossas atividades. Era uma grande honra ser selecionado como chefe de residência, e a posição era, frequentemente, um *pit stop* para que os médicos tentassem obter bolsas de cardiologia que eram muito concorridas. (Diego já havia sido um chefe de residência.) Tentei imaginar sobre o que seria a reunião, enquanto descia três lances de escada.

"E aí, rapaz, como está?", disse Dave, enquanto eu entrava na sala pequena e sem janelas. Sobre sua mesa havia quatro fotos de uma mulher atraente fazendo yoga. "Sente-se."

"Oi, Dave." Nós havíamos conversado algumas vezes, geralmente antes e depois de conferências educacionais. Ele gostava de colocar uma mão em meu ombro enquanto conversávamos e me evocava a imagem de um técnico assistente – alguém que estava lá para me aconselhar e me guiar, mas a quem faltava a dignidade de um médico sênior. Havia um ar informal em nossas interações; ele sabia pelo que os internos estavam passando, já que três anos antes havia sido um.

Eu me sentei e cruzei as pernas. "Como você está?", ele perguntou avidamente.

Eu sorri. "Bom... estou indo."

Ele acenou com a cabeça vigorosamente e se ajeitou na cadeira. "Como você está se sentindo?"

"Estou bem."

Eu me vi olhando para a moça que fazia yoga. Dave tirou os óculos e nós ficamos sentados em silêncio. "Eu vou direto ao ponto", ele disse, juntando as mãos. "Nós estamos preocupados com você."

Nossos olhos se cruzaram, momentaneamente. "O quê?", eu disse.

"Cinco internos estão abandonando o programa. Isso não tem precedentes."

Era verdade. Eu não estava ciente do profundo descontentamento entre os meus pares até o retiro de Palisades. "Bem", eu disse, com o máximo de entusiasmo que eu poderia expressar, "eu não vou a lugar algum". Fiquei me perguntando por que os médicos que estavam saindo eram todos homens. Nenhuma resposta me veio à mente.

Dave colocou os óculos novamente. "Eu ouvi a respeito do erro. A coisa com os alunos."

Recuei e desviei o olhar. Aquilo tinha acontecido há mais de quatro meses; por que ele estava trazendo isso à tona agora? Algo deve ter escapado do retiro. "Eu pensei que aquilo era confidencial."

"Eu também sei a respeito da picada de agulha."

Senti um nó no estômago; eu queria saber quem mais tinha falado com ele. Eu me perguntei se o dr. Phillips lhe havia dito sobre a nossa conversa. Dave se inclinou, sacou um lenço do bolso de seu peito e assoou o nariz. Fechei os olhos brevemente e, mais uma vez, senti vontade de desaparecer. "Veja, as pessoas falam. O que eu posso dizer?"

"Você poderia dizer que as coisas ditas no retiro, na verdade, não são confidenciais."

Seus olhos ficavam escaneando meu rosto de cima a baixo. "Matt, isso aqui não é o tribunal da inquisição. Eu apenas quero saber como você está."

Mas não parecia algo assim. Eu estava cansado daquilo. "Eu estou... bem."

"Você tem passado por muita coisa."

Ashley uma vez havia dito que ela não queria ouvir que eu estava em conflito. A estrutura complexa de hierarquia tornava impossível descobrir quando era seguro dizer algo ou não. Mas eu estava ficando sem paciência. "Ok, Dave, eu não estou bem." Eu me inclinei na cadeira. "Eu não estou bem de forma alguma. É isso que você quer ouvir? Eu cometi erros, as pessoas estão saindo do programa e..." O canto de seu lábio se curvou para cima enquanto ele acenava. "E eu posso estar com o vírus do HIV."

"Você não está com HIV, Matt. Mas falar sobre isso faz bem."

Aquilo estava fazendo eu me sentir pior. Eu tinha que tomar os comprimidos contra o HIV por mais dez dias, e já era hora de fazer o exame de sangue. Só então eu saberia se havia contraído o vírus. Por que Dave queria falar sobre isso agora? Enquanto eu pensava sobre o que dizer em seguida, meu *pager* tocou. Perfeito. Eu ia sair dali. "Eu preciso responder a essa mensagem", eu disse, sem lê-la."

"Oh, claro, claro", disse Dave, empurrando o telefone em minha direção.

"Não, é algo lá no andar", disse, "eu preciso ver um paciente".

Estendi minha mão, e ele sorriu. "Foi um bom papo, Matt", ele disse. "Vamos manter as linhas de comunicação abertas."

Eu não tinha intenção de fazer isso. Senti minhas narinas arderem; eu queria dar uma porrada em algum lugar. "Claro que sim."

Dei mais uma olhada na foto da moça fazendo yoga em uma posição exótica e me dirigi até as escadas.

30

Um dia depois, enquanto estava em uma conversa informal com a dra. Chanel sobre a emergência da tuberculose resistente a múltiplas medicações, recebi uma mensagem de *pager* do consultor da faculdade, o dr. Petrak. Outrora chefe da residência, Petrak era, agora, um membro júnior da faculdade responsável por me fornecer sabedoria clínica e aconselhamento de carreira. Ele era, em tese, a pessoa que poderia me ajudar a decidir se eu queria me tornar um reumatologista ou um cardiologista. Pedi licença para sair das discussões e me dirigi até o seu escritório.

Eu sabia que, de tempos em tempos, precisava revisar minhas avaliações da faculdade com o Petrak, e imaginei que ele havia me enviado uma mensagem para fazermos isso. Eu esperava que as avaliações iniciais fossem fracas – o Fodão havia ralhado comigo porque eu não sabia ler com propriedade uma radiografia peitoral –, mas eu sabia que havia feito progressos substanciais. Tanto Ashley quanto a dra. Chanel haviam me elogiado pela forma como eu lidava com pacientes nervosos e, em termos de medicina geral, eu havia demonstrado de forma convincente que sabia realizar um exame de fezes.

Quando entrei no escritório, vi os diplomas e certificados que estavam pendurados a poucos milímetros uns dos outros, na parede bege lotada. Dr. Petrak – um lituano de uns quarenta e poucos anos, com sobrancelhas castanhas e cerradas – se levantou e sorriu. Pequenas fotos de sua família despontavam em sua mesa.

"Doutor McCarthy", ele disse, estendendo a mão. "Por favor... sente-se."

"Obrigado."

Na última vez em que havia estado em seu escritório, um ano antes, Petrak estava me entrevistando para uma vaga no programa de residência. Desde então, nós havíamos trocado pequenos acenos e rápidos apertos de mão quando passávamos rapidamente um diante do outro no saguão do hospital: a isso havia se resumido a extensão do nosso contato. "Como você está?", ele perguntou.

"Bem", eu disse, retirando meu estetoscópio do pescoço e colocando-o no bolso do meu jaleco. "Muito bem."

Nós olhamos um para o outro por um momento, antes de ele estalar os dedos. "O propósito dessa conversa", ele disse, "é apenas uma averiguação".

Respirei rapidamente duas vezes e me vi, outra vez, tomado pela visão das sobrancelhas. Sob as luzes fluorescentes, notei que elas tinham tons de cinza, assim como o meu próprio cabelo. Eu havia terminado a faculdade de Medicina com um cabelo castanho espesso, mas estava descobrindo cada vez mais cabelos grisalhos, com o passar dos dias. A princípio, quis culpar as medicações contra o HIV, mas eu sabia que não era isso. Poderia ser a carga de trabalho aterradora; eu havia envelhecido muitos anos em alguns meses.

"Então...", disse Petrak, apontando o dedo indicador para mim, "como você está?".

Todas essas conversas pareciam a mesma coisa. "Como eu disse, estou bem." Levantei uma folha com os sinais vitais dos meus pacientes. "Você sabe, estou bem ocupado."

"Bom, bom." As sobrancelhas se franziram até a testa; seria até mesmo possível fazer uma trança com elas. "Então, o negócio é o seguinte", ele disse, "eu falei com o Dave e algumas outras pessoas".

"Ok."

"E eu fiquei sabendo que você tem passado por muita coisa difícil."

Eu me inclinei na cadeira. "Sim."

"O que eu posso dizer?", ele disse, encolhendo os ombros. "As pessoas comentam."

"Estou ciente disso."

"As pessoas estão preocupadas com você. Os internos estão saindo do programa, e nós precisamos identificar aqueles que poderiam..."

"Eu estou bem."

"As pessoas estão preocupadas que você esteja... como eu posso dizer?... se descompensando."

"Me descompensando?"

"Sim."

Era uma palavra que eu nunca havia usado antes de chegar à Universidade de Columbia, mas, agora, eu tinha ouvido falar que ela circulava sempre. *Descompensar-se* queria dizer *perder o equilíbrio*. Nós usávamos o termo para descrever fenômenos clínicos – o coração falho de Benny estava em um processo de descompensação – e também para descrever um torvelinho emocional. Um interno debilitado que parecia estar a ponto de perder o equilíbrio, ou que fora visto gritando com uma enfermeira ou paciente, era tido como alguém que estava se descompensando. Era uma palavra que, em alguma medida, poderia ser aplicada a todos os internos. Eu a devo ter usado para me descrever em outro momento daquele ano, mas não agora. Petrak tomou outro trago, e eu cruzei os braços. "Não sei o que dizer."

"Você não precisa dizer nada, Matt. Mas, para o seu próprio bem, eu quero que você saiba que, a partir de agora, você estará atuando sob um microscópio. As pessoas estão observando você. Nós não queremos perder mais internos."

"Ok."

"E as pessoas podem começar a questionar suas decisões clínicas."

Meus pensamentos trouxeram à tona o dr. Phillips. Será que ele havia dito algo para Petrak? Será que tudo aquilo se referia a essa questão? Ponderei as palavras cuidadosamente. "As pessoas estão questionando minhas decisões?", perguntei.

"Não."

"Bem, isso é bom." Respirei profundamente de novo. Será que esses tipos de ameaças ou avisos eram comuns?

"Ainda não."

"Oh."

Atuar sob um microscópio? Será que o aumento de observações conseguiria evitar que eu me descompensasse ou precipitaria minha descompensação? Passei as mãos em meus cabelos, e o espectro de Carl Gladstone em uma clínica de reabilitação despontou em minha mente. Em seu lugar surgiu uma imagem de Magic Johnson acenando para mim, em uma propaganda pública de combate ao HIV. Logo, Banderas ia tirar o meu sangue e me chamar para divulgar os resultados. Tentei imaginá-lo dizendo: *eu trago más notícias.*

"Veja, Matt", Petrak disse após uma longa pausa, "eu só estou lhe dizendo isso para o seu próprio benefício".

A conversa acabou um momento depois. Saí de seu escritório e, aparentemente, já estava sob as lentes do microscópio. "Você deve estar brincando", eu disse baixinho, enquanto me aproximava de uma máquina de comida automática próxima ao elevador do hospital. Dei um tapa na parte plástica da máquina com a palma da mão. "Merda!" Um casal de judeus ortodoxos andava por ali, e eu tirei meu jaleco e meu *pager* com embaraço. Eu não conseguia me lembrar da última vez em que havia dado uma porrada em algo, com raiva. "Merda!", disse, e novamente bati na máquina.

Eu nunca havia me sentido tão rebaixado. A cadeia de comando inteira parecia preocupada com a possibilidade de que ou eu ia deixar o programa, ou acabaria matando um paciente de forma acidental, se ficasse. Ninguém parecia estar com raiva; na verdade, a atitude preponderante tanto de Dave quanto de Petrak era de preocupação. Mas aquilo não fazia eu me sentir melhor. Eu vivia diariamente com dor, me aproximando de um veredito sobre a minha saúde futura, e sempre que eu pensava sobre isso, pensava na merda de erro estúpido que havia cometido para estar nessa posição. Ao longo dos meses, eu havia me tornado um médico melhor em tantos aspectos, mas aquilo não era o suficiente. Não era o bastante para mim, não era o bastante para Dre, para Phillips e sua paciente, e, aparentemente, não era o bastante para as pessoas que deveriam estar ali para me orientar.

Se eu havia tido uma válvula de escape no retiro dos internos, os problemas haviam retornado com ainda mais força. Quando fui dar um terceiro tapa na máquina de comida, o intercomunicador disparou:

EMERGÊNCIA, HUDSON NORTE SETE! EMERGÊNCIA, HUDSON NORTE SETE!

VRRC, VRRC...

Passei por Moranis – ele estava conduzindo um *tour* pelo hospital com um grupo de ingressantes da faculdade de Medicina – e fui a terceira pessoa a chegar ao lado da cama de uma afro-americana de 21 anos, encontrada inerte pela enfermeira. Pensei sobre as hipóteses de Baio na UCC conforme a residente da emergência chegava, um momento depois. Ela rapidamente começou a dar ordens – compressões peitorais, desfibrilador, epinefrina – antes de se virar para mim e dizer, "Acesso central".

Merda. Minha tarefa era fazer um grande acesso intravenoso na virilha daquela jovem, um procedimento que eu só havia feito uma única vez antes. Aprender a medicina era como ser jogado na fogueira, como aprender em meio ao próprio voo, mas desde que eu havia saído da UCC, eu estivera lidando com diferentes tipos de fogueiras. Meus pacientes no setor de doenças infecciosas não estavam criticamente doentes, no sentido mais estrito do termo, e, como resultado, eles não precisavam dos cuidados mais críticos que eu aprendera na UCC. Então, eu me senti desconfortável ao inserir esse enorme acesso intravenoso, mas sabia que precisava fazer aquilo. Imaginei as lentes de um microscópio gigante pairando sobre mim.

Busquei o kit da linha central e respirei fundo. Eu não queria fazer esse procedimento. Eu não queria fazer merda e eu não queria que os administradores falassem sobre mim. Mas não havia tempo para crises existenciais. O quarto ficava cada vez mais lotado, enquanto eu esfregava iodo na virilha da jovem. Eu podia sentir o sangue pulsando através da sua artéria femural depois de cada compressão peitoral. Um anestesista introduziu com rapidez um tubo respiratório através de sua traqueia.

"Não há pulsação há quatro minutos", a residente de emergência disse ao grupo. "Vamos."

Desencapei a grande agulha e a inseri no quadril direito da mulher. Seu corpo sem vida se movia como uma boneca de pano, enquanto a equipe realizava a ressuscitação cardiopulmonar. Eu disse a mim mesmo que deveria respirar. Fechei os olhos rapidamente e pensei na anatomia. Ashley havia me dito que eu me lembrasse do local anatômico das veias na virilha com a abreviatura NAVEL. Começando pelo quadril e indo para dentro, a ordem era:

N – nervo femural;

A – artéria femural;

V – veia femural;

E – espaço vazio;

L – linfático.

O acesso intravenoso precisa ser inserido na veia femural; atingir a artéria ou o nervo seria devastador. O único vaso que você consegue sentir é a artéria. Uma vez identificada a artéria, a agulha é inserida de forma medial através da veia. Se um sangue bem roxo enchesse a seringa, você havia atingido o alvo; sangue vermelho brilhante significava que você havia atingido a artéria em cheio. Imaginei o Dave, o dr. Phillips e o Petrak no canto do quarto, sussurrando sobre o que eu iria fazer de errado.

Respirei profundamente e empurrei a agulha, a qual estava vinculada a uma grande seringa, para dentro da perna da mulher. Puxando o êmbolo da seringa, avancei a agulha vagarosamente, esperando para vê-la repleta de sangue. Não havia nada.

Puxei de volta e inseri a agulha novamente, enquanto o corpo da jovem balançava. Era algo crítico obter o acesso intravenoso o quanto antes, para que as medicações poderosas e potencialmente salvadoras pudessem ser rapidamente administradas. Meu coração havia disparado, minha respiração estava entrecortada. O suor jorrava sob os meus braços. Muitos médicos estavam observando, enquanto eu pescava em meio à pélvis dela, me perguntando se eu estava no E, de espaço vazio. O buraco em sua pele perfurada se tornava cada vez maior sempre que eu reajustava a agulha.

"Oito minutos sem pulsação", a residente da emergência anunciou. "E alguém sabe se ela está grávida? Matt, como estamos indo com o acesso?"

Grávida? O suor começou a descer pelos meus braços. O interior das minhas luvas estavam encharcados. "Eu estou tentando", eu disse. "Tentando de novo." A ideia de que poderia haver um feto há alguns centímetros da ponta da minha agulha já me era quase incompreensível. Olhei para a barriga da paciente, enquanto meu coração continuava convulsionando.

"Apenas coloque o acesso na veia", alguém gritou. Aquilo me lembrou daqueles momentos na base do arremessador, quando eu via a perícia escapando de mim, e os torcedores gritavam, "apenas arremesse!". Fixei a agulha e busquei novamente a artéria femural. Enfiei a agulha ainda mais fundo. Subitamente, a seringa se encheu de fluido e eu exalei. Mas o fluido não era roxo. E também não era vermelho. O fluido era amarelo.

"Isso é urina, cara", alguém disse. "Tente de novo."

Será que eu havia inserido a agulha tão fundo que havia atingido a bexiga dela? Parecia improvável, mas eu não sabia ao certo. "Eu não consigo", eu disse, e rapidamente retirei a agulha. Era impossível dizer se eu havia atingido o útero.

"Não, não", uma voz diferente disse atrás de mim. "Fique."

Eu não tive que me virar para saber que era o Baio. "Faça isso", ele disse, colocando minhas mãos nos locais apropriados como se ele estivesse me ensinando a jogar bilhar. "Aqui... aqui e vá." Ele deu um passo para trás e disse, "Faça".

O corpo da mulher ainda estava balançando por conta da ressuscitação cardiopulmonar. Respirei fundo e mergulhei a grande agulha em sua virilha. Nada, de novo. Olhei fixamente para a seringa vazia, enquanto a equipe continuava as compressões peitorais. O que eu estava fazendo de errado? Coloquei a mão na virilha e busquei a artéria. Pensei ter sentido algo e rapidamente mergulhei a agulha novamente.

Um momento depois, sangue bem vermelho lotou a seringa, e o acesso intravenoso havia sido feito.

"Ele conseguiu", Baio disse para a residente da emergência. Atrofina, epinefrina e dopamina foram ministradas rapidamente pelo acesso intravenoso.

Ele conseguiu. Eu falei tais palavras para mim mesmo. Parecia que meu coração ia saltar para fora do peito. Ele conseguiu. Conforme as medicações fluíam para dentro do corpo dela, as imagens de Charles McCabe e da casca de banana despontaram em minha mente. Eu o imaginei assistindo a essa cena caótica e me encorajando a salvar essa jovem mulher. Imaginei o Dave se voltando para Petrak e dizendo: *Ele conseguiu.*

"Vamos", eu disse para o corpo sem vida. Mais do que qualquer coisa, eu queria que ela vivesse. Eu não a conhecia, mas eu queria que ela fosse uma história de sucesso, uma história de que eu ia me lembrar. Algo a partir do que eu poderia construir mais coisas.

Nós acabáramos de passar pela marca de dez minutos quando uma enfermeira gritou, "Nós temos pulso aqui!".

As compressões peitorais foram interrompidas e o pulso foi confirmado. "Para a UTI, agora!", alguém gritou e o caminho se abriu. Nós acabáramos de trazer a mulher de volta do mundo dos mortos, e eu havia desempenhado um papel fundamental. Sem aquele grande acesso intravenoso, as medicações essenciais não teriam sido ministradas suficientemente. Seis entre nós levaram a mulher de cadeira de rodas, freneticamente, para o elevador de serviço.

"Mantenha seu dedo verificando o pulso", disse a residente da emergência para mim, colocando minha mão livre na artéria femural da paciente. "Se você perder esse pulso, nós vamos ter que recomeçar a ressuscitação cardiopulmonar."

No elevador, fechei os olhos para me concentrar na marcação do pulso frágil e tênue. Um minuto depois, nós irrompemos na UTI, onde um pequeno grupo de médicos estava esperando por nós. Enquanto tentávamos encontrar um quarto vazio para a jovem, um pensamento despontou em minha mente: Será que eu deveria dizer aos médicos da UTI que eu posso ter perfurado a bexiga dela? Aquilo poderia se curar sozinho. Eu havia visto residentes fazendo coisas muito piores com uma virilha. O tempo pareceu ficar mais devagar enquanto eu ponderava sobre o recuo, o microscópio e aquelas malditas sobrancelhas lituanas. Será que as críticas às minhas ações eram inevitáveis? Olhei para a barriga da mulher, enquanto a transferíamos da maca para a cama da UTI.

"Nós temos pulso e pressão sanguínea aqui", a residente da emergência disse, enquanto um terapeuta respiratório introduziu um balão de oxigênio através do tubo respiratório. "Ela ficou assistólica, mas nós conseguimos reanimá-la."

"Excelente", disse o médico atendente da UTI, enquanto colocava um par de luvas e se aproximava da paciente. "Bom trabalho. Há algo a mais que nós devamos saber?"

Eu balancei a cabeça.

Tomei o caminho em direção ao elevador, contemplando meu próximo passo. O que eu estava fazendo antes da emergência? Amarrei o cordão do meu pijama cirúrgico e cocei a cabeça. Oh, certo, eu estava dando porrada em uma máquina automática de alimentos. Olhei para a minha lista de atividades e vi os dois rabiscos que eu havia feito mais cedo. Um era uma pirâmide e o outro era o Tio Patinhas. Os rabiscos me lembraram de Peter e de seu bloco de notas, e também do coração escrito

Denise + Peter

Dei uma parada no centro de um longo corredor e olhei bem para uma parede escura recém-pintada. Nela, imaginei o coração que Peter havia desenhado – um coração perfurado, de fato –, e as palavras de Diego despontaram em minha cabeça. *Com quem você está preocupado? Consigo próprio? Com a sua reputação? Ou com o paciente?*

Voltei para a UTI, passei ao lado de um grupo de enfermeiras e encontrei o médico atendente, que estava explicando a uma estudante de Medicina os ajustes do ventilador respiratório. "Preciso lhe dizer algo", eu disse rapidamente. "Sua nova paciente... durante a emergência, eu precisei de várias tentativas para conseguir o acesso intravenoso. Eu devo ter... perfurado a bexiga dela. É possível."

Eu não me importava se as palavras iriam ser relatadas, eu não me importava se teria que me sentar em frente de conselheiros e explicar como aquilo poderia ter acontecido. Fora um acidente. O médico atendente tirou a mão do ventilador e acenou. "Ok." Ele franziu a sobrancelha brevemente e olhou para o seu estudante de Medicina.

"Me desculpe por não ter mencionado isso antes. Eu não sei por que eu não disse algo a respeito. Me desculpe."

O médico colocou a mão em meu ombro. "Muito obrigado por me dizer."

"Me desculpe, foi um acidente."

Ele balançou a cabeça. "Tudo bem. Nós vamos cuidar disso." Ele me deu um tapinha gentil nas costas. "Bom trabalho."

Saí da UTI e me dirigi até o saguão para comprar uma garrafa de água. Passei em frente a um grande espelho e notei que eu estava um pouco curvado, talvez ainda tentando recuperar meu fôlego e tranquilizar a cabeça, depois de tudo o que acontecera. *Ele conseguiu.* Senti meu telefone tocar e li a nova mensagem de texto enviada por Mark: BOM TRABALHO, CARA!

Verifiquei o horário e me dei conta de que já estava quase na hora da minha próxima rodada de medicações contra o HIV. Em frente aos elevadores, encontrei Moranis e seu grupo fazendo um *tour*.

"Vocês a salvaram?", ele perguntou.

Eu acenei. "Nós conseguimos."

"Ótimo!" Ele começou a bater palmas, e os candidatos também o fizeram.

Foi um momento estranho: ser aplaudido por um grupo de estranhos. "Eu consegui fazer o acesso intravenoso", eu disse.

Moranis sorriu. "Isso é ótimo!" Ele inclinou a cabeça em minha direção e disse suavemente: "Ei, eu sei que você está ocupado, mas, quando tiver um tempinho, dê uma ligada para o Sam. Ele tem algumas perguntas sobre as medicações dele. Só lhe dê um pouco de atenção".

"Oh, claro. Ele quer falar... comigo?"

Moranis sorriu. "Ele quer falar com alguém. E eu acho que deveria ser com você." Quando o elevador chegou, Moranis se voltou para o grupo e disse, "o doutor McCarthy é um dos nossos internos de Medicina Interna e ele está fazendo um ótimo trabalho. Continue assim, doutor".

Parte IV

Conforme os dias ficavam mais curtos e as férias de inverno se aproximavam, eu me vi pensando cada vez mais em Benny. Isso acontecia, geralmente, em pequenos momentos – ao esperar pelo elevador, enquanto fazia uma escolha diante da máquina de alimentos –, quando eu tinha alguns segundos para processar como a passagem do tempo nos estava afetando de forma diferente. Por meio da repetição constante, eu estava me tornando um médico mais competente. A inserção do grande acesso intravenoso havia me trazido um ganho de confiança em boa hora, assim como o elogio por parte de Dave, no relatório dos internos. E a bexiga daquela jovem não havia sido perfurada; o fluido não era urina, mas fluido abdominal vindo das cercanias de seus músculos. Depois disso, fiz outros quatro grandes acessos intravenosos em rápida sucessão. Com cada um deles consegui me afastar um pouco mais da nuvem carregada que havia pairado sobre mim, no outono. Comecei a fazer melhores diagnósticos, fiquei mais confortável ao usar um oftalmoscópio e mais relaxado ao interagir com os pacientes. Eu sabia que ainda estava sob as lentes de um microscópio, mas eu já não estava sujeito a reuniões cara a cara sobre a minha saúde mental. Já podia ir trabalhar e realizar minhas atividades.

Mas a mudança do calendário não trouxe nada para Benny. Não havia nenhuma boa perspectiva em relação à sua interminável estadia no hospital. Ele simplesmente esperava dia após dia por um coração que poderia nunca chegar. Em alguns dias ele se movia para cima, na lista de espera, em outros, ele caía. Aquele jogo de idas e vindas era inevitável, e Benny dizia estar em paz com o processo. Mas eu não estava. Havia muitas coisas que exigiam reclamações em nosso sistema de saúde – a ineficiência, as horas bárbaras de espera, o desperdício –, mas a dificuldade dele ia consumindo, gradualmente, os meus pensamentos. Por que nós estávamos fazendo isso com ele? Parecia que ele estava preso em uma peça do absurdo.

Se havia uma constante em nosso hospital caótico, essa constante era o Benny. Seu nome evocava uma série de imagens mentais dos grupos de profissionais em rotação que cuidavam dele: a leitura de livros sob luzes fluorescentes, apontamentos feitos a partir de jornais, o uso de talheres leves de prata e o fato de o corpo dele ter sido remexido como brasa para inflamar a fogueira. Ele permitia sempre, com amabilidade, que médicos, enfermeiras e estudantes de Medicina interrompessem o que quer que ele estivesse fazendo para verificar seus sinais vitais, auscultar seus pulmões ou verificar sua boca. Eu brincava frequentemente com Benny dizendo que enquanto eu me sentia morando no hospital, ele, de fato, morava lá. Mas, em dezembro, as piadas haviam desaparecido e nós nos vimos conversando, sobretudo, a respeito de fé e esperança, e formulando estratégias para lidar com a interminável estadia no hospital. Nós falávamos sobre como as coisas poderiam mudar, no futuro.

Nossos caminhos estavam divergindo, e a metáfora que eu havia criado para a nossa jornada simultânea estava ruindo. Uma noite, no fim de dezembro, quando eu só queria estar em casa com a minha família, dei uma pausa no trabalho e fui ver um homem que eu presumia estar sentindo a mesma coisa.

"Senhor Santos", eu disse, quando entrei em seu quarto. Revistas e manchetes de jornais estavam espalhadas por sua cama, e um par de fones de ouvido estava sobre uma pilha de CDs, em seu criado-mudo. Nós nunca repassávamos seus escritos, mas eu sabia que ele vinha documentando sua interminável estadia no hospital. Eu pensava, frequentemente, em como sua caligrafia meticulosa contrastava com todo seu estado emocional presumivelmente turbulento. Várias medicações estavam sendo ministradas em seu braço através de um grande acesso intravenoso pendurado em uma haste de metal, enquanto ele assistia ao jogo dos Knicks.

"Entre, entre", ele disse, me apontando a poltrona de couro, no canto do quarto.

"Quais as novidades?", perguntei.

Ele colocou a televisão no mudo e balançou a cabeça. "Nada de novo. Nada de novo comigo, nada de novo com os Knicks. E quanto a você?"

"O mesmo de sempre", eu disse, enquanto me sentava. Olhei para o rio Hudson, como eu havia feito tantas vezes, e fiquei pensando se ele ia se congelar. O rio estava quase parado, com suas águas escuras, glaciais e ameaçadoras, e momentaneamente senti a necessidade de compará-lo com o dilema de Benny. "Já se passou quase metade do ano", disse. Benny franziu a sobrancelha, talvez contemplando um calendário mental, antes que eu acrescentasse, "quase metade do ano como interno".

"Sim! Parabéns. Você logo vai administrar esse lugar."

Ambos sorrimos. "Eu espero que não."

Nossos olhos se dirigiram gradualmente para o jogo dos Knicks, e eu tentei não fazer a pergunta que eu sempre fazia, mas não consegui resistir. "Está acontecendo alguma coisa com a lista de espera?"

"Nenhuma notícia é notícia ruim", ele disse suavemente, como se estivesse saindo ar de uma bexiga.

Nós olhávamos para a televisão de forma impassível, enquanto eu pensava em algo para dizer. Eu estava preocupado com a possibilidade de as minhas constantes lembranças sobre a lista de espera não serem de grande ajuda. O que eu pensava sobre ela não significava que ele também tinha que pensar. Será que forçar aquele homem gentil de Miami – um cara que havia passado a maior parte de sua infância na praia – a falar sobre sua vida limitada e difícil iria ajudá-lo de alguma forma? Provavelmente, não. Eu precisava mudar de assunto.

"Mas eu tenho fé", ele disse. "Eu sei que Deus tem um plano."

Ele já havia dito isso muitas vezes. Ao longo do tempo, ficara claro para mim quão profunda era a fé de Benny. De forma estranha, aquele era o maior abismo entre nós. A princípio, isso me deixava embaraçado; depois, começou a me deixar nervoso. Como é que ele conseguia acreditar que tudo aquilo era parte de um plano maior, que um ser superior escolhera confiná-lo em um hospital para que ele esperasse por um coração que talvez nunca viesse? Então, me dei conta de que, junto com os nossos cuidados, a fé era o princípio primordial que o estava mantendo vivo. Seu bom humor perene, sua resiliência diante de incontáveis reveses – tudo se baseava em sua fé de que Deus cuidaria dele. Eu tinha que admirar a intensidade de sua fé, mesmo que não partilhasse dela.

"Não é justo" foi tudo o que eu disse para mim mesmo.

Meus olhos cansados se desviaram do rosto de Benny para seu uniforme azul-claro do hospital, e, quando olhei para seu peito, a canção dos Bee Gees, "Stayin' Alive", começou a tocar em minha cabeça. E se o coração frágil de Benny parasse? Será que eu conseguiria entrar em ação? Será que eu conseguiria trazê-lo de volta à vida? Será que eu conseguiria fazer compressões peitorais tão vigorosas ao ponto de suas costelas racharem?

"O quê?", ele perguntou. "O que não é justo?"

Mas minha mente já estava em outro lugar. Nossas conversas eram, frequentemente, assim – desajeitadas, irregulares, estranhas. Silêncios prolongados despontavam depois de uma questão não respondida. De forma rotineira, eu perdia a linha de raciocínio no meio de uma sentença, me lembrando de que havia algo a mais que eu precisava fazer para outro paciente, em um andar diferente. Havia uma doença chamada delírio da UTI – viver em uma unidade de terapia intensiva pode causar profundos prejuízos cognitivos –, e eu, ocasionalmente, me perguntava se Benny tinha algo assim. A privação do meu sono, certamente, não ajudava em nada. Nós éramos dois caras delirando e tentando conversar.

"A medicina", eu disse, sentindo minha voz ficar mais grave, "é o único lugar que eu consigo imaginar em que todo mundo é infeliz. Os médicos são infelizes, os pacientes são infelizes, a equipe de apoio é...".

"Eu não sou infeliz", ele disse. Ele tirou os olhos da televisão e os pôs em minha direção. "De verdade, eu não sou."

Eu sabia que ele estava dizendo a verdade. Mas aquilo ainda me confundia. Quando um paciente gritava comigo ou quando eu cometia um erro, era mais fácil pensar em outra coisa – pensar em Benny – e transferir a raiva ou o desapontamento para o sistema impessoal que estava agindo de forma errada com ele. Mas havia alguém a quem culpar por aquela situação. Certamente, não se poderiam culpar os médicos, as enfermeiras, os doadores de órgãos e até mesmo os administradores da UNOS, que haviam lutado arduamente para desenvolver um algoritmo que removesse a subjetividade do processo de alocação. Não havia alguém a quem culpar, ninguém para xingar em silêncio. Mas isso não mudava a maneira como eu me sentia. Ele dizia que não era infeliz, mas eu me sentia assim, por ele.

"Tudo isso é uma merda", eu disse, sob a minha respiração. Novamente, fiquei me perguntando se havia cruzado a linha entre paciente e amigo. Tecnicamente, ele já não era meu paciente; ele era apenas mais um cara internado no hospital. Ele era mais do que isso, e ambos sabíamos disso.

"Bem, hoje eu estou triste", eu disse, olhando para o relógio. "Esta é a décima sétima hora entre trinta horas no total. Esses turnos são insanos."

Ainda assim, não me senti apressado para me levantar. Apesar de estar saindo do microscópio, eu ainda não havia me recuperado totalmente da partida silenciosa de Dre. Equilibrar meus investimentos emocionais nos pacientes ainda me trazia ansiedade. Era mais fácil viver atrás da parede e ficar isolado, mas o sentimento crônico de que a cada vez que eu doava partes de mim aos meus pacientes estava lhes prestando um desserviço. Ponderei a culpa com uma explicação racional: eu não precisava me relacionar com a dor dos meus pacientes, porque era tudo o que eu conseguia fazer para lidar com a minha própria dor. Mas, apesar das desculpas, minha necessidade de me conectar com os pacientes ainda existia; era uma qualidade fundamental do médico que eu queria ser. Eu suspeitava que estava passando mais tempo com o Benny para compensar a barricada que eu havia construído em relação aos outros pacientes.

"Eu não sei como vocês conseguem", ele disse. "Eu realmente não sei."

"Eu vou estar destruído pela manhã."

A atenção de Benny voltou para a televisão, e instintivamente verifiquei o meu *pager*. Eu me sentia estranho ao provocar sua simpatia. Ele não precisava ouvir há quanto tempo eu estava no hospital ou quão cansado eu estaria pela manhã. Com tudo o que estava acontecendo ao redor dele, eu duvidava que ele conseguisse ter uma noite decente de sono. Mas as reclamações, para tantos internos, haviam se tornado a segunda natureza. Elas haviam se tornado parte do processo de doze passos em direção ao colapso. Internos entusiasmados se tornam internos amargos; internos amargos entram em colapso. "Uma parte disso aqui é muito bacana", acrescentei, "mas outra parte é duríssima".

Benny desligou a televisão, e eu considerei que esse era um sinal de que eu poderia ir. Havia muitas coisas que eu queria dizer, eu queria descrever um montão de coisas sobre a vida infernal de interno. Por que Benny tinha que a ser a pessoa a ouvir tudo isso? Porque os meus colegas já sabiam como era, e as pessoas de fora do hospital nunca entenderiam. Mas Benny Santos, paciente profissional, era um homem à parte.

"Fale comigo", ele disse.

Tirei meu jaleco branco como um gesto simbólico de que, a partir de então, eu estava falando como um amigo, e não como um médico. "Há tantas coisas envolvidas no processo de se tornar um médico", eu disse; "relacionar-se com os pacientes, conhecimento médico, realizar procedimentos – e, a qualquer momento, você pode acabar se considerando um fracasso. Ou a todo momento". Ele acenou com a cabeça. "Você pode se machucar ao ponto de querer desistir. No entanto... A qualquer momento você pode olhar ao redor e dizer, 'eu sou melhor do que qualquer um. Eu sou um médico melhor do que ela'."

"Hum."

"A maior parte de tudo isso é mental."

"Eu posso imaginar."

"Eu sei que você pode."

"É como nos esportes", ele disse, apontando para a cabeça. "Tudo mental."

"É como se você tivesse que pregar uma peça em si mesmo para pensar que vai conseguir lidar com a situação. E, sendo honesto, eu fico chateado com o fato de que alguns dos meus colegas – os mesmos que nunca conseguiriam entrar na faculdade de Medicina – estão ganhando muito dinheiro, enquanto Heather e eu estamos devendo centenas de milhares de dólares."

Benny olhou a esmo, e eu me dei conta de que havia dito muita coisa. Olhei para a minha lista de atividades, embaraçado por ter revelado aquelas reclamações para alguém que tinha muito mais motivos para reclamar do que eu. Fora bom desabafar, mas agora já não estava sendo bom.

"Como está a Heather?", ele perguntou. "Ela está bem?"

"Ela está ótima." Não mencionei que a residência também havia afetado a minha vida pessoal. A intimidade era algo que, agora, quase precisava ser planejado. E, quando descobríamos que tínhamos uma noite para sair, ficávamos eufóricos. Era como estar em uma relação à distância com a pessoa com quem você vive. Olhei bem para Benny, que estava perdido em seus grandes olhos castanhos e marejados. Eu sabia que estava falando demais. "Me fale sobre os Knicks", eu disse.

Ele não falou sobre os Knicks. Em vez disso, ele juntou as mãos como se fosse rezar. "Vocês me dão esperança", ele disse. "Isso me faz sentir que vocês se preocupam comigo, que se preocupam com o que vai acontecer."

Aquele comentário me pegou desguarnecido. Tentei pensar em algo significativo para dizer. "É claro que nos preocupamos."

Benny mudou de posição na cadeira. "Eu queria te perguntar, Matt, o que aconteceu com aquele exame?"

Minha mente rapidamente escaneou todos os exames diários, tanto literais quanto figurativos, e me deu um branco. "Que exame?"

"Há algumas semanas, eu passei pelo saguão, e você disse que estava fazendo um exame. Ou que ia receber os resultados de um exame. Um exame de sangue."

Ah, sim. *Aquele exame.*

Depois de haver terminado meu regime ridiculamente complexo de comprimidos, uma série de exames de sangue havia sido marcada para determinar se eu havia contraído hepatite C ou HIV. Os dias seguintes – após a coleta de sangue e enquanto os exames estavam sendo realizados – haviam sido os dias mais tensos da minha vida. Eu não conseguia dormir, ficava distraído nas discussões, e se eu pensasse profundamente sobre a possibilidade de viver com o HIV, eu sentia vontade de vomitar. Eu havia passado por Benny, no saguão do hospital, quando estava indo ver Banderas para pegar os resultados.

"Certo", eu disse, "eu havia esquecido que nós nos encontramos aquele dia".

Fechei os olhos rapidamente e tentei lembrar o que eu havia dito para Benny e o que eu queria lhe dizer. Eu sabia tanto sobre ele, sobre seu histórico médico e sua história de vida, tanto sobre os contornos de sua pele e suas alergias e a maneira única pela qual seu coração tinha sopro, mas ele sabia muito pouco sobre mim. Eu havia mencionado a picada de agulha ao passar, mas não lhe havia dito nada sobre o risco de HIV e os comprimidos. Parecia-me injusto sobrecarregá-lo com isso quando ele já estava lidando com tanta coisa. Mas talvez eu devesse ter dito. Não são assim as verdadeiras amizades?

Na manhã a que Benny estava se referindo, eu havia acordado às 4h15 e levantei da cama sabendo que os resultados dos meus exames sairiam mais tarde, naquele dia. Peguei uma camisa e uma gravata no meu armário e fiquei me imaginando como um jovem doente, um médico com uma doença crônica que precisaria de um novo guarda-roupa, com roupas menores, que se adequariam à minha nova forma esquálida, e mangas compridas para esconder os abscessos que estavam destinados a aparecer em meus braços. Eu havia pulado o café da manhã e estava preparado para o pior.

Mantive a cabeça abaixada no metrô rumo ao trabalho, rezando em silêncio para que as coisas dessem certo. Entre as orações, olhei ao redor buscando Ali – o conselheiro espiritual charlatão, *meu* conselheiro espiritual charlatão –, mas não sabia dizer por quê. Talvez eu me sentisse confortável com a familiaridade; eu gostava dos seus pretensos poderes. Ali era um sinal de normalidade. Naquela altura do campeonato, eu queria me agarrar a qualquer sinal de que ficaria bem. Se Ali estivesse no trem, mesmo sendo estranho, tudo ficaria bem, no mundo.

Durante as discussões, eu havia contado, em silêncio, os minutos até que o Setor de Saúde dos Empregados começasse a trabalhar para que eu fosse ao consultório de Banderas. Eu quase me choquei com Benny quando virei em um corredor e o encontrei no saguão.

Sentado no quarto de Benny, naquela noite fria de dezembro, eu queria lhe contar sobre tudo isso, eu queria lhe contar sobre como eu havia imaginado o Banderas indo trabalhar, verificando os e-mails, pegando os resultados de meus exames e, talvez, colocando uma mão em seu rosto, ele se perguntaria se poderia me dar as más notícias por telefone ou se precisaria ser pessoalmente. Eu queria dizer ao Benny que eu mesmo poderia verificar os resultados pelo computador, mas estava com medo de fazer isso. Eu queria contar cada momento de forma escrupulosa tal como eu os havia vivido.

Mas quando olhei para os olhos de Benny, decidi não dizer nada disso. Um homem que vinha recebendo tantas notícias ruins em sua vida não precisava de uma reconstituição dramática das minhas boas novas.

"Deu tudo certo", eu disse.

"Oh." Um sorriso despontou em seu rosto. "Oh, isso é ótimo. Eu fico muito aliviado por você. O que quer que tenha sido." Ele se levantou para me dar um abraço, mas o acesso intravenoso o mantinha preso à haste de metal, então ele acenou em minha direção. Enquanto eu me inclinei e lhe estendi os abraços, meu *pager*, como se estivesse programado, acabou tocando, e eu estava sendo chamado para a UTI para uma sessão de orientação.

32

A primeira noite de minha rotação na UTI ocorreu no meio de janeiro, quando uma nevasca gentil cobriu Washington Heights. Eu estava deitado em um sofá de couro preto, na sala dos médicos, revisando uma pilha de eletrocardiogramas, quando a porta se abriu.

"A hora da soneca acabou", disse uma voz, enquanto eu tirava uma casca de banana do meu peito e me postava com correção. "Parece que nós temos coisas a fazer."

A voz pertencia a Don, meu supervisor loiro e de cabelos suaves, um residente do segundo ano que havia tomado o lugar de Baio e Ashley como meu supervisor médico. Entre os muitos aspectos que nos desorientavam durante o ano como internos estava a constante mudança de supervisores. Quando eu conseguia me acostumar com o estilo de um residente, me passavam um novo, que tinha um novo sistema. O carrossel de chefes significava que eu era exposto a todos os tipos de filosofias de ensino e, conforme o ano passava, eu me dava conta de como Baio havia sido especial. Os outros eram excelentes em suas próprias maneiras – alguns eram ágeis com as agulhas, outros eram grandes negociadores – mas ninguém conseguia unir a medicina com a vida como Baio fazia.

Eu tinha ouvido falar de Don antes de sequer ter falado com ele. Ele era um pouco bobão – um caipira do meio-oeste que amava mostrar fotos de celular de seu filho de oito meses –, mas, mais recentemente, ele ficou conhecido no hospital como o rapaz que havia diagnosticado uma anormalidade congênita de vasos sanguíneos em uma jovem, após notar uma sutil diferença na pressão sanguínea ao fazer medições em seus braços. As notícias sobre seus olhos cuidadosos haviam se espalhado rapidamente, e Don, agora, era tido como o mestre dos diagnósticos. Eu suspeitava que ele, como Baio, era alguém especial, e eu mal podia esperar para trabalhar com ele. Don reforçava a minha crença de que as reputações profissionais poderiam ser criadas ou destruídas com um único paciente.

"Novos pacientes na emergência", disse Don. Seu rosto estava extenuado – como se seus traços estivessem se acumulando ao redor da cicatriz de sua fenda de palato cirurgicamente corrigida –, eu não tinha certeza se ele era um daqueles caras que iam jogar sua grande reputação sobre mim. Ele pegou o telefone de plástico preto e o colocou novamente no comunicador.

"Pessoal", uma voz do outro lado da linha disse. Era o Baio.

"Fala, velho", Don respondeu. "Eu estou aqui com o Matt McCarthy. O que você tem para nós?"

"Dê ao doutor McCarthy minhas gentis saudações."

Fui até o telefone, me sentei em uma cadeira de plástico laranja e disse, "E aí?".

"Tenho um jovem aqui, na sala de emergência", Baio disse rapidamente. "Rapaz de dezenove anos, morbidamente obeso, com asma e que chegou ao hospital com uma falta de ar aguda. Os exames laboratoriais estão uma merda. O raio x peitoral está uma merda. Eu acho que é..."

"Gripe?", perguntou Don.

"Oh, Don", disse Baio, nem um pouco impressionado com os poderes de dedução de Baio.

"Me desculpe, me desculpe", disse Don, pegando uma caneta. "Eu vou calar a boca, agora."

"Nós estamos achando que é uma infecção viral com sobreposição de pneumonia bacteriana. Quadro provavelmente desencadeado com o agravamento da asma. Talvez tenhamos que entubá-lo."

"Caramba!", eu disse com surpresa. Eu não tinha ouvido falar de alguém tão jovem precisando de um ventilador respiratório.

"Bem, mande-o para cá", disse Don. "Ele vai ocupar o nosso último leito. A UTI está lotada."

A conversa terminou abruptamente, e Don se levantou e foi até uma pequena lousa branca. "Erro estúpido", ele disse. "Nunca dê um diagnóstico tão rapidamente. Vamos fazer uma lista de coisas que esse jovem poderia ter *em vez* da infecção. Vamos lá."

A vida na UTI era selvagem e imprevisível. Em algumas noites, chegavam meia dúzia de pacientes extremamente doentes e complexos. Trabalhar na UTI requeria um tino avançado de psicologia e a habilidade de permanecer calmo, porém assertivo, ao lidar com pacientes complexos e terrivelmente doentes. Os pacientes na UTI geralmente estão muito doentes para descrever os eventos que levaram à internação, e o objetivo não é curar o problema, mas estabilizá-lo. Não há muito espaço ali para médicos que veem sentido por meio da interação pessoal.

Felizmente, aquela noite parecia relativamente calma. Nossa unidade estava quase lotada, e Don havia lidado com quase todos os problemas mais cedo, então, nós tínhamos tempo para conversar. Ele e eu passamos os trinta minutos seguintes criando uma lista ridiculamente longa do que poderia estar errado com o novo paciente, até que uma enfermeira bateu à porta, colocou a cabeça na sala e disse, "Novo paciente, Darryl Jenkins, está sendo trazido para cá de cadeira de rodas".

Don largou a caneta. "É hora de ação."

33

Observei de perto, enquanto Don examinava Darryl, que estava apertando o próprio peito em busca de ar. O corpo enorme de Darryl tomava o leito inteiro do hospital. Ele devia pesar uns 140 quilos, e, ainda assim, seu rosto era como o de uma criança – Darryl parecia um garoto preso em um corpo que era muito grande para ele. E ele estava em ruínas. Eu conseguia ouvi-lo arfar desde o outro lado do quarto. Grandes quantidades de suor pingavam de sua testa e rolavam por seu rosto, enquanto a enfermeira lhe colocava uma máscara de oxigênio e um tratamento nebulizador era administrado para descongestionar seus pulmões asmáticos. Era chocante ver alguém tão jovem já tão doente. Don ficou de lado, olhando fixamente para as unhas de Darryl. Saquei o estetoscópio de meu jaleco e o limpei com álcool, enquanto me perguntava o que Don estava fazendo.

"Vou dar uma rápida auscultada", eu disse para Darryl, e coloquei o estetoscópio na parte superior de suas costas. "Preciso auscultar seus pulmões." Ele fechou os olhos, como que falhando em entender meu comentário.

Enquanto eu me inclinava, Don disse, "Pare." Ele estava segurando a mão esquerda de Darryl, apontando uma caneta de ponta luminosa para a unha do dedo médio. "Olha isso aqui, Matt. O que você vê?"

Retirei o estetoscópio e me movi até o braço estirado. "O quê?", perguntei.

"O que você vê?", Don perguntou de novo. "Descreva para mim."

Aquela parecia uma unha normal, talvez levemente mais curta do que a média. "Parece um pouco curta", disse. "Talvez ele a estivesse roendo?" Olhei para o rosto redondo de Darryl, ele estava dando respiradas rápidas e rasas. "É compreensível, dadas as circunstâncias." Outras duas enfermeiras entraram no quarto e administraram mais tratamentos nebulizadores.

Don balançou a cabeça. "Não." Ele levou a mão lânguida em direção aos olhos. "Olha aqui."

Estirei o pescoço e analisei a unha de perto. "Eu não tenho certeza de estar vendo algo." Quando eu tomei a mão e a segurei, Darryl começou a tossir com força e a sacou de mim.

"Olhe para a curvatura da unha", disse Don. "Esse problema é chamado de *clubbing.*[19]

"Já ouvi falar disso", eu disse, me lembrando com entusiasmo de um paciente no serviço de doenças infecciosas que teve esse problema em consequência de uma doença crônica no pulmão. "De fato, eu já vi isso antes. Mas eu não vi isso aqui."

---

19 *Clubling* (ponta do dedo em forma de taco de golfe é um problema que afeta os dedos das mãos e dos pés e a partir do qual a proliferação de tecidos moles distais, especialmente as unhas, faz com que a pele se torne mais espessa e comprida nas extremidades dos dedos. As unhas ficam anormalmente curvadas, suas as pontas se comprimem, e a pele ao redor fica vermelha e brilhante. (N. do T.)

"É sutil", disse Don, "mas está aqui".

"Huh." Eu não apenas havia passado por cima do problema, mas também sequer havia pensado em buscá-lo.

"A questão é por quê."

Antes que eu pudesse responder, Don moveu os pés de Darryl, tirando suas meias para examinar os dedos. Dali, ele foi para trás da cama para inspecionar o couro cabeludo de Darryl. Então, ele colocou as mãos nas grandes axilas de Darryl. Por fim, depois de examinar cada centímetro do nosso novo paciente, ele auscultou os pulmões dele. Sua abordagem em relação ao exame físico me lembrou a maneira com que Baio havia me ensinado a ler um raio x peitoral, começando a partir da periferia. "Ele vai precisar de um ventilador respiratório", disse Don. "Vamos fazer algumas prescrições."

Depois que as prescrições foram feitas, Don chamou uma equipe de anestesistas, e eu fiquei olhando, enquanto eles introduziam um tubo respiratório pela garganta de Darryl. Depois que o ventilador foi posto em funcionamento, nós fomos para a sala dos médicos. Don ficou em frente à lousa e disse, "a asma é tratada de maneira fragmentada com base na função pulmonar. Me acompanhe através das etapas".

Tentei retomar a imagem de Darryl – os braços flácidos, os lábios inchados como que lacrando o tubo respiratório, o grande acesso intravenoso desaparecendo em algum lugar sob sua enorme barriga – e peguei uma lata de refrigerante de um refrigerador em miniatura, no canto da sala. Quando Don apontou a caneta para mim, o telefone tocou.

"Más notícias, cavalheiros." A voz de Baio emanou através do telefone. "Parece que eu tenho outro paciente aqui para vocês."

Baio estava trabalhando em um turno de doze horas ao longo da noite, na sala de emergência, enviando pacientes para os vários andares e equipes médicas. Todos nós tínhamos que passar duas semanas trabalhando como médicos de emergência para ver como a outra metade vivia, e a maioria dos meus colegas detestava a experiência. Fazer uma triagem rápida em um fluxo interminável de pacientes, na sala de emergência, era muito diferente do que nós geralmente fazíamos, o que envolvia cuidar de algo como doze pacientes, no hospital.

"Me desculpe", disse Don, ainda ao telefone, "você sabe que já não temos leitos. A UTI está lotada".

"É um paciente recorrente", Baio replicou, referindo-se aos pacientes que sempre eram internados. "Honestamente, ele deveria ir para a UCC, mas eles estão lotados."

"Nós também estamos lotados", Don disse com firmeza.

"É aquele cara chamado Benny Santos. McCarthy o conhece."

Eu quase cuspi o refrigerante. "O que ele está fazendo na sala de emergência?", eu perguntei.

"A UCC o mandou para casa há alguns dias", disse Baio. "Eles lhe disseram que ele poderia esperar pelo coração em casa. Mas Benny parece muito doente agora."

"Merda." Pelas minhas últimas contas, Benny estava vivendo no hospital havia sete meses; eu não conseguia acreditar que eles o tivessem mandado para casa. E sem me dizer? Como é que eu não fiquei sabendo disso? Na verdade, não havia razão para que isso tivesse sido dito a mim. Eu era mais amigo dele do que propriamente seu médico. Eu já não estava cuidando dele na UCC, e não havia razão para a emissão de um comunicado de imprensa ou para informar um interno como eu. Seus cardiologistas devem ter pensado que Benny havia ficado tão distante na lista de espera que ele simplesmente podia esperar em sua casa. Ou talvez seu coração tivesse recobrado a força. Talvez ele não *precisasse* mais ficar hospitalizado. Talvez ele já não precisasse de um transplante.

Balancei a cabeça. Havia muitas coisas sobre as quais eu não tinha certeza, mas eu sabia que ele precisava de um transplante. Eu havia visto como a doença poderia derrubá-lo rapidamente. Em uma tarde, estávamos assistindo a *Judge Judy* advertir um homem por não pagar a pensão alimentícia ao seu filho e, na tarde seguinte, Benny estava entubado e ficou quimicamente entorpecido por anestésicos para que um tubo respiratório pudesse mantê-lo vivo. Ele poderia apagar a qualquer momento, e deveria ter morrido uma dúzia de vezes, ou mais.

Eu me perguntava o que Benny estava sentindo por ter sido dispensado tão subitamente, a sensação de andar de forma inesperada fora do hospital e respirar ar fresco. Talvez aquilo não me parecesse tão súbito. Eu pensei em alguém condenado de forma errada, sendo posto em liberdade. Será que eles haviam mandado Benny para casa, de fato? Por que ele não me disse?

Nós, frequentemente, brincávamos com a possibilidade de almoçarmos algum dia "lá fora", em algum lugar bem distante de Columbia – algum lugar que servisse comida normal e tivesse talheres reais. Eu nunca pensei que aquele dia fosse chegar, mas agora parecia que ele havia chegado e ido embora. Benny tinha sido libertado e agora estava de volta, sentado em nossa sala de emergência. E, baseado no julgamento de Baio, ele estava muito doente e precisava estar na UTI. Contemplar o que Benny devia ter passado – o alívio por ter sido dispensado, a dor de descobrir que aquilo era apenas temporário – era atordoante.

"Não há vagas", disse Don bem alto. "Nós não podemos interná-lo aqui. Me desculpe. A UTI está lotada."

"Encontre uma vaga", disse Baio.

Olhei bem para o telefone, esperando Don dizer alguma coisa. Baio sabia quão frágil estava a saúde de Benny. Será que Don sabia disso? Havia uma pressão tremenda sobre os médicos da emergência para que apressássemos a triagem dos pacientes mais doentes. Esperava-se que Baio visse um novo paciente a cada vinte minutos durante seu turno na emergência; um paciente em estado grave, sem lugar para ser internado, poderia gerar um engarrafamento e uma espera absurda para os outros pacientes.

"Veja", disse Baio, "eu sei como as coisas funcionam por aí. Deve haver alguém que você possa realocar".

Residentes da UTI, como Don, passavam por uma pressão similar. Os leitos da UTI eram sempre disputados, e os pacientes em tratamento eram deslocados para fora da unidade e levados para a enfermaria geral do hospital assim que fosse possível. Mas retirar um paciente da UTI de forma prematura também poderia levar a um retorno prematuro à UTI, havendo casos em que um paciente voltava à UTI em menos de 24 horas após ter sido dispensado. Don colocou a mão sobre o telefone e sussurrou para mim, "Nós poderíamos colocar o Benny ali no quarto do canto."

Balancei a cabeça. "Não!", sussurrei de volta.

Havia um quarto na UTI, no canto direito ali próximo, para onde se dizia que os pacientes iam para morrer. Don havia me dito que ele nunca havia visto alguém sair vivo daquele quarto do canto. Todos sabiam que era apenas uma coincidência, mas a prática da medicina havia feito de nós, incluindo-se aí os meus colegas "vagens", crescentemente supersticiosos. Nós não íamos colocar Benny ali de jeito nenhum!

"Vamos ver o que nós podemos fazer", disse Don. "Nós não vamos deixar você na mão."

"Como eu disse, ainda estou tentando levar o Santos para a UCC", disse Baio. "Eu vou falar com o Diego e volto a falar com vocês. Até mais, meus velhos."

Don olhou por sobre o telefone e respirou fundo. "Parece que estamos em meio a uma noite selvagem. Vamos verificar a lista de pacientes, antes que tudo saia do controle."

Fiquei pensando em algo que Baio havia dito sobre Benny: *McCarthy* o conhece. Como é que ele sabia disso? Será que ele se lembrava de que nós havíamos cuidado do Benny juntos, meses atrás, ou será que isso fazia parte da minha reputação? Será que as pessoas sabiam que eu ficava conversando com o Benny? Será que o Don era o mestre dos diagnósticos, enquanto eu era apenas o amigo de Benny?

Saquei minha lista, verifiquei os vários pacientes da UTI e me preparei para dar minhas ordens de remoção. Meus olhos estavam pesados, e a noite estava apenas começando. "Vamos dividir para reinar", disse Don. "O primeiro da lista, o senhor Jones, de quarenta e um anos, com HIV e uma pneumonia PP.[20] Você analisou seu raio x peitoral?"

Eu mal o ouvi. Meus pensamentos ainda estavam com Benny, na sala de emergência, presumivelmente tentando respirar ou com o peito congestionado. Eu precisava ser profissional. Precisava me concentrar nos pacientes da UTI, e o Benny estava em boas mãos, com o Baio. Eu não poderia eleger favoritos. Eu precisava ser utilitário,

20 Pneumonia plasmocitária pneumocística (N. do T.)

fornecendo o maior benefício para o maior número de pacientes, e isso significava me concentrar na tarefa à mão, não no paciente que estivesse na sala de emergência. Tentei remover a imagem mental de Benny da minha mente. Mas como?

"Matt", Don disse bem alto, "você analisou o raio x?".

"Sim. Sim, eu revisei." O tecido do pulmão havia sido atingido por bolhas de ar que pareciam inúmeras bexiguinhas. "Nunca havia visto algo assim."

"Nós temos que estar preparados para o pior", disse Don. "O que você vai fazer se a pressão sanguínea do senhor Jones subir subitamente, hoje à noite?"

"Fluidos", eu disse, me lembrando da lição introdutória de Baio sobre o choque. Ela estava tão vívida agora como estivera há meses. "Provavelmente, sepsia."

"Talvez", disse Don, "ou...?".

Eu estava melhor nesse pequeno jogo de perguntas e respostas; Don era bom nisso, e eu esperava ficar bom também, algum dia. "Falência cardíaca?", eu disse.

"Os pulmões dele! Eles estão repletos de bexiguinhas que estão na iminência de estourar. E se uma delas estourar, ele está ferrado."

"Certo", eu disse, jogando a lata vazia de refrigerante no lixo. "As bexiguinhas."

"Então, doutor McCarthy, uma bexiguinha estoura às três da manhã, e eu estou no banheiro urinando. O que você faz?"

Era precisamente isso que fazia o ano de interno tão difícil. Quando você ganhava alguma confiança, quando você achava que havia dominado uma massa crítica de conhecimento, alguém ia lá e lhe arremessava uma bola curva. Algo que você nunca havia visto e que fazia tudo retornar à estaca zero. Não era minha culpa – era impossível ver todas as doenças médicas nos primeiros seis meses –, mas isso me incomodava. Outro pedaço na tela da minha mente estava para receber tinta. "Não tenho certeza."

Don colocou o braço ao meu redor. "Tudo bem, grandão, é por isso que estou aqui." Ele se levantou e foi até a lousa. "Tensão pneumotórax. O peito dele ficará repleto de ar, mas ele não conseguirá respirar nada. Ele será asfixiado em minutos. Ou menos."

Comecei a tomar nota. Na faculdade de Medicina, eu havia lido sobre bexiguinhas e a tensão pneumotórax, e havia memorizado maneiras de tratá-las. Mas isso era diferente. Todas as vezes que eu mudava para um novo andar, eu precisava me familiarizar não apenas com os novos supervisores, mas também com os novos equipamentos. Mesmo se eu soubesse como tratar a tensão pneumotórax, eu poderia não saber onde encontrar sozinho o equipamento adequado. Cada andar tinha uma sala de suprimentos diferente e uma forma diferente de arranjar seu inventário.

"Seu trabalho", disse Don enquanto passava as mãos pelos cabelos, "se você escolheu aceitá-lo, é introduzir uma agulha no peito do senhor Jones, a apenas alguns centímetros abaixo de sua clavícula, para fazer com que o ar saia."

"Entendi", eu disse, me lembrando do vídeo de instrução no site do *The New England Journal of Medicine* (Revista de Medicina da Nova Inglaterra). Era um procedimento difícil de ser realizado, mas, em algum momento, as manobras se tornariam algo rotineiro, se meu pulso logo parasse de acelerar diante da perspectiva de inserir uma agulha em outro ser humano. Eu esperava que não. Pensei no médico asiático que eu vira havia muitos meses e que estava introduzindo uma grande agulha no coração de alguém. Essas intervenções bizarras e salvadoras de vidas não eram naturais, e no dia em que elas se tornassem mundanas eu também teria perdido um pouco da minha humanidade.

"Sim. É uma vergonha", disse Don. "Tudo isso poderia ter sido evitado se o senhor Jones tivesse tomado suas medicações contra o HIV." Fechei os olhos e pensei: *Não é tão fácil quanto você pensa.*

"Leito dez, senhorita Hansen, é um potencial problema", disse Don.

"É ela que é do Canadá?", perguntei. Às vezes, era difícil diferenciar os pacientes da UTI; a maioria estava sedada e entubada, vestida de uniformes hospitalares ou vivendo com uma maquinaria especial para aumentar sua temperatura corporal. Eu odiava admitir isso, mas muitos dos pacientes da UTI pareciam iguais.

"Sim", disse Don, rabiscando algo em sua mão. "Há alguns dias, ela foi encontrada inconsciente na sala de sua casa por um vizinho. O pessoal da emergência não conseguia encontrar um acesso em sua veia femural, então, eles foram direto ao queixo dela." Nós dois recuamos; o acesso interósseo era absurdamente doloroso, mas não havia outra opção para lhe dar uma rápida infusão de medicações. "Ela ainda está sob muitos cuidados, mas alguém responsável pela saúde dela acabou de chegar. Eu acho que é a filha dela. Veja se você pode transferi-la para apenas medidas de conforto, agora."

Apenas medidas de conforto também significava que nós estávamos efetivamente jogando a toalha; tentativas agressivas de ressuscitação terminariam, e intervenções para prolongamento da vida, como a diálise, seriam removidas. A maioria das pessoas não pensa sobre que tipo de intervenções médicas elas escolheriam se o impensável acontecesse, e menos pessoas ainda designaram alguém para realizar seus desejos. Familiares eram aqueles que, ao final, deveriam enfrentar essas decisões pela primeira vez quando um ente querido chegava à UTI. Sobrecarregados com decisões devastadoras, muitos responsáveis pela saúde dos pacientes simplesmente nos pediam que fizéssemos "tudo". Mas isso nem sempre dizia respeito aos interesses dos pacientes. Isso poderia levar a procedimentos caros e fúteis e meramente prolongariam o inevitável. Lidar com isso de forma hábil era um talento. Sem nenhum manual para ajudar, os internos ficavam à deriva para imaginar como lidar com essas discussões da mesma maneira como aprendíamos a maioria das coisas – através da observação, da prática e dos erros ocasionais.

"Ok", eu disse, "não assisti a essas discussões. Nós decidimos que não existem chances de a senhorita Hansen sobreviver?".

"Ela está morrendo. Ela está sofrendo. Ninguém na família quer reconhecer isso. Eles vivem dizendo 'façam tudo', porque isso os faz dormir à noite."

A palavra *sofrimento* me fazia lembrar de minha conversa com o dr. Phillips. Ele havia saído da Universidade de Columbia para outro hospital pouco depois de eu dispensar sua paciente com segurança. Houve notícias de que ele estava indo para um hospital sem relação com o ensino, onde ele não teria que lidar com internos. "Jogo duro", eu disse, pensando em como eu lidaria com a situação se minha mãe estivesse na UTI e eu tivesse que tomar decisões em seu lugar. Eu também pensei em Benny. Se a família de Marlene Hansen decidisse dar cabo às medidas de prolongamento da vida, ela já não precisaria estar na UTI. Haveria um leito para Benny em nossa unidade, e eu poderia ir à sala de emergência para buscá-lo.

"É um jogo duro", disse Don. "É ultrajante a família estar fazendo isso com a mãe deles. E nossas mãos estão atadas."

"Estão mesmo?" Eu não tinha uma solução, mas eu havia aprendido com Baio a fazer mais questões quando as respostas se mostravam elusivas. "Será que nós não podemos dizer que já chega?", perguntei. "Eu quero dizer, quem está no comando aqui?"

"É melhor falar com a filha, agora", disse Don. "Se a senhorita Hansen passar a receber apenas medidas de conforto, então nós vamos poder mandá-la para fora da unidade. Nós teremos espaço para aquele segundo paciente da emergência que você conhece."

Será que ele estava notando a minha conexão emocional com Benny? A ideia me deixou desconfortável. "Definitivamente, todo mundo concordou nas discussões que ela só deveria receber apenas medidas de conforto?"

"Sim. Ela sofreu um terrível ataque cardíaco, que privou seu cérebro de oxigênio por tanto tempo que ela teve morte cerebral. Seus rins estão entrando em falência. Logo, ela vai precisar de diálise. E os neurologistas vieram e confirmaram que não havia atividade cerebral."

"Hum."

"Nós poderíamos mantê-la viva", disse Don, "mas com que propósito?".

"Ok. Eu só participei de algumas dessas discussões sobre finalidade. Como... como você geralmente lida com isso?"

"Assim como está, se o coração da senhorita Hansen parar, nós teremos que fazer uma ressuscitação cardiopulmonar. As costelas se partirão e tudo o mais. Tente imaginar a cena com o máximo de clareza e vivacidade. Uma coisa é fazer isso com alguém com trinta anos. Mas essa mulher teve morte cerebral." Ele colocou a mão em meu ombro. "Não há uma maneira correta de falar sobre isso. Não diga a eles o que fazer; ajude-os a imaginar a melhor saída."

Eu imaginei spaghetti cru se quebrando sob as minhas mãos, e me perguntei novamente o que eu faria se minha mãe estivesse nessa situação. Será que eu conseguiria suportar o remorso se eu desligasse o botão e houvesse ainda uma chance exígua de recuperação? E será que eu faria isso com base nas recomendações de um interno? As pessoas, eventualmente, se recuperam de um estado vegetativo, não se recuperam? Eu tinha certeza de que alguém, em algum momento na história, havia se recuperado. Não é?

"Não fique tão estressado", disse Don, enquanto enfiava um punhado de bolachas na boca. "Essa será uma boa prática."

Será que havia algum trabalho, pensei, em que a prática envolvia dizer a alguém que era melhor deixar sua mãe morrer? Isso parecia a verdade para mim. Mas talvez eu estivesse abordando a conversa de maneira errada. Havia uma maneira pela qual fosse possível confortar a filha da senhorita Hansen sem sentenciar que toda a esperança já se fora? Eu comecei a testar algumas ideias, imaginando como eu queria que o diálogo se desse. Esse tipo de enredo nunca aparecia em séries ou filmes de drama que me eram familiares. Fechei a porta da sala dos médicos e caminhei devagar até o quarto da senhorita Hansen, rangendo os dentes bem forte.

34

"Eu não sou médica", disse Ingrid Hansen sentada em uma cadeira de plástico laranja próxima à mãe. "Eu ainda estou tentando entender tudo o que aconteceu." Levei outra cadeira para o quarto e me sentei. "Ela estava bem há uma semana." Seus olhos verdes iam e vinham enquanto ela olhava para o chão; Ingrid estava usando botas de cano longo, tinha um brinco no nariz e não tinha mais de 21 anos. Ela tomou um trago de um copo de café e pegou um lenço, que estava em sua bolsa. Pelo andar da carruagem, ela não dormia há dias.

Tentei calcular quão apropriado seria me sentar. Qual era a maneira correta de fazer isso? Levei minha cadeira um pouco mais perto de Ingrid, e ela ficou olhando enquanto eu observava brevemente os ajustes do ventilador de sua mãe. "Me diga qual é a sua compreensão de tudo isso até agora", eu disse, repetindo uma frase que Don, frequentemente, usava com as famílias.

"Eu não sei", ela disse. "Alguém a encontrou. Ela teve um infarto, ela teve um derrame. Ela não vai acordar."

Assim como faço com muitos de meus pacientes e suas famílias, tentei imaginar como era sua vida familiar. Ela era próxima de sua mãe? Será que elas falavam ao telefone? Será que elas brigavam? Será que Ingrid realmente entendia o que sua mãe gostaria em tal cenário de pesadelo?

"Ela teve um ataque cardíaco devastador", eu disse, medindo as palavras.

"O sangue não conseguiu ser bombeado até o cérebro. Nós não sabemos exatamente por quanto tempo ela ficou assim." Eu lutei contra o ímpeto de desviar o olhar quando o lábio inferior de Ingrid começou a tremer, e novamente pensei em minha mãe. "Ela sofreu um dano cerebral prolongado", continuei. "Não há atividade cerebral."

"Oh... Deus."

Eu podia sentir parte de mim se fechando, enquanto os olhos de Ingrid se enchiam de lágrimas. Aquilo havia se tornado uma reação habitual desde Dre, quando eu havia encarado aquele sofrimento cru, mas agora, com a minha saúde fora de perigo e sentindo minha posição no hospital mais segura, eu sabia que precisava me apartar um pouco. Eu tomei as mãos macias de Ingrid nas minhas e busquei palavras, enquanto os alarmes do ventilador e da pressão sanguínea soavam ao fundo. Minha mão estava fria, e eu sabia que ela não estava trazendo conforto. Ela recuou quando minhas mãos tocaram as dela, e eu pensei que ela ia retirar as mãos, mas não o fez. Seu lábio inferior continuou a tremer. Quando ela fechou os olhos, uma lágrima escorreu por sua bochecha. "Nós temos a opção de reduzir o nível de atividades." Eu lutei para encontrar o equilíbrio correto entre estabelecer empatia e não chorar.

Ela respirou fundo e enxugou as bochechas com o lenço. "Ela está sofrendo?"

"Essa é uma preocupação, sim."

"Eu não entendo."

Nós nos sentamos em silêncio, enquanto eu ponderava as palavras. Eu não tinha certeza de estar lidando com essa conversa da maneira correta, mas também parecia que eu não estava no caminho errado. Senti meu *pager* tocar e lutei contra a vontade de jogá-lo na parede. "Às vezes, não há razão ou sentido", eu disse suavemente.

"Mas eu não... Como é que ela pode estar sofrendo se não há atividade cerebral?"

Eu não tinha uma resposta. E, então, me veio um momento de terror. E se esse fosse o momento sobre o qual Baio vinha falando – um momento em que eu era instruído a fazer algo que eu não deveria? Algo que era errado. "Há algumas coisas que nós sabemos", eu disse. "Nós sabemos que..."

Enquanto as palavras despontavam, eu tinha menos certeza. Durante as discussões, quando a equipe havia falado sobre Marlene Hansen, eu havia sido chamado para levar um paciente até um exame de ressonância magnética. Eu não estava lá para ouvir quão terrível era o seu caso. Era claro, a partir da leitura das notas de outros médicos, que havia um consenso de que ela já não precisava estar na UTI, mas, tecnicamente, eu estava confiando em informações de segunda mão. Eu estava embasando minha conversa com Ingrid na opinião de Don e de especialistas que eu mal conhecia – consultores médicos que só haviam encontrado Marlene Hansen havia um ou dois dias. E se eles estivessem errados? E se eu postergasse essa conversa até a manhã, quando o resto da equipe estivesse disponível? E se isso fizesse com que Benny permanecesse na sala de emergência porque não havia leitos na UTI ou na UCC?

"Eu vou fazer o que você quiser", disse Ingrid suavemente, retirando a sua mão da minha."

"Você não deveria fazer o que eu quiser. E, por mais difícil que possa parecer, você não deveria fazer o que você quiser. Você deveria fazer o que sua mãe gostaria que você fizesse. Você chegou a conversar com ela sobre o que ela gostaria que fosse feito em uma situação assim?"

"Não."

"Mas você é a responsável pela saúde dela, certo?"

Ela acenou com a cabeça. "Ela não tem mais ninguém."

"Há algo chamado 'apenas medidas de conforto.' Nós não vamos tirar sangue, nós não vamos picá-la com agulhas. Nós vamos lhe trazer conforto."

"Eu pensei que ela não pudesse sentir nada."

"Certo."

"Se ela tiver uma infecção, vocês lhe dariam antibióticos?"

Eu não tinha certeza. Eu não havia estado presente nas discussões sobre o que era apropriado fazer. Ingrid tomou a mão de sua mãe e a beijou. "Eu não quero que ela sofra", ela disse. "Eu confio em você. Apenas me mostre o que eu preciso assinar."

Fechei os olhos e mordi meu lábio. Eu havia sido enviado para realizar uma missão – retirar Marlene Hansen da UTI –, mas estava claro que eu não tinha toda a informação necessária. Talvez eu tivesse, em algumas horas, depois de ter revisto todas as anotações dos outros médicos, mas, naquele momento, eu não tinha certeza sobre coisas bem básicas, como se nós ministraríamos antibióticos.

Eu acreditava que, em grande medida, estava fazendo a coisa certa, mas eu não tinha certeza. Era impossível saber tudo – eu nunca saberia ler um eletroencefalograma, eu nunca seria a pessoa a fazer uma diálise; aqueles eram trabalhos para especialistas em neurologia e nefrologia, e eu precisaria confiar neles. Se eles percebessem que não havia esperança de que Marlene Hansen se recuperasse, eles provavelmente estariam certos. Mas e se eu tivesse contato com Marlene, em vez de ser amigo de Benny? E se ela fosse a paciente presa no hospital – a paciente que eu visitava dia após dia –, a paciente com quem eu tinha uma conexão emocional? Será que essa conversa teria sido diferente?

Eu não tinha certeza.

Um momento depois, voltei com a papelada e entreguei uma caneta para Ingrid. Enquanto ela assinava, eu me imaginei pegando a caneta de volta, rasgando os papéis e dizendo ao Don que Ingrid não tinha total certeza sobre aquilo que sua mãe queria fazer. Essa era a verdade. Havendo espaço disponível, parecia prudente manter Marlene Hansen na UTI até que Ingrid pensasse sobre o que fazer. Mas para que isso serviria? Será que Ingrid ia se lembrar subitamente de alguma conversa distante com sua mãe sobre desejos de dar cabo à vida? Será que ela iria se lembrar se sua mãe, de fato, gostaria de ser mantida viva a todo custo pelo maior tempo possível, mesmo se ela tivesse sofrido morte cerebral? A realidade era que Don tinha uma ideia melhor sobre como manter o fluxo de pacientes no hospital; permitir que as emoções aflorassem traria subjetividade para a questão. E a subjetividade poderia complicar a situação de todos os outros pacientes.

Fiquei de boca fechada e a deixei assinar os papéis.

•••◆•••

"Bom trabalho", disse Don, enquanto eu me inclinava para colocar os papeis nos arquivos da senhorita Hansen. "Nós vamos removê-la em algumas horas."

"Em algumas horas?"

"Eles conseguiram uma cama para o Benny na UCC."

Eu dei um salto. "O quê? Então Hansen pode ficar aqui?" Eu me senti como se tivesse tomado um chute no saco. Don deu uma mordida em um sanduíche de atum e me deu um tapinha no ombro. "O hospital não funciona quando estamos lotados, Matt. Nós precisamos ter um leito disponível se houver uma emergência no andar. Hansen precisa ir. Ela não tem mais atividade cerebral."

"Entendi", eu disse suavemente.

Ele comeu o resto do sanduíche. "Vá comer alguma coisa, e então vamos checar os sinais vitais por aqui. Há mais sanduíche de atum na nossa sala." E, com isso, ele seguiu pelo corredor, parecendo alguém que sabia muito mais do que eu.

35

Eram quase três da madrugada, a hora mágica, quando a temperatura do meu corpo inexplicavelmente despencava e o ritmo do trabalho finalmente se acalmava. Ou explodia. Nós nunca sabíamos. Em uma noite calma, era o tempo ideal para tirar uma camisa suada e aproveitar o cérebro de um supervisor, reunir a papelada do trabalho ou se preparar para as discussões pesadas da manhã. Em uma noite desastrosa – uma em que houvesse emergências cardíacas simultâneas ou meia dúzia de novas internações –, três da madrugada era o horário em que você sonhava acordado com a faculdade de Administração ou em trabalhar como consultor médico para um fundo de investimentos.

O envio de Benny para a UCC por parte da emergência significava que nós havíamos nos esquivado de um tiro. Haveria tempo para conversar, tempo para verificar exames laboratoriais e sinais vitais, tempo para processar a matriz de dados e ajeitar a unidade antes que a equipe chegasse pela manhã. E, talvez, se tivéssemos sorte, haveria tempo para que Don compartilhasse sua sabedoria comigo. Eu tentava levá-lo a isso.

"Eu ouvi falar sobre o diagnóstico que você fez", eu disse. "Arterite de Takayasu. Impressionante."

Don sorriu. "Atenção aos detalhes, meu amigo."

"Há muitos detalhes."

"A chave é sacar quais são os detalhes importantes. Isso é fundamental no ano como interno. Eles os chamam de sinais vitais por uma razão." Eu notei um pouco de ostentação em sua voz. "Eu só estava atento."

"Pois é."

Ele passou as mãos em seus cabelos loiros. "Eles me pediram para fazer uma apresentação sobre isso ao departamento. Você acredita nisso? Que diabos eu sei?"

Encolhi os ombros. Sob a pretensão de Don havia vulnerabilidade. Eu havia visto isso quando Baio o chamara ao telefone. Ocorreu-me que todos nós lutávamos com alguma forma de síndrome do impostor, incapazes de internalizar ou apreciar nossas próprias realizações. Havia sempre alguém mais impressionante, alguém que poderia te fazer parecer um tolo se ele realmente quisesse. Sob as máscaras brilhantes, alguns de nós – entre os quais as mulheres em minha equipe de "vagens" e eu – nos preocupávamos secretamente que nós não merecíamos ser médicos, que não merecíamos ter vidas em nossas mãos, que não deveríamos ser aqueles a lidar com discussões complexas sobre medidas de conforto e estados vegetativos. A chave para a residência era imaginar formas de ignorar tais sentimentos sem que a pessoa se tornasse um monstro.

"Pensando bem", disse Don, "vamos deixar para depois essa questão dos sinais vitais. Vá comer alguma coisa e durma um pouco, se você puder. Você bem sabe que a emergência já está preparando algo para nós".

Ele sacou o celular e me mostrou várias fotos de seu filho. A criança estava chorando em cada uma delas, mas Don estava radiante.

"Você tem certeza?", perguntei. Eu estava bem acordado – o stress é um estimulante notável –, mas o axioma de Axel veio à minha mente: Quando você puder dormir, durma.

"O sofá é todo seu."

Em seis meses na Universidade de Columbia, eu havia observado dois tipos de internos – aqueles que não conseguiam dormir no turno, e aqueles que desesperadamente precisavam de, ao menos, alguns momentos de sono durante o turno de trinta horas. Eu caía na segunda categoria; apenas oito minutos de sono e eu me sentia razoavelmente revigorado. Em contrapartida, após uma noite insone, eu parecia, segundo um colega, "como alguém que fora vomitado sobre merda de cachorro".

Eu estava cochilando há duas gloriosas horas quando uma sacola de papel marrom caiu sobre o meu peito com o café da manhã. "Como foi a noite?", perguntou Lalitha, puxando minhas pernas ao fim do sofá. "A sala dos médicos está uma bagunça."

"Não foi horrível."

A aparência dela significava que eu havia sobrevivido àquela noite. Aleluia! Ela deu um tapinha na minha coxa com uma velha revista *US Weekly* e balançou a cabeça. "Eu não acredito que você assina isso aqui."

Peguei a revista da mão dela. "Onde mais eu ficaria sabendo que a Candace Cameron acabou de perder quase dez quilos?"

Lalitha e eu consentíamos em conversar sobre besteiras por alguns minutos todos os dias, antes que o sol nascesse e a avalanche de trabalho e as discussões da manhã chegassem. Nossas vidas eram tão intensas, tão estruturadas e tão estressantes que era bom conversar sobre algo além dos nossos pacientes criticamente doentes.

Todos nós lutávamos contra o peso do nosso trabalho, mas ter conversas bobas, ocasionalmente, servia para lembrar que nós não estávamos simplesmente usando um ao outro para passar o dia. Mas, pelo fato de nossas vidas pessoais serem tão limitadas – os raros dias de folga eram, frequentemente, passados dormindo –, nós raramente tínhamos coisas normais sobre as quais falar. Fofocas sobre celebridades se tornaram moeda corrente, algo que podíamos trazer à tona quando precisássemos nos desvincular da medicina. Para mim, a leveza dos tabloides ajudava a aliviar a tragédia de assistir a mortes de pessoas dia após dia.

Lalitha olhou para a nova silhueta de Candace Cameron e tirou um estojo de maquiagem e uma escova da bolsa.

"Alguém já lhe falou", eu disse enquanto a via se pentear, "que você se parece com a Rudy, do *The Cosby Show*?".

Ela virou os olhos. "Alguém já lhe falou que você parece o apresentador Pat Sajak?".

"O Pat é um tesouro nacional."

"Sajak já contracenou com o Alf e com o Chandler, de *Friends*. Quando ele estava usando drogas."

Don entrou na sala dos médicos, e nós nos sentamos. "À vontade, doutores."

"O que você fez com o Matt, ao longo da noite?", Lalitha perguntou. "Parece que ele foi atropelado por um caminhão."

Reparti meus cabelos, segurei a revista sobre o rosto com a mão direita e fiquei folheando as páginas com a mão esquerda. Esses pequenos momentos nos tornavam mais próximos.

Don balançou a cabeça. "Devo dizer que amo trabalhar com vocês dois. Eu me dou melhor com vocês do que com qualquer outra pessoa que conheço."

"É porque eu tenho medo dela", eu disse, de forma inexpressiva.

"Definitivamente, ele tem medo de mim."

"E como é que eu não teria?"

A porta se abriu, e a chefe das enfermeiras mostrou o rosto e disse, calmamente, "o Jones está entrando em colapso".

Larguei a revista e peguei Lalitha pela mão. Esse era o cenário para o qual Don havia me preparado: o senhor Jones, o que tinha pulmões incomuns, estava com a pressão muito baixa. Senti que era preciso adrenalina. "Vamos lá", eu disse, me sentindo, momentaneamente, como Baio. A transição do bufão para o médico foi instantânea.

"Bexiguinhas?", Lalitha perguntou, enquanto saíamos da sala dos médicos. Ela estava sempre um passo à minha frente. Seu rabo de cavalo ficava zanzando de um lado para o outro como uma vassoura, enquanto nós passamos por Ingrid Hansen, no corredor, que estava olhando para o nada através da janela.

Quando nós entramos no quarto de Jones, a primeira coisa que notei foi uma grande janela junto à cabeceira da cama. Era possível ver um navio cheio de contêineres à distância, indo na direção sul do rio Hudson. O quarto – com suas paredes cáquis, quadros impressionistas e televisão no mudo – estava estranhamente vazio. Eu estava acostumado a uma cacofonia de alarmes soando onde quer que eu encontrasse um paciente em crise, mas esse quarto estava vazio. Eu me imaginei como o residente do segundo ano prestes a conduzir Lalitha para uma ressuscitação.

VRRC, VRRC.

Uma enfermeira aumentou a quantidade de oxigênio suplementar, enquanto me virei para Lalitha e anunciei, "Por favor, verifique a...".

"Tensão pneumotórax do paciente", ela disse rapidamente. "Nós precisamos descomprimir." Ela buscou duas agulhas borboletas, enquanto eu tomava o pulso.

Os olhos do senhor Jones estavam fechados, e ele estava tentando respirar.

"Consegui um pulso", eu disse com firmeza. Olhei para o peito arfante do senhor Jones, aliviado pelo fato de a ressuscitação cardiopulmonar não ser necessária. Suas costelas teriam se partido com a primeira compressão da palma das minhas mãos. Jones estava sofrendo de AIDS terminal e pneumonia; ele estava cadavérico, pesando menos de 45 quilos, e suas bochechas estavam totalmente chupadas. Seus braços pareciam duas varetas de caçar morcego, tremendo enquanto ele tentava respirar. Ao medir seus batimentos cardíacos – eles estavam a mais de cem batidas por minuto –, me vi fazendo compressões peitorais nesse homem frágil e imaginando uma de suas costelas quebradas perfurando seu coração como uma faca afiada através da manteiga.

Don estava logo atrás, me observando. Ao meu lado, no que momentaneamente parecia um milagre, estava Baio. Em vez de ir para casa após seu turno da noite, ele havia vindo à UTI para verificar o paciente Darryl Jenkins. Ambos estavam de braços cruzados. Parte da tarefa de um supervisor forte é saber quando deixar o interno conduzir a situação, e essa, aparentemente, era uma daquelas vezes. Os olhos do senhor Jones estavam inchando, enquanto ele se contorcia na cama em busca de ar. Respirei fundo. Lalitha e eu estávamos por nossa própria conta.

"Você já fez algo assim, antes?", ela perguntou, enquanto nos debruçávamos sobre o paciente. "Agulha no peito?"

"Assisti ao vídeo ontem à noite", eu disse, me sentindo como um ator em um comercial dizendo, "Não, eu não sou um médico, mas, de fato, estava hospedado no hotel Holiday Inn Express ontem à noite".

"Está bem." Ela buscou a clavícula esquerda do paciente "Eu já fiz uma. Apenas faça o que eu faço." Ela inclinou a cabeça em direção à clavícula direita dele e me deu uma agulha que estava presa a um tubo de borracha. Lalitha introduziu a agulha no peito do senhor Jones e se voltou para mim. "Vai."

Senti o momento crítico e, com a minha mãe esquerda, introduzi a agulha profundamente no peito magro de Jones. Em minha mão direita fiquei segurando o tubo de borracha que estava conectado à agulha. Don e Baio se moveram atrás de nós e ficaram olhando fixamente sobre os meus ombros. Esperei por uma rajada de ar, mas não houve nada. "Pensei que um pouco de ar deveria sair", eu disse, "se uma bexiguinha realmente estourou."

Lalitha e eu olhamos um para o outro sem entender nada, enquanto o senhor Jones continuava a buscar oxigênio. Don e eu não havíamos discutido a respeito de um plano B. Reajustei a agulha e esperei que algo acontecesse, mas nada aconteceu. Esperei que Baio dissesse algo encorajador – *você pode, vamos lá* –, mas ele apenas ficou atrás de mim com os braços cruzados e a boca fechada.

Gotas de suor se acumularam sobre o meu lábio, enquanto o senhor Jones se contorcia em sua cama e sua pressão continuava a cair. Duas enfermeiras entraram no quarto; uma injetou rapidamente uma medicação no braço do paciente, e a outra verificava os sinais vitais. VRRC, eu disse para mim mesmo. Ele tinha as vias respiratórias liberadas, estava respirando e tinha circulação. O que vinha a seguir? Eu estava vendo um homem sufocar e não sabia o que fazer. Deveríamos entubá-lo? Reajustei a agulha uma terceira vez, nada.

Olhei para Lalitha e ela olhou para Don. Nós precisaríamos entubá-lo se as coisas não se resolvessem rapidamente. Ele também precisaria de um grande acesso intravenoso em sua virilha se a pressão sanguínea caísse novamente. Depois do que parecia ser uma eternidade, mas eram apenas dez ou vinte segundos, Baio nos deu um pequeno copo de isopor cheio de água. Eu ia tomar um gole quando ele intercedeu e disse, "Não". Olhei para Lalitha, que havia colocado o tubo no copo, e segui os movimentos dela. De novo, nada.

Reajustei a agulha pela quarta vez e, com a gentil prontidão de Baio, coloquei o tubo de plástico no copo de água. Nós dois olhamos para o copo, que agora estava borbulhando vigorosamente, e sorrimos. "Aí está."

O ar saiu do tórax do senhor Jones e fluiu em meu copo. Aquele era um momento que poderia fazer parte da série *MacGyver*, e não de um vídeo de instrução. Como é que Baio tinha tido aquela ideia? Senti os músculos no meu rosto relaxarem levemente. Lalitha acenou com a cabeça e olhou para o relógio. Minutos depois, o senhor Jones estava respirando confortavelmente.

"Muito bem, doutor McCarthy", disse Baio, enquanto se dirigia ao sinal de saída "Coisas incríveis, de fato, estão acontecendo aqui."

36

"Não está legal", disse Benny, na manhã seguinte na UCC. "Não está legal de maneira alguma."

Ele havia perdido mais peso e agora estava usando os músculos entrelaçados e vibrantes do pescoço para respirar. Depois de ressuscitar o senhor Jones, na UTI, passei as horas seguintes apresentando nossos casos nas discussões, e tropecei, esgotado, em meu apartamento, por volta do meio-dia, quase 31 horas depois de haver saído. Quando acordei, eram cinco da manhã do dia seguinte. Noventa minutos depois, eu estava ao pé da cama de Benny, na UCC, vendo-o lutar para respirar.

A respiração dele não estava tão dramática quanto a do senhor Jones – as respirações eram penosas, como a dos fumantes com enfisema –, mas se o problema de Benny piorasse, logo ficaria da mesma forma. Fiquei estremecido diante da ideia de introduzir uma agulha sob sua clavícula e ficar observando o ar sair em um copo de isopor.

"Aguenta firme", eu disse, me sentando na ponta de sua cama. Nós dois sabíamos que o tempo estava correndo – aquele homem precisava de um maldito coração. Suas pernas estavam inchadas, cheias de fluido de seus pés e joelhos, e suas veias jugulares pulsavam visivelmente. Fluidos estavam tomando lugares em que não poderiam estar – eu não precisava olhar sob a sua roupa para saber que seu escroto estava, provavelmente, com o dobro do tamanho –, e tudo isso porque seu coração não estava fazendo o trabalho correto. Logo seus pulmões ficariam cheios de líquido, afogando-o, vagarosamente, por dentro. Benny e eu estávamos com medo.

"Fale comigo", ele disse. "O que há de novo?"

Minha mente sobrevoou os eventos das últimas duas semanas; eu precisava voltar para as discussões da UTI em apenas alguns minutos. "Por que você não me disse que havia sido dispensado?", perguntei. Eu não tinha o direito de me sentir desconsiderado, mas eu estava me sentindo assim.

Ele balançou a cabeça. "Eu sei que você é um rapaz muito ocupado."

"É claro que você não precisaria me dizer, mas..."

"Na próxima vez, vou lhe dizer."

Novamente, senti que, estranhamente, eu estava cruzando a linha entre o médico e o amigo. "Vamos fazer um trato", eu disse. "Aquele de nós que for admitido no hospital contará ao outro."

"Rá. Combinado."

Nós nos demos as mãos enquanto meu *pager* tocou, e, novamente, resisti à urgência de jogá-lo contra a parede. Parecia que ele tinha um sensor, um órgão capaz de identificar momentos importantes e interrompê-los. "Eu realmente odeio essa coisa."

"Você parece diferente", disse Benny. Mais uma vez, a nossa conversa era desajeitada, indo de um pensamento não terminado para o próximo. Pensei no quanto a aparência de Benny havia mudado de quando eu o havia encontrado em meu primeiro dia como médico, mas não disse nada. Ele estava cadavérico e seus membros estavam bem magros; ele era um clamor distante do homem vibrante que eu vira pela primeira vez, na bicicleta ergométrica.

"Engordei um pouco", eu disse, apertando um pouco de carne saliente. "De alguma forma, tudo isso foi para o meu pescoço."

"Hum... Não é isso."

"Bolsinhas sob os meus olhos?"

"Não."

"Privação de..."

"Você parece mais velho. É isso."

"Eu me sinto mais velho." Uma semana antes, eu havia ganido de horror em meu banheiro depois de reconhecer um pequeno tufo de cabelos grisalhos. "Aceitei o meu destino", eu disse suavemente. "Vou ficar careca na primavera."

"Eu só estou tirando sarro de você", disse Benny. Ele pressionou um botão ao lado de sua cama e pediu assistência. Um momento depois, uma terapeuta de respiração apareceu com um tanque de oxigênio e um tubo de plástico longo e delgado, que ela colocou sob suas narinas.

"Você vai conseguir esse maldito coração", eu disse. Era a única coisa em que eu conseguia pensar quando estava diante dele. Eu não acreditava nisso, mas eu disse.

"Provavelmente, vou precisar de um fígado, também."

"E o fígado. Você vai conseguir o fígado."

"E de uma nova cabeça", ele disse, apontando para a têmpora. "Se você tiver uma para me dar."

Ele abriu um sorriso e virou os olhos para uma foto de sua mulher e filha no criado-mudo. Por que eu nunca as havia visto nas horas de visita? Será que uma delas seria a responsável pela saúde de Benny? Eu havia perguntando a Benny muitas coisas, mas acabara evitando esse tópico. Por quê? Eu suponho que fora assim porque eu queria ser positivo. Eu não queria falar sobre aquilo que, provavelmente, seria uma conversa desconfortável sobre sua família ausente. Talvez elas ainda estivessem em Miami.

Mas não era apenas a família que estava ausente. Ao longo de todos esses meses, eu nunca vira Benny com um único visitante. Como alguém tão sociável estivera sem ninguém de fora para lhe dar apoio? Talvez ele realmente tenha recebido visitas e eu não as vira, mas aquilo me parecia improvável. Eu ia visitá-lo em vários momentos, e ele estava sempre sozinho. Talvez sua rede de amigos e familiares tenha se cansado de visitá-lo. Ou tenha se cansado de ouvir que não havia novidades.

Será que ele tinha um passado negro como Sam, meu paciente do pronto-socorro que tinha ficha criminal? Impossível. "Eu vou ficar à procura de uma cabeça", eu disse, enquanto me levantei para sair. "Preciso voltar à UTI."

"Reze por mim", ele disse, enquanto o oxigênio começou a fluir do tanque para seu nariz. Fiquei em silêncio, talvez por um momento muito longo. "Apenas reze por mim."

...◆...

Enquanto eu saía do quarto de Benny e descia um lance de escada para a UTI, fiquei pensando nas perguntas que queria fazer para Darryl Jenkins, que, horas antes, havia sido retirado do ventilador respiratório. Eu queria ver se conseguiria me conectar com ele – descobrir se eu conseguiria imaginar por que ele ficara tão doente – ainda que permanecesse emocionalmente afastado. Era um equilíbrio tênue, e eu não tinha certeza de que poderia alcançá-lo, mas imaginei que não fosse ser tão devastador emocionalmente quanto trazer as notícias para Ingrid Hansen. Lidar com pacientes dessa maneira parecia envolver algo de esperteza e um pouco de covardia; como é que eu podia me esquivar de uns e não de outros? O importante, eu disse para mim mesmo, era seguir adiante, mesmo com um plano imperfeito. Era a única maneira de superar a hesitação que Dre havia despertado em mim, isto é, abaixar a guarda de maneira tática para fazer com que os pacientes confiassem em mim como eles confiavam em Jim O'Connell.

Darryl era um dos poucos pacientes na unidade capazes de falar, e eu não tinha certeza se teria outra chance de trabalhar ao lado de um leito na UTI. As questões giravam em minha mente, enquanto eu me aproximava das portas duplas da unidade:

Será que Darryl revelaria algum tipo de gatilho ou aura que havia precedido seu colapso respiratório?

Por que ele era tão profunda e terrivelmente obeso?

Ele tomou a vacina contra gripe?

O tubo acabara de ser removido da traqueia de Darryl, então, falar não seria algo confortável. Eu precisava priorizar minhas questões e tentar determinar se era melhor perguntar uma ou duas questões abertas, ou várias perguntas com respostas envolvendo sim ou não. Eu não tinha certeza.

"Grande dia", disse Don, como ele fazia todos as manhãs quando eu entrava na UTI. Sua chegada antes do nascer do sol me lembrava de que o meu segundo ano como residente não seria uma festa. As horas seriam longas, e eu teria a pressão adicional de supervisionar um interno.

"Vamos lá", eu disse, antes de lhe cumprimentar e me dirigir ao quarto de Darryl. Eu sempre levava alguns momentos para ajustar os alarmes incansáveis na UTI. Em um bom dia, era como *dance music*, e eu ia de um quarto ao outro, enquanto fazia as discussões matinais. Em um dia ruim, aquilo me lembrava das buzinas dos carros na hora do *rush*. Hoje, aqueles alarmes me pareciam rock progressivo alemão, e eu não conseguia dizer em que caminho o dia estava seguindo.

"Eu gostaria que você me desse um pouco da sua atenção", eu disse, enquanto me sentava em um pequena cadeira ao lado da cama de Darryl. "Eu tenho algumas questões a lhe fazer e sei que acabam de tirar o tubo de você."

Ele acenou com a cabeça e emitiu um suave grunhido.

"Eu acho que nós podemos evitar um futuro ataque se soubermos mais sobre você", eu disse.

Ele pegou um lenço para assoar o nariz e fechou os olhos. Meus olhos se voltaram para suas mãos e a curvatura de suas unhas.

"Você poderia me dizer o que aconteceu na noite em que você ficou doente?"

Eu já sabia bastantes coisas sobre Darryl a partir dos históricos médicos que haviam sido gerados pela equipe de médicos de emergência que o havia estabilizado antes que ele chegasse à UTI. Mas ainda havia algumas lacunas em sua história.

Eu sabia que a obesidade não era algo comum na família Jenkins. Eu sabia que, quando ele era adolescente, a mãe de Darryl o havia levado a um especialista, e o diagnóstico da síndrome de Prader-Willi – uma doença em que os genes do cromossomo 15 não se expressam de forma apropriada, causando uma crônica sensação de fome que leva à obesidade mórbida – havia sido feito. Quando foi determinado que não havia mutações genéticas para lidar com sua psique infeliz, Darryl entrou em depressão. E essa depressão, mais do que qualquer outra coisa, dominava sua vida.

Eu ficara sabendo a partir de seu histórico médico que antes de vir à nossa unidade, Darryl havia sentido uma pontada em sua garganta. Algumas horas depois, ele desenvolveu uma reveladora dificuldade respiratória como sintoma de asma aguda. Mas, dessa vez, seu inalador lhe trouxe alívio mínimo. No começo da noite, quando seus olhos começaram a ficar como lixas e sua respiração começou a ficar difícil, ele chamou a mãe a partir de seu quarto. Mas não houve resposta. Então, ele chamou um táxi e foi levado ao hospital mais próximo.

Na sala de emergência da Universidade de Columbia, pouco depois, um adesivo amarelo foi colado em seu histórico médico e lhe deram um tanque de oxigênio. Darryl era muito grande para a cadeira de rodas, então, ele foi colocado na maca e levado até a sala de emergência para que fosse feito um raio x peitoral. Assim que a imagem foi obtida, ela foi analisada por Baio, que notou várias anormalidades profundas no tecido do pulmão. Não muito tempo depois, a respiração de Darryl piorou e ele foi transferido para a UTI. E, então, lhe puseram o tubo respiratório e o ventilador.

Pude ver que o lábio de Darryl havia sido rasgado quando o tubo respiratório foi introduzido em sua garganta, e isso me lembrou da moça da sala de emergência do Hospital Geral de Massachussets, que sofrera o acidente com o tucano. Se aquilo não fosse cicatrizado devidamente, sua cicatriz ficaria parecendo o desvio de palato de Don, que fora cirurgicamente corrigido. "Eu também posso voltar mais tarde", eu disse. "Você deve estar exausto."

Um anestesista, uma vez, disse para nossa classe da Faculdade de Medicina de Harvard que a facilidade da entubação era inversamente proporcional ao calibre do pescoço; na opinião do professor, o paciente mais desafiador em Boston seria o prefeito Thomas Menino. Baseado em seu tipo corporal, Darryl, sem dúvida, seria alguém difícil de ser entubado, e presumivelmente por isso, seu lábio se rasgara. Olhei ao redor da sala esperando que ele falasse. Não havia flores e cartões de melhora; só havia uma pilha de roupas GG em uma sacola de plástico clara. Onde estava sua família? Será que ele era alguém como Benny, que passaria seus dias no hospital, em solidão?

"Sim", disse Darryl suavemente, olhando para seu abdômen. "Eu não quero falar. Eu não quero falar com ninguém."

"Eu entendo."

"Eu só quero sair daqui."

"É claro. Nós vamos tirar você daqui assim que for seguro."

"Legal. Espero que seja logo."

"Será." Decidi fazer uma última tentativa. Movi minha cabeça para que ela entrasse mais em seu campo de visão. "Já fiquei doente e solitário antes", eu disse. "E foi uma merda." Eu pensei na época em que fiquei tomando a medicação contra o HIV. "Parecia que ia morrer e que ninguém se importava." Darryl suspirou profundamente; fora a respiração mais profunda que eu já o vira tomar. "Mas as pessoas se importam. Todos se importam com você." Ele permaneceu em silêncio, mas acho que vi a cabeça dele balançando. Eu queria perguntar sobre sua família, mas eu não queria arriscar a abertura de uma ferida. "Se você me deixar fazer algumas questões, eu vou deixá-lo sozinho. Pelo resto do dia. Apenas algumas rápidas..."

"Tudo bem."

"Ok", eu disse, me voltando para as questões que eu havia escrito em minha lista de atividades. "Será que, por curiosidade, tomou a vacina contra a gripe esse ano?"

"Não."

"Por que não?"

"Não pensei em tomá-la."

"Sei que você viu um médico antes de começar a faculdade. Será que ele ou ela não lhe indicou essa vacina?"

"Sim, provavelmente."

"E por que você não a tomou?"

"Eu não sei."

Notei um pequeno pedaço de pele hipopigmentada na angulação de sua mandíbula e escrevi *vitiligo?* em minha lista. "Você sabe como é importante para alguém como você tomar a vacina contra a gripe?"

Ele franziu uma sobrancelha. "Alguém como eu?"

"Alguém com asma." Fiquei folheando minha lista de atividades como um velho jornal. "Você estava deprimido?"

Ele balançou a cabeça. "Não."

"Eu fico muito deprimido no inverno."

Seus olhos se voltaram para a janela. "E quem não fica?"

"É uma merda."

Nós ficamos sentados em silêncio por mais de um minuto. "Eu também me sinto uma merda", ele disse, "no verão. Eu me sinto mal o tempo todo". Era difícil ouvir aquilo, mas me senti encorajado por ele estar falando.

"Você já... Eu não estou dizendo se você deveria ou não deveria, mas... você já falou com alguém sobre isso?"

Sua mandíbula ficou travada. "Como quem? Um sociólogo?"

"Eu não sei, com alguém. Um psiquiatra".

"Não."

"Quando fico deprimido", eu disse, "não quero falar com ninguém. Eu quero que o mundo me deixe só. Eu só quero me desligar de tudo". Pensei sobre as vezes em que ficara deprimido. Eu me lembrei de como, em um momento de desespero, eu havia gritado com os frascos de comprimidos contra o HIV, depois de ter vomitado o pouquinho de jantar que eu conseguira engolir. Pensei em como teria sido bem mais difícil se eu tivesse lidado com doenças crônicas e debilitantes. E se eu tivesse lidado com as coisas sem qualquer ajuda.

Tentei imaginar o mundo interno de Darryl, mas não conseguia. Sua vida era diferente da minha, e ele não havia dito muita coisa para me ajudar a entender aquilo pelo que ele estava passando ou como eu poderia ajudá-lo. E eu não era um profissional de saúde mental, então talvez não fosse minha função investigar plenamente essas questões. Eu ficara sabendo sobre esse detalhe da vacina contra a gripe, e isso foi significativo. Darryl rolou na cama e bocejou. "Eu estou bem, cara. É sério. Meio cansado, na verdade. Honestamente, eu só quero ficar sozinho."

"Tudo bem", eu disse, olhando para o meu *pager*. "Fico contente por termos tirado aquele tubo."

"Eu também."

"Então... voltaremos a nos falar."

"Claro."

Fechei a cortina e voltei para a sala dos médicos.

"Eu acho que nós temos nossa resposta", eu disse para Don, um minuto mais tarde. "Ele não tomou a vacina contra a gripe." Don segurava um exemplar do *New England Journal of Medicine* em sua mão esquerda e estava digitando com a direita. Como muitos dos meus colegas, Don usava uma senha que podia ser digitada com uma mão, permitindo que as ordens fossem dadas rapidamente "E ele está com depressão", acrescentei, enquanto me sentava no sofá de couro preto.

"Eu também estaria deprimido", disse Don.

"Realmente deprimido."

"Algum plano para tratá-lo?"

"Ele não tem interesse em falar com um psiquiatra?"

"Essa não é a questão." Ele digitou a ordem final e se voltou para mim. "Há um algoritmo", ele disse. "Se alguém está deprimido, a questão seguinte é: você tem pensamentos homicidas ou suicidas? Se tiver, você tem um plano para agir nesse sentido?"

"Entendi."

"Há uma grande diferença entre 'meu colega de quarto me enche o saco' e 'meu colega de quarto me enche o saco, e eu vou matá-lo na próxima terça-feira com minha nova AK-47."

"Obviamente."

Don deu um tapinha com o indicador no teclado. "Suponhamos que ele, de fato, diga a você que tem um plano. Que ele planeja fazer algo de mal. E aí?"

"Chamo a polícia, é claro." Eu ainda não havia me deparado com um paciente que estivesse planejando ativamente se machucar ou machucar alguém. Eu pensava em meus pacientes, sobretudo, como seres gentis e temporariamente debilitados, que precisavam de ajuda, e não como monstros desequilibrados capazes de machucar os outros.

"E quanto à confidencialidade envolvendo médico e paciente, Matt? Se um paciente lhe diz algo de mal em confidência – um plano para ferir alguém ou algo assim –, você pode chamar a polícia?"

"Acho que eu deveria chamar o especialista em ética do hospital."

"Isso é transferir a responsabilidade, doutor McCarthy."

"Eu tentaria demovê-lo da ideia. Isso sem dúvida."

"Você ainda não fez com que seu paciente não internado se tornasse eletivo, certo?", Don perguntou.

"Não."

"Presumo que você não conheça o caso de *Tarasoff*." Balancei a cabeça. "Um minuto." Ele imprimiu um documento e o entregou para mim. "Leia isso."

Era um sumário do caso *Tarasoff contra os Reitores da Universidade da Califórnia*, um caso a que todos os residentes da Universidade de Columbia eram expostos. No verão de 1969, eu li, enquanto Don voltava à sua *New England Journal of Medicine*, um estudante de pós-graduação da Universidade de Berkeley, na Califórnia, disse ao seu psicólogo que ele ia matar uma mulher, Tatiana Tarasoff, que o havia rejeitado.

O estudante ficou preso por pouco tempo, mas, depois, foi posto em liberdade. Meses depois, ele assassinou Tarasoff a facadas. Nem Tarasoff e nem os pais dela receberam qualquer aviso sobre a ameaça, e, então, eles abriram uma ação. O caso foi levado à Suprema Corte da Califórnia, na qual se decidiu que um médico ou um profissional de saúde mental têm o dever não apenas com o paciente, mas também com os indivíduos que estão sendo especificamente ameaçados por um paciente. "O privilégio da proteção termina", sentencia a opinião majoritária, "quando o perigo público tem início".

"E então?", Don perguntou depois que abaixei o papel.

"Eu vou falar com o Darryl mais tarde, hoje. Vamos ver onde está a cabeça dele. Eu não acho que haja algo assim." Eu me lembrei de que lhe havia prometido não fazer mais questões, naquele dia.

Novamente, fiquei espantado com o monte de coisas que esperavam que eu dominasse. Além do conhecimento e dos procedimentos médicos, além da escrita clara, das notas informativas e da interação com a equipe amplamente diversa do hospital, eu tinha que conhecer bioética. Eu precisava conhecer casos judiciais e precedentes legais. Eu precisava saber o que fazer em situações sobre as quais eu nunca havia pensado. As expectativas profissionais eram avassaladoras.

"Ele me disse que seu colega de quarto lhe diz que ele é um puta de um gordo", disse Don, ainda olhando para a revista.

Aquelas palavras me assustaram. Don já fizera Darryl falar mais do que eu conseguira. Como? Meus residentes estavam sempre um passo à minha frente. Ou muitos passos. "Eu vou falar com ele."

"Tudo bem", disse Don, "mas não faça isso agora. Nós temos uma perfuração lombar, duas linhas centrais e uma paracentese que precisam ser feitas".

"Entendi. Vou pegar os materiais."

•••◆•••

Três horas depois, enquanto eu estava terminando a perfuração lombar, vi Darryl Jenkins com o canto do olho. Ele estava em uma maca, coberto com várias cobertas, com aquele saco de roupas em seu colo. Sua asma havia sido estabilizada e ele já não precisava estar na UTI. Ele estava sendo transferido para o andar de clínica geral e, provavelmente, estaria em casa em uma questão de dias.

Mas eu não havia retornado para falar com ele. Eu estivera muito ocupando introduzindo agulhas em outros pacientes. Eu precisava lhe perguntar se ele já havia pensado em se ferir ou em ferir outra pessoa, como seu colega de quarto. Aquilo parecia uma pequena traição, como se eu estivesse sugerindo que ele fosse capaz de algo atroz. Não parecia correto perguntar ao Darryl – um jovem que quase morrera por conta da asma aguda – se ele tinha em mente cometer atos indizíveis porque estava infeliz.

Larguei a caneta e a lista de atividades e fui até sua maca. "Ei", eu disse. "Parabéns por já estar saindo daqui."

Darryl estava olhando para um celular e não moveu os olhos. "Obrigado, cara."

Aquele não era o momento de lhe perguntar sobre pensamentos homicidas ou suicidas, mas alguém precisava fazê-lo. Alguém mais bem treinado do que eu. Pedi ao acompanhante do paciente que nos desse um minuto. "Darryl", eu disse, me aproximando de seu rosto, "eu posso lhe perguntar algo? Não é nada de mais".

Ele estava mandando uma mensagem de texto. "Você quer que eu *lhe* faça um favor?"

"Sim. Mas quero saber se está tudo bem quanto a isso." Fiquei em silêncio para ponderar as palavras. Aquela era minha última tentativa com ele. "Se nós trouxermos um profissional de saúde mental, hum, um psiquiatra ou alguém assim, você falará com essa pessoa?"

Ele abaixou o celular e olhou para mim. "Por quê?"

"Porque eu acho que é importante." Enquanto ele me olhava de cima a baixo, meu *pager* tocou. Eu o silenciei rapidamente. "Posso lhe dar uma explicação mais detalhada se você quiser, mas a resposta curta é que eu acho que seria importante você falar com alguém sobre a sua depressão." Ele continuou a me olhar sem dizer uma palavra. "E eu também", acrescentei, "Eu também me beneficiaria em falar com alguém".

Ele encolheu os ombros.

"Não vai ser demorado", continuei. "E eu acho que isso é importante."

Ele recebeu uma mensagem de texto e pegou o celular. "Claro, cara."

"De verdade?"

"Sim, tudo bem."

Eu não esperava que ele fosse concordar com tanta facilidade. Meu corpo ficara levemente tenso pela tentativa de convencimento, e, agora, eu não sabia o que fazer com a energia extra. Eu lhe devolvi um sorriso. Era uma pequena vitória – alguns até poderiam dizer que não era uma vitória, mas eu via que era. Eu a considerei uma tremenda vitória.

Darryl poderia estar me enrolando – quem sabe o que ele iria dizer para o psiquiatra? –, mas foi possível fazê-lo criar uma oportunidade para que ele melhorasse. E, de alguma maneira, aquilo era tão valioso quanto se eu mesmo o tivesse feito melhorar. Aquele, me dei conta, era o jogo que Jim O'Connell vinha desempenhando com seus pacientes, o tipo de jogo que eu precisaria jogar com pessoas como Darryl e Dre. Suas doenças eram tanto problemas imediatos quanto sintomas de problemas mais profundos. Convencer Darryl Jenkins a tomar a vacina contra a gripe seria um começo; aquilo poderia salvá-lo por um ano. Convencê-lo a cuidar de si apropriadamente para tomar a vacina todos os anos – aquele era o objetivo de longo prazo. "Alcançá-lo", assim parecia, talvez fosse tão simples quanto orientá-lo para o caminho, com a esperança de que ele, posteriormente, o trilhasse sozinho.

"Ótimo", eu disse. "Alguém virá falar com você mais tarde."

Darryl olhou para o acompanhante. "Apenas me tire daqui."

Nós nos cumprimentamos e eu lhe dei um tapinha gentil no ombro. "Pode deixar."

Um momento depois, ele foi levado para fora da unidade e eu nunca mais o vi.

Parte V

"Mas isso é ridículo", disse Don, enquanto eu devorava o último pedaço da pizza de pepperoni. Estávamos no meio de março, e mais de seis semanas haviam se passado desde a última conversa com Darryl Jenkins, na UTI. Eu acabara de começar um período de trabalho noturno no serviço de clínica geral e formara dupla de novo, aleatoriamente, com Don. Ele e eu estávamos fora do quarto de um paciente, no sexto andar, diante de um grande aviso em que se lia:

Visitantes homens precisam ser anunciados

"Nossa nova paciente", disse Don, virando a cabeça para o aviso, "é da Arábia Saudita. É cada coisa sem noção".

Don balançava a cabeça, enquanto eu estava revivendo em silêncio o que agora despontava como a coisa mais selvagem que eu já havia visto no hospital. Uma semana antes, durante uma emergência, um cirurgião cardiotorácico havia aberto o peito de uma mulher para fazer compressões em seu coração. Um quarto lotado de médicos e enfermeiras impressionados olhara para aquilo em silêncio, enquanto a paciente expirava, e eu tivera dois pesadelos com aquilo. Quando a cena terminou, nossas roupas tingidas de sangue pareciam uma série de pinturas de Jackson Pollock. Um silêncio assustador tomava conta da situação, enquanto saíamos do quarto, coletivamente atordoados. Trabalhar à noite era, agora, um alívio bem-vindo – eu não queria ter aquele sonho de novo. "O que aconteceu?", perguntei.

"Eu acabei de tentar examiná-la", disse Don, "mas o marido disse que eu não posso tocá-la. Ela está vestindo uma burca e só é possível ver uma fresta de seus olhos. Ele não a deixa falar por si mesma. É um absurdo".

Pensei no seminário de competência cultural e em Marjorie, a estudante que se recusaria a tratar de um muçulmano. Será que ela realmente tiraria as mãos e viraria as costas? Será que Don estava para fazer isso? Era estranho vê-lo tão alvoroçado. Fiquei olhando para o molho de tomate que havia se acumulado nos cantos de sua boca.

"Como é que eu vou conseguir fazer um diagnóstico se não posso colocar as mãos na paciente?"

Encolhi os ombros; o mestre dos diagnósticos havia sido emparedado. "Eu não tenho certeza."

Atrás da porta havia uma mulher com um joelho inchado, latejante e vermelho. Ela recebera um diagnóstico de tumor perto da rótula, no Ano Novo, e era nosso trabalho determinar se sua nova febre se devia ao câncer, ao tratamento ou a uma infecção. Don tinha toda a razão de estar frustrado, mas eu fiquei pensando se ele estava cometendo um erro tático ao se deixar envolver por suas emoções. Nós precisávamos dar a cartada que fosse possível.

"Então, o que nós fazemos?", perguntei.

"O que *você* sugere que façamos, doutor McCarthy? Eu vou acatar o que você disser." Don fora me dando, gradualmente, esse tipo de liberdade conforme trabalhávamos com os pacientes. Era uma maneira de controlar o processo e fazer com que eu e meus colegas internos nos sentíssemos mais confortáveis ao tomarmos decisões. Eu me imaginei supervisionando um novo interno através desses cenários, talvez uma tática para ganhar tempo, enquanto eu organizava meus próprios pensamentos. "Me mostre a sua linha de raciocínio", ele disse, passando a mão por seu cabelo malemolente. "Eu quero saber como você pensa."

"Bem, suponho que uma opinião seja assumir que ela tenha uma infecção e tratá-la. Dê a ela antibióticos gerais. Vancomyn e Zosyn. Nós não identificamos o que pode ter causado a infecção, mas esses dois antibióticos atacariam a maioria das bactérias."

"Ok."

"Outra opção é fazer uma ressonância magnética e esperar que ela nos dê uma resposta. Progressão do tumor ou uma nova infecção."

"Claro."

"Mas o exame é caro e talvez seja desnecessário."

"Certo."

"Ou nós poderíamos pedir uma nova bateria de exames de sangue para ver se a contagem de seus glóbulos brancos está crescendo."

"Certamente."

Cruzei os braços. "Ou nós falamos para o marido sair do caminho para que nós possamos examinar a mulher, de fato."

"E então somos demitidos."

"Eu duvido que isso aconteceria."

"Tudo bem. Todas essas sugestões são razoáveis. Mas o que você faria se eu não estivesse aqui? Qual é a sua jogada, doutor?"

Eu imaginei a mulher misteriosa sob a burca e fiquei cercando a situação. "Eu faria uma ressonância magnética."

"Então, é isso que nós vamos fazer."

Nós andamos até um conjunto de computadores e ele deu a ordem para a ressonância magnética. "Você... você teria feito isso?", perguntei, enquanto abria o meu Gatorade. "A ressonância?"

"Não."

Nós olhamos um para o outro em silêncio. Então, Don olhou para o relógio e me disse que eu estava liberado para tirar uma soneca de vinte minutos.

"Eu não estou errado", disse defensivamente.

"Eu não disse que você estava."

Momentos depois, eu estava na cama de um consultório, pensando no que acabara de acontecer. Eu estava confortável com a escolha que fizera. Eu tratara centenas de pacientes e estava chegando ao ponto em que poderia discordar com razoabilidade do meu superior e não me sentir mal por isso. Eu via médicos discordando o tempo todo. A nossa discordância era, meramente, uma diferença de opinião, duas formas contrastantes de tentar responder a uma questão que não tinha uma resposta óbvia.

Não demorou muito para que eu dormisse. Logo, minha mente havia me transportado até uma praia, longe, bem longe do hospital. Então, ouvi alguém bater à porta.

"Você não pode dormir", disse Don.

Eu tinha adormecido profundamente, ficara morto para o mundo e já estava para pedir um coquetel com um guarda-chuvinha dentro. "Nem eu."

"Hipotético", ele disse, vindo até a ponta do leito. "Pronto?" Ele estava claramente lidando com a mulher do joelho vermelho, mas ele precisava de algo a mais para pensar a respeito.

"Você sabe que eu amo esses casos."

"Ok", ele disse, "estão dizendo que a temporada de gripe pode ser ruim esse ano, que nós teremos de racionar os ventiladores mecânicos se Nova York for atingida com força".

"Claro."

"Nós temos um último ventilador na UTI, mas dois pacientes precisam dele: uma mulher grávida de trinta e dois anos e um menino de seis anos. Para quem você vai dar o ventilador?"

Peguei meu bloco de notas e continuei a acrescentar hipóteses à minha lista. Eu planejava usá-las no próximo ano com o novo grupo de internos. "Não há outras opções? Eu tenho que escolher um deles?"

"Sim."

"Qual deles está mais doente?"

"Ambos estão igualmente doentes. Sem o ventilador, ambos perecerão em questão de minutos. Com ele, cada um deles viverá uma vida feliz e saudável na ilha Martha's Vineyard."

"O vinhedo pode ficar sombrio no inverno."

"Esse é o cenário. Você está me enrolando."

"Instintivamente, eu escolheria a mãe", eu disse "Salve duas vidas. Espere... A gravidez já é de quanto tempo?"

"Quatro meses. Ela não pode dar à luz o bebê." Ele pareceu surpreso. "Se eu desse à luz o bebê, você salvaria a criança?"

Esses diálogos ajudavam a nos preparar para cenários clínicos inesperados, mas eles também ajudavam a nos conhecermos melhor; era fascinante descobrir como os colegas se comportavam de forma diferente em relação ao mesmo dilema ético. Nesse caso, no entanto, a resposta parecia óbvia. "Sim", eu disse. "Retire a gravidez da equação e eu salvaria a criança de seis anos antes da mulher de trinta e dois."

"Qual a sua posição a respeito do aborto? Você é a favor da escolha?"

"Hum... Por quê?"

"Só estou curioso para saber quando você acha que a vida começa. Você não é alguém que pensa que a vida começa com a concepção, é?"

"Mesmo se eu não considerar a criança não nascida um ser viável, eu salvaria a mãe grávida."

"Hum, eu escolheria a criança."

"O quê? Por quê?"

"Eu não conseguiria fazer isso com uma criança, Matt. Eu não conseguiria."

Ele inclinou a cabeça sobre a ponta da cama. "Você acabou de abrir outra lata de minhocas, meu amigo. Nesse caso, eu escolheria a mãe."

Nenhum de nós poderia saber que uma pandemia de gripe suína chegaria semanas depois, e que nós seríamos chamados para emergências bem reais para lidar com o possível racionamento dos ventiladores mecânicos. Algumas das discussões mais acirradas que eu testemunhara como interno lidavam com métodos hipotéticos de alocar recursos em face da incerteza. Aquelas contendas a respeito dos ventiladores mecânicos – as quais ocasionalmente acabavam em gritaria – invariavelmente me levavam a Benny, que estava lânguido por causa do algoritmo da organização de doação de órgãos UNOS. Quando você está advogando pelo seu paciente, você não se importa sobre a sabedoria de uma construção que beneficia alguém que não é seu paciente.

"Ok, aqui vai uma nova", eu disse. "Um rapaz passa um ano na UCC esperando por um transplante de órgão que nunca chega. Quanto custará sua conta hospitalar?"

"Isso não é" – Don, ainda olhando por sobre a ponta da cama, gaguejou e deu uma torcida no rosto como se ele estivesse olhando para uma luz bem brilhante – "uma situação realmente hipotética".

Como quase todos os meus colegas, Don havia cuidado de Benny durante o último ano, mas eu não sabia dizer se a saga de Benny o havia afetado (ou a alguém mais, a bem dizer) como a mim. "Eu acho que não."

"Provavelmente, um milhão de dólares", disse Don. "Talvez dois. Com todos os custos de enfermagem, comida e especialistas, é provável que esteja mais perto de dois milhões." Ele balançou a cabeça. "É de ficar arrepiado."

Ficar arrepiado era um eufemismo. Uma sequência de adjetivos mais apropriados me veio à mente: *incrível, ultrajante, ridículo*. E quem estava pagando por tudo isso? Seu convênio médico? Os contribuintes? Eu nunca lhe perguntei; eu não queria saber. "Você acha que ele vai receber o coração?", perguntei.

O destino de Benny verdadeiramente havia se tornado uma obsessão para mim. Eu agora sabia bastante sobre o sistema de saúde – particularmente, a respeito da ineficiência e do excesso – por meio das lentes de sua situação. Será que era algo, de fato, ruim pedir um ou dois exames auxiliares quando milhões estavam sendo gastos com apenas uma pessoa? Será que realmente importava se a dispensa de alguém era postergada por um único dia quando já fora feito refém por meses?

"Honestamente?", perguntou Don. "Não, Matt, eu não acho que ele vai conseguir o coração."

Balancei a cabeça e peguei um livro de eletrocardiograma. "Eu gostaria de discordar de você. Mas eu não sei se consigo."

"Eu acho que, em algum momento", Don prosseguiu, "ele precisará ser entubado e algo irá acontecer, talvez demore bastante, talvez o tubo entre pelo lugar errado, e ele terá um ataque cardíaco e será o fim".

Aquele pensamento me fez estremecer. Quem diria à sua família? Quem comandaria a emergência cardíaca? Eu esperava que fosse Baio.

"Você está me deixando triste", disse Don, voltando ao travesseiro. "Ok, eu tenho outra. Você preferiria se casar com a Madonna ou com uma atriz pornô?"

Eu fiquei contente por mudar de assunto. "Com uma atriz pornô?"

"Sim".

"A Madonna agora ou..."

"Sim", ele disse, "agora."

"Será que a atriz pornô, hum, ainda está na ativa?"

"Sim."

"E ela está trabalhando para pagar os meus empréstimos ou porque ela ama o trabalho dela?"

"Porque ama o trabalho dela."

"E em que fase a Madonna está?"

"Coroa, com tudo em cima, à procura de um brinquedo de rapaz."

"A atriz pornô já ganhou muitos prêmios pelo seu trabalho?"

"Vários".

Fiquei me perguntando se Lalitha, Ariel e Meghan falavam sobre esse tipo de bobagem com seus residentes supervisores. Eu sabia que elas falavam abobrinhas comigo, mas eu estava curioso para saber se isso se estendia para além do nosso grupo de "vagens". Será que outros médicos, em outros consultórios, estavam tentando fazer com que os demais também rissem? "Essa é parada dura", eu disse. "Imagino que as férias seriam difíceis com a estrela pornô. Como é que minha mãe se sentiria em relação à atriz?"

"Em seu casamento, ela ia pegar o microfone da mão do mestre de cerimônias e dizer, 'eu não acredito que o meu filho está se casando com uma maldita estrela pornô'."

"Sim..."

"Ou, então, a relação seria cordial."

"Onde é que nós moraríamos?"

"Scottsdale, no Arizona."

"Naturalmente. Como é que meus amigos se sentem a respeito da moça?"

"Os amigos do ensino médio acham que ela é muito legal. Os amigos da faculdade de Medicina, não."

"E a Madonna me trata como alguém igual a ela em termos intelectuais?"

"Não."

"Eu tenho permissão de manter contato visual com ela?"

"A Madonna lhe permite olhar para ela diretamente, três vezes por dia."

"Minha irmã ficaria puta da vida..."

"Sua irmã acha que você é gay."

Eu respirei fundo. "Acho que eu vou escolher a Madonna."

Ele encolheu os ombros e deu um sorriso. "Doutor McCarthy, levantei essa hipótese para, pelo menos, uma dúzia de internos esse ano, e ninguém, ninguém mesmo, levou tanto tempo para concluir que a Madonna é a parceira preferível para a vida."

38

Na noite seguinte, Don e eu estávamos na sala de emergência, examinando uma mulher que fora transferida para o hospital da Universidade de Columbia, vinda de uma clínica de enfermagem, quando vi Sam com o canto do olho. Retirei o estetoscópio do peito da mulher e fui em direção ao meu paciente. Enquanto eu caminhava pela sala, senti meu telefone vibrar. Era uma mensagem de texto de Heather: GARRAFA DE VINHO ESPERANDO POR VOCÊ EM CASA.

Aquelas palavras me fizeram sorrir. Eu passara o ano aprendendo a cuidar de pacientes, e ela passara o ano, em enorme medida, cuidando de mim. Heather reconhecera que me ver mal por tanto tempo a havia machucado; fora difícil viver com um zumbi sem ânimo, alguém inteiramente concentrado em tentar evitar um colapso mental ou físico. MAL POSSO ESPERAR, eu lhe escrevi.

Heather tinha uma sensibilidade inata para saber quando eu precisava de ânimo ou quando eu só precisava ficar bêbado. Ou dar risada. E agora que eu já não estava tomando as medicações contra o HIV, eu poderia, finalmente, fazer as duas coisas. Recobrar um sentimento de normalidade em minha vida privada, eu descobri, me ajudou a lidar com a roda gigante emocional de ser um médico. Eu poderia me recuperar em casa, assim como Ashley havia me instruído certa vez. Era divertido ver a minha realidade novamente, disse Heather, e eu me sentia da mesma forma.

Agora que o episódio da picada de agulha ficara para trás, nós começamos a falar mais abertamente sobre como aquele período havia sido terrível. Heather confessou que, internamente, ela havia respondido com humor negro, dizendo para si mesma que, se eu tivesse AIDS, nós faríamos belas limonAIDS (brincando com a palavra "limonadas"). Eu não tenho certeza se a piada teria me feito rir ou chorar, enquanto eu estava vivendo com a incerteza sobre o meu diagnóstico. Provavelmente, ambas as coisas. Mas o fato de que agora ela poderia me dizer essas coisas me ajudou a ver quão longe nós havíamos ido. Larguei o telefone e cumprimentei meu paciente.

"Sam", eu disse, "o que você está fazendo aqui?". Ele estava deitado em uma maca, mostrando aqueles dentes cor de champanhe pela sala de emergência. Era estranho vê-lo fora da clínica de primeiros socorros.

"Doutor McCarthy", ele disse, me estendendo uma mão calosa, "parece que eu me envolvi em um problema".

Peguei uma cadeira. "Fale comigo."

"Comecei a sentir dores peitorais novamente, então, eu liguei para o seu consultório. Mas é tão perto que eu vim até aqui." Ao longo dos últimos meses, nós ficáramos próximos – detectar o murmúrio sutil do coração de Sam numa visita clínica de rotina havia sido o ponto de virada em nossa relação inicialmente estranha –, mas eu o acompanhava em vão, enquanto sua saúde se deteriorava com firmeza. A longa lista de problemas com a qual eu havia deparado antes de sua primeira visita se provara acurada, e eu passara a vê-lo mensalmente em minha clínica, às vezes com mais de uma consulta, mas não era o suficiente. Por causa da minha agenda hospitalar agitada, eu só ia para a clínica de primeiros socorros uma tarde por semana, e aquilo me deixava com uma constante sensação, que me corroía, de que eu não estava lá o bastante para ajudá-lo. "Eles fizeram alguns exames de sangue", ele disse, "eletrocardiograma, o de sempre. Devo dizer que fico contente por você ter vindo me ver às, vejamos, duas da manhã".

Será que ele precisava saber que eu estava trabalhando à noite e que nosso encontro fora uma mera coincidência? Apertei sua mão. "Você vai sair dessa." Era algo que eu dizia para quase todos os meus pacientes hospitalizados, e era algo contra o qual eu lutava regularmente. Em alguns casos – em muitos casos, na verdade –, eu não queria dizer aquilo. Eu tentava soar vago, nunca dizendo exatamente o que a pessoa iria enfrentar, mas eu sabia quando as chances eram tragicamente contrárias para um paciente. Ainda assim, senti a necessidade de ser positivo, de oferecer esperança a alguém que havia perdido quase todas as expectativas. Então, eu dizia às pessoas que elas iam passar por coisas pelas quais elas talvez nem fossem passar, e eu não tinha certeza se era correto eu agir assim.

"Eu sei", disse Sam, "eu sei".

"Em que pé estão as coisas, agora?"

"Eles disseram que eu estou tendo um ataque cardíaco. Um ataque cardíaco leve."

Um ataque cardíaco leve. Que termo estranho. "Você parece muito bem para quem está tendo um ataque cardíaco. Mesmo que seja um ataque leve."

"Eles disseram que eu preciso de um cateterismo cardíaco."

Eu não conseguia ouvir aquele termo sem pensar em Gladstone ou em Denise Lundquist. Tanta coisa havia mudado desde aqueles primeiros dias na UCC – frequentemente, eu estremecia diante da minha incompetência inicial –, mas, de qualquer forma, esses casos ainda mexiam comigo. Eu ainda pensava no professor Gladstone e na senhorita Lundquist como se eles fossem meus pacientes. Eu relembrava vivamente a sensação táctil de examinar seus linfonodos, de pressionar meu estetoscópio contra seu peito, de retrair os cílios para observar uma pupila. "Ok", eu disse, observando os sinais vitais de Sam. "Trata-se de um procedimento não muito complicado. Você sairá dessa." "Mas o corante que eles têm de usar pode prejudicar meus rins."

"Verdade."

"O cardiologista disse que eu poderia precisar de diálise preferencial. Mas o nefrologista me disse que ela não vai me fazer bem e está se recusando a diálise. Então, aqui estou eu."

"Aqui está você."

Moranis me avisara de que esse dia estava chegando; o coração e os rins de Sam estavam em rota de colisão, e nós concordamos que os rins teriam que ser sacrificados. Sam e eu discutimos isso extensivamente ao longo dos últimos meses, e apesar de eu não ser um especialista em rins ou coração, ele sabia que eu era seu advogado.

Para explorar completamente a anatomia do coração falho de Sam, os cardiologistas teriam que lhe injetar um corante especial. Mas aquele corante era conhecido por fazer mal aos rins, e os nefrologistas alertaram que seus órgãos já falhos não conseguiriam lidar com tal ataque. Injetar o corante poderia destruir seus rins e forçá-lo a fazer diálise. Ele precisaria visitar um centro de diálise três vezes por semana por um longo tempo – possivelmente pelo resto da vida – e poderia perder a capacidade de urinar por si próprio.

Se isso acontecesse, os cardiologistas poderiam ter problemas – a necessidade de diálise após um cateterismo cardíaco era uma infração que podia ser denunciada –, então, houve a conversa sobre começar a diálise antes de injetar o corante. Mas os dados que davam suporte a tal manobra eram esparsos, e os nefrologistas não estavam interessados em fazê-la. Então, nós estávamos em uma encruzilhada, uma situação que me deixava perplexo. Moranis me disse que, se alguém sugerisse que havia uma resposta fácil para Sam, ele não estaria julgando a situação com a complexidade devida.

"Estamos empacados", eu disse, colocando o dedo na carne solta em meu pescoço. "Essa é uma situação difícil." Imaginei o coração e os rins de Sam lutando num ringue de boxe, enquanto as palavras de Axel despontavam em minha cabeça, uma vez mais: *Não foda o pâncreas.* "Você deveria ter me ligado", eu acrescentei, "diretamente empacados".

Como minhas horas na clínica de primeiros socorros eram muito limitadas, Sam tinha o hábito de me mandar mensagens de texto quando ele media a pressão na mercearia. Moranis havia me advertido contra esse costume de passar o número do meu celular para os pacientes, mas era a única maneira de tomar conta de todos. Pensei em Jim O'Connell e no que ele fez por seus pacientes, saindo à noite e buscando por vidas e enfermidades. Dar o meu número de telefone parecia ser o mínimo que eu poderia fazer. Eu havia passado boa parte do ano tentando me conectar com os pacientes, e quando eu dei ao Sam e aos demais pacientes meu número pessoal, eles puderam sentir uma conexão comigo. "Estou falando sério", acrescentei.

"Há alguma chance", disse Sam, "de vocês se reunirem para discutirem o meu caso e chegar a uma solução?"

"Eu vou ver o que posso fazer."

"Muito obrigado", ele disse, colocando uma mão em meu peito. "Eu vou ficar aqui, enquanto tenho um ataque cardíaco."

•••◆•••

Andei através da sala de emergência e voltei até Don. "Tenho um caso hipotético para você", eu disse. "Meu paciente da clínica está tendo um ataque cardíaco. Ele precisa de um cateterismo, mas ninguém quer tocar nele. Os cardiologistas estão com medo de que irão destruir seus rins, e os nefrologistas não querem fazer a diálise de preferência com ele. O que nós fazemos?"

Don olhou para o meu peito. "Novamente, não se trata de um caso hipotético, se ele está acontecendo de fato."

"O que você acha?"

"É jogo duro."

"Pois é. Eu consigo entender ambos os lados."

Nós olhamos para Sam, que estava lendo a revista *The New Yorker*. Deveria ter sido um ataque cardíaco bem leve, pensei. "Lembre-se", disse Don, "você não é o primeiro a se deparar com uma situação a lhe deixar perplexo. Nunca esqueça isso".

"É um bom ponto."

"Eu poderia mencionar isso para Dave", ele disse, apontando para o nosso chefe da residência que estava fazendo hora extra na emergência. Eu não tivera uma conversa face a face com ele desde aquela vez, em seu consultório, em que ele exprimiu preocupação pelo fato de que cinco internos haviam saído do programa e de que eu admiti que estava em conflito. Havia sido uma interação desconfortável – eu repassara o diálogo em minha cabeça dezenas de vezes –, e fiquei com a impressão de que Dave estava tentando tornar minha vida mais difícil. Aquela crença talvez fosse errônea, e até mesmo a evolução da minha situação, no hospital, nos meses seguintes, não me tirara de todo aquele sentimento.

Eu também não queria me arriscar a falar com ele em meio à sala de emergência, a Área B, na qual havia uma série de homens e mulheres perigosamente inebriados ou psicóticos. Esses pacientes erráticos eram monitorados por meia dúzia de seguranças enormes, e, em minha breve experiência, era quase impossível pôr os pés na Área B sem ter algum tipo de proteção com você.

"Dave", eu o chamei, enquanto me aproximava. "Ei."

"Fala, grande!", ele disse, estendendo uma mão. "Como estão as coisas?"

"Tudo bem. Pergunta rápida."

Ele fez uma reverência. "Como posso ajudá-lo?"

Não estava claro se os chefes da residência eram os escolhidos que verdadeiramente retinham o pseudoentusiasmo do ano de interno ou se eles simplesmente eram os que mais conseguiam fingir o próprio fingimento. "Eu estou com um problema." Rapidamente, lhe contei o quadro de Sam e pedi um conselho.

"Vamos marcar uma conversa!", disse Dave. "Nós vamos conseguir um cardiologista e um nefrologista para que eles se digladiem." Ele fingiu que a minha barriga era um saco de pancada e deu algumas pancadinhas em minha seção medial. Aquilo era estranho. "Vai ser ótimo, Matt!" Ele digitou algumas palavras em seu telefone e sorriu.

"Mas, Dave, o que nós fazemos agora? Digo, nesse instante."

"Vamos ver isso", ele disse, colocando um braço ao meu redor. "Apresente-me ao Sam."

Eu ainda não sabia o que fazer com Dave. Eu não conseguia dizer por quê, mas era como se estivéssemos sempre começando com o pé esquerdo. Era como se ambos fôssemos suspeitos de um crime e ele tivesse me traído, ou me arruinado, do ponto de vista profissional. Mas por quê? Na verdade, ele não fizera nada contra mim. Talvez ele só estivesse preocupado com a possibilidade de eu deixar a medicina. E se eu fosse um mau juiz de caráter? E se Dave fosse um dos caras a me ajudar no *corner* do ringue e eu não tivesse me dado conta?

Olhei para ele com atenção, esperando que sua expressão facial pudesse me revelar algo. Aquele cara jogava no meu time? Olhei para seus lábios finos e me perguntei com que frequência eu julgava as pessoas de forma errada – e não apenas os médicos, mas também os pacientes. Com qual frequência os pacientes achavam minhas perguntas invasivas? Com qual frequência minhas tentativas de me conectar com as pessoas havia dado errado?

Dave e eu andamos em direção à emergência, e eu apontei para Sam. Ele parecia calmo, quase como se estivesse de férias e a maca fosse uma espreguiçadeira.

"É difícil de acreditar", disse Dave, "que um novo grupo de internos logo estará no lugar de vocês. Você está pronto para supervisionar seu próprio interno?".

"Rá. O que você acha?"

"Acho que você percorreu um longo caminho desde aqueles dias melancólicos... após a picada de agulha."

"Melancólicos?"

"Eu estou brincando. Acho que você está indo muito bem." Meu dedo indicador ainda sentia o fantasma da dor ocasional no local em que eu havia me picado, mas eu gostara do elogio. Dave sempre me pegava desprevenido. "Eu vi as suas avaliações da faculdade, Matt. Muito boas. Na verdade, eu estava pensando", ele disse, "se você poderia fazer o *tour* com os novos internos. E com os candidatos do próximo ano. Nós achamos que você seria perfeito".

Nós? Esbocei um sorriso. "Eu gostaria muito."

Em algum momento, eu havia assumido o corpo de um médico razoavelmente competente e capaz. Eu conseguia sentir que era "de verdade", mas não conseguia discernir quando isso acontecera. Quando é que eu havia passado de *nós estamos preocupados que você esteja se descompensando* para *queremos que você faça o tour*? Onde estava aquela cena de transformação, como o grande diagnóstico feito por Don? Talvez tenha sido algo mais gradual, como a demonstração de que eu poderia funcionar consistentemente com oito minutos de sono, ou que eu conseguia introduzir uma agulha sob pressão. Talvez, como Don, eu conseguira estabelecer minha reputação com apenas um paciente – mas qual?

"Ótimo", disse Dave, "dê às pessoas um panorama de como é trabalhar por aqui."

Olhei para o grupo de pacientes perigosos na Área B e sorri. "Claro."

Minha mente começou a vagar, como ela sempre fazia tarde da noite. Será que eu poderia apresentar um panorama acurado da vida no hospital da Universidade de Columbia? Ou falar sobre os estranhos encantos de praticar a medicina? Será que eu conseguiria explicar quão maravilhosamente insano é tudo isso? Pensei nas primeiras semanas com Baio, na UCC; será que as tribulações do ano de interno pareciam diferentes agora, em relação a julho? Eu achava que não, mas não tinha certeza. "Então", eu disse, saindo do meu monólogo interior neurótico, "meu paciente, Sam. Deixe-me contar para você a história toda".

39

Saindo da emergência, horas depois, após os exames revelarem que Sam não estava tendo um ataque cardíaco – nem mesmo um ataque leve –, vi uma velha amiga sentada sozinha, na sala de espera. "Dre?", sussurrei para mim mesmo.

Ela havia engordado – pelo menos uns nove quilos, talvez mais –, mas, sem dúvida, era ela. Ela estava usando um vestido verde e brilhante, mais apropriado para o verão. "Dre?", eu disse, um pouco mais alto. Tanta coisa havia acontecido desde que ela saíra do hospital, e eu ainda tinha muitas perguntas. Ela ainda tinha aqueles caroços no rosto, mas eles estavam menores e apareciam em menor número.

Raramente um médico pode apontar alguém que tenha deixado uma impressão tão duradoura, mas ela, assim como Benny, era uma dessas pessoas. "Ei", eu disse, me sentando perto dela, "é o doutor McCarthy". Ela não respondeu. Talvez Dre fosse um pseudônimo que ela havia inventando e não se lembrava de ter usado. "Eu fui seu médico há poucos meses."

Vê-la permitiu que uma série de pensamentos entranhados viesse à tona. Eu me lembrei de como eu me sentira um fracassado quando ela se foi. Eu era mais uma pessoa que só havia passado por sua vida, outro corpo de jaleco branco que não valia o seu tempo. Parte do processo de reconstrução da minha confiança, nos meses seguintes, envolvera aprender a evitar que as falhas fossem levadas para o lado pessoal. Mas como o primeiro amor perdido, a saída de Dre ainda doía. Era difícil ser racional com relação a isso, até mesmo em termos retrospectivos. O que eu fizera de errado? Desesperadamente, eu ainda queria saber.

Depois de sua partida no meio da noite, fiz algumas investigações e descobri que o Eminem e a Dra. Dre haviam feito um dueto chamado "Esqueça a Dre". Eu a cantava, ocasionalmente, quando tomava meus comprimidos contra o HIV, e tinha a letra bem guardada para um momento como esse. Eu sabia que ela estava lutando contra várias doenças crônicas e, inevitavelmente, apareceria, novamente, em nossa emergência. Mas eu não esperava que fosse agora, logo antes do amanhecer, em uma noite fria de março. Seus olhos estavam fechados, então, a toquei gentilmente. Ela parecia melhor – mas não parecia muito bem –, e o acréscimo de peso lhe caía bem. Será que ela se lembrava de mim? Eu cantei a música baixinho:

"Todo mundo fala como se tivesse algo para dizer..." Olhei para a sala; ninguém estava nos vendo. "Mas não sai nada quando eles movem os lábios, só papo-furado."

Dre recuou e sua mandíbula ficou travada; era uma coisa dura para se dizer a um paciente, mas foi o que eu disse.

"*Em*?" Seu cenho franzido deu lugar a um amplo sorriso.

"Em carne e osso", eu disse. Ela *realmente* se lembrava.

"Não brinca!"

"Sou eu." Eu a toquei rapidamente. "Você está bem?"

"Sim, sim. Só preciso de um *check-up*."

"Na emergência?"

Ela não respondeu.

"Bem", eu disse, "você parece bem". Toquei levemente o tecido de seu vestido, enquanto ela ficava tocando em uma bolsa junto dos pés, e então sussurrou, "é de couro".

Pensei no momento de agonia quando descobri que ela havia ido embora. "Então, aonde é que você foi aquela noite?", perguntei. "Foi a última vez que vi você. Por que você saiu do hospital? Como foi..."

"É uma longa história, *Em*."

"Eu tenho tempo." Meu *pager* vibrou enquanto falávamos. Don estava me chamando para ver um jovem com priapismo – aquele cenário terrível em que uma ereção dura mais de quatro horas. É uma doença excruciante, que, por vezes, requer injeções aplicadas diretamente no pênis para prevenir coágulos sanguíneos. Eu tinha um minuto com Dre, talvez menos.

"Eu só quero saber", eu disse, "por que você escolheu...".

"Em, você é um médico de verdade?"

"Sim, é claro."

Ela sorriu. "Só estou averiguando."

"Por favor, me diga que você está tomando a... medicação. Todas elas."

"Eu estou!" Ela estendeu um braço e afagou meu ombro. "Comecei a passar com a doutora Chanel. Ela está cuidando de mim."

"Ótimo". Ela tocou meu ombro e lhe deu um tapinha. "Você é mais alto do que eu me lembrava, *Em*."

Nós dois havíamos engordado um pouco. "Você quer ouvir algo engraçado?", eu perguntei. "Na faculdade de Medicina, um dos meus instrutores me disse que a minha *fisicalidade* intimidava os outros estudantes."

"*Fisicalidade?*"

"Sim."

"Quem usa essa palavra?"

"Estranha, não é?"

Ela levantou as mãos e contou as sílabas. "Fi-si-ca-li-da-de."

"Então, vamos lá, Dre, de verdade, aonde é que você foi aquela noite."

"Eu saí."

"Eu sei que essa é uma coisa estranha de se dizer, mas fiquei muito magoado. É sério."

Ela tocou em minha perna. "Eu estou tomando as medicações. Mas eu precisava ir. Eu tinha que ir. Me desculpe." Muitos dos meus pacientes mais pobres desapareciam temporariamente, na primeira semana ou quinzena do mês, para pegar o auxílio-desemprego ou de deficiência, mas eles, geralmente, voltavam no mesmo dia. Não era uma situação ideal, mas minhas mãos ficavam atadas. "A Chanel estava cuidando de mim", ela acrescentou. "Eu estou bem."

"Bom, você parece bem."

Ela tocou no meu rosto, como ela havia feito no hospital. "E você também."

"Mais uma coisa", eu disse, vendo rapidamente outra mensagem de texto no meu *pager*. "Você começou a tomar as medicações por... por causa de mim? Por causa das conversas que nós tivemos?"

"Honestamente?"

"Sim, honestamente." Fechei os olhos. Eu nunca pedia aos pacientes que respondessem às perguntas da forma como eu queria que eles o fizessem, mas agora eu fazia isso.

"Oh, *Em*."

"Seja franca comigo." Ou então faça a minha vontade.

Dre virou a cabeça levemente. "Honestamente, não." Ela se levantou, ajeitou o vestido e me deu um tapinha na perna. "Eu preciso ir. Adeus, *Em*."

Parte VI

Depois do meu período noturno de duas semanas com Don – ele e eu passáramos por centenas de casos hipotéticos durante a quinzena noturna –, fui enviado para a cidade alta para trabalhar durante um mês na UTI do Hospital de Allen. Localizado perto da zona norte de Manhattan, o Allen era um hospital comunitário, com trezentos leitos, que ficava na rua 220, onde os internos da Universidade de Columbia passavam um mês aprendendo a arte da medicina geriátrica, e um mês lidando com a UTI.

A estrutura de supervisão era um pouco diferente por lá, uma vez que, em contraste com o grande hospital de Columbia na rua 168 – um centro de referência internacional –, os pacientes, no modesto hospital de Allen, em seus três andares, tendiam a ter problemas médicos menos agudos e complexos. E nós ficávamos agradecidos por isso.

À primeira vista, a designação parecia algo contraditória. Se os pacientes no Allen não estavam tão doentes, por que ter uma UTI? Em uma viagem interminável de metrô em direção ao norte para a rua 220, no começo de abril, eu ficava me perguntando se, como o suposto ataque cardíaco leve de Sam, eu ia começar a trabalhar em uma UTI leve. Enquanto o metrô se aproximava do hospital, fiquei pensando em quão estranho era classificar os seres humanos dessa forma – como simples ou complexos, em termos médicos, ou cronicamente doentes ou mais tranquilos –, em vez de tratar as pessoas como engraçadas, gentis ou irritantes. Eu estava chocado com a forma diferente como minha mente estava funcionando agora, em relação à forma como ela funcionava alguns anos antes. Quando é que eu começara a identificar as pessoas com base na fisiologia, em vez de sua personalidade? Quando é que o paciente de quem eu estava cuidando se tornara a Moça Salmonela ou o Rapaz Diarreia?

Depois de dez meses como interno, eu já não vivia a vida como uma pessoa normal. Eu não conseguia assistir a um filme e ler uma revista sem ficar sonolento como no hospital – em um procedimento, em um diagnóstico ambíguo ou na consulta com um paciente –, como que a reviver o momento ainda uma vez e sempre, até que alguma coisa me tirasse dali. Eu, agora, considerava difícil manter uma conversa sem mencionar algo que vira ou fizera no trabalho. Pedindo o almoço em uma mercearia, fiquei pensando nos pacientes que disseram ter sentado em um pote de mostarda. Em uma loja de doces, eu ficava pensando sobre as bexiguinhas pulmonares.

Eu agora via tudo através das lentes da medicina. Não era algo que eu tinha planejado ou quisesse particularmente, aquilo simplesmente acontecia. Quando eu via alguém na rua mancando, eu ficava pensando sobre como poderia ter acontecido

– derrame? Osso fraturado? Doença de perda muscular? –, até que eu me sentisse confiante em meus diagnósticos. Eu me via olhando fixamente para sinais estranhos, no metrô, e orelhas cortadas, no parque. O que causava essas coisas? Eu não conseguia deixar isso passar até que houvesse formulado algum tipo de hipótese.

Eu queria me tornar, desesperadamente, um médico excelente, mas, enquanto o ano passava, eu também queria me lembrar de como era não ser um médico – apenas ser um cara que sai para dar um passeio de cabeça fresca e vai comprar coisas, no mercado. Um cara que não agisse rápida e decisivamente, alguém que poderia estabelecer contato visual com outra pessoa sem pensar sobre oftalmologia. Eu queria ser um médico e uma pessoa normal. Será que era possível? Ou será que as duas coisas eram mutuamente excludentes? Eu esperava que nunca tivesse que escolher, mas, de alguma maneira, parecia que eu já havia escolhido.

Quando pisei na UTI do Allen para o primeiro plantão de trinta horas, em abril, descobri que meu grupo de "vagens" seria supervisionado por apenas um residente do terceiro ano (em vez de dois residentes do segundo ano), e que esse residente seria supervisionado por dois médicos atendentes. Isso, provavelmente, tinha sido explicado meses antes, durante a orientação, quando o ano como interno me fora apresentado, mas eu havia me esquecido dos detalhes. Eu havia me tornado bastante míope ao longo do ano, centrado no que eu precisava saber para superar o dia, em vez de pensar no que aconteceria nas semanas e nos meses pela frente.

A equipe inteira da UTI do Allen deveria ir para casa às oito da noite, o que queria dizer que eu deveria tocar o barco, em meu turno noite adentro. Eu teria apoio, é claro, na forma de um atendente médico que estava internando seus próprios pacientes, em outra parte do hospital. Mas, quando o sol se pusesse, eu estaria essencialmente sozinho.

Se eu fosse destacado para o trabalho até o fim do ano acadêmico, a UTI do Allen era tido como o lugar ideal para um interno promissor ficar à vontade para tomar decisões difíceis sozinho, sem segundas opiniões ou apoio de um residente mais velho. Mas aquele também era o lugar em que os erros seriam amplificados; fazer o diagnóstico errado ou escolher uma medicação imprópria poderia infligir um dano real, em vez de uma mera reprimenda por parte de um supervisor. Eu ouvira histórias de internos irrompendo em lágrimas por conta do terror existencial de lidar com uma UTI sozinhos. Enquanto o sol se punha sob o rio Hudson e eu dizia adeus aos meus colegas de UTI, naquela primeira noite sozinho, eu só tinha um pensamento: *Não faça merda.*

Olhando ao redor da UTI – a sala era mais ou menos do tamanho de um campo reduzido de beisebol das ligas menores –, notei que as luzes fluorescentes não eram tão brilhantes como em Columbia, e que o lugar tinha um cheiro diferente, vagamente antisséptico, como se o chão de azulejos tivesse acabado de ser limpo com cloro e o quarto tivesse recebido uma lufada de aromatizador de ambientes. Não era nem melhor nem pior do que no hospital da rua 168, era apenas diferente, como se eu tivesse me mudado para um apartamento novo – um local estranho, com vizinhos desconhecidos e aparelhos com os quais eu viria a me acostumar, mas que, agora, me pareciam estranhos.

Diante de mim, havia na unidade uma dúzia de corpos inconscientes vinculados a ventiladores mecânicos e a grandes acessos intravenosos, assim como em Columbia. Havia monitores de pressão sanguínea pulsando, enfermeiras enérgicas e famílias aflitas, assim como em Columbia. Havia pilhas familiares de eletrocardiogramas e rosquinhas amanhecidas, mas não havia o Baio ou o Don. Era apenas eu, sozinho com um grupo de pacientes muito doentes e complicados. Não era uma UTI *light*.

Olhei para a minha lista de atividades, naquela primeira noite solitária, e tentei desenvolver um plano de ataque. Por onde Baio começaria? Como é que Ashley faria a triagem dessa lista? Havia, talvez, duas dúzias de atividades que precisariam ser realizadas antes do pôr do sol, e eu poderia fazê-las na ordem que quisesse. Eu conseguiria fazê-las facilmente se a noite permanecesse calma, mas seria uma tolice presumir que a noite seria calma. Situações imprevistas – corações fibrilando, distúrbios profundos de eletrólitos, vômitos intratáveis – sem dúvida me deixariam ocupado, sem mencionar os novos pacientes vindos da emergência. Coloquei o estetoscópio ao redor do pescoço, verifiquei meu *pager* e fui até o próximo paciente.

A pequena sala era escura e fresca, separada das luzes fluorescentes da UTI por uma grande cortina bege, que contornava o perímetro. Uma tela de LCD que projetava os dados do ventilador mecânico iluminava vagamente a pele manchada de uma vietnamita quimicamente sedada e morbidamente obesa, que tinha pneumonia e unhas muito longas. Quando me aproximei do leito, senti um parceiro silencioso ao meu lado. Primeiro, a voz de Ashley, me lembrando gentilmente de que eu precisava verificar os linfonodos escondidos; depois, Jim O'Connell, me dizendo para dar uma olhadela sob as unhas. Eu me apresentei para aquela mulher inconsciente por mera formalidade, sabendo que ela não poderia responder. Mas eu falei bem alto, para o caso de uma palavra ou frase ficar registrada. Eu me sentia pronto para esse desafio, mas, naqueles primeiros momentos solitários no Hospital Allen, me dei conta de quanto eu contava com os outros, com qual frequência eu puxava a manga de um colega e dizia, "Ei, pergunta rápida". Para mim, partilhar ideias e planos de tratamentos com os outros havia se tornado um modo de vida, uma salvaguarda para prevenir erros médicos. Mas, agora, eu não tinha essa opção. Coloquei um uniforme descartável e um par de luvas, e pressionei o estetoscópio levemente contra o peito quente daquela mulher.

Logo Don veio à minha mente, me forçando a descrever o som do murmúrio do coração da mulher com mais detalhes. Olhando para a sua grande barriga, eu conseguia ouvi-lo a me lembrar da maneira correta para se realizar um exame abdominal. *Olhe, ausculte, apalpe*. Enquanto escrevia minhas descobertas e as vozes transpassavam o meu cérebro, eu me sentia menos sozinho. Eu sabia que, se o meu juízo me falhasse, a memória não o faria. Eu havia diagnosticado e tratado a pneumonia tantas vezes que eu só precisava me deixar guiar por minha experiência prévia.

Durante as séries de noites que trabalháramos juntos, Don e eu havíamos descoberto a pneumonia ao menos uma dúzia de vezes, e, em cada caso sucessivo, ele havia me dado espaço e autoridade para chegar ao diagnóstico diferencial, ordenar exames e formular um plano de tratamento. Eu me sentira no controle e desenvolvi um pouco de tranquilidade para tomar decisões importantes, embora eu soubesse que ele era minha rede de segurança, supervisionando meu trabalho na retaguarda. E, quando Don discordava de mim, eu já não me sentia compelido a dizer, "Eu não estou errado", embora eu pudesse estar. Se eu tivesse cometido um erro verdadeiro, eu sabia que ele me teria dito.

"Continue com os antibióticos de ampla atuação por mais vinte e quatro horas", eu disse suavemente, enquanto saía do quarto da vietnamita, "e tente tirá-la do ventilador mecânico, amanhã". Fechei os olhos rapidamente e imaginei meus antigos supervisores acenando gentilmente em concordância. Então, escrevi o plano na lista de atividades.

Ao me dirigir até o próximo paciente – um italiano frágil que tinha algo como uma febre de origem desconhecida –, imaginei a voz de Lalitha perscrutando as causas incomuns de febre. *Não se esqueça da febre mediterrânea familiar*, Matty. Então, Ariel chegava para me lembrar das causas comuns de febre que poderiam ter sido deixadas de lado. *Você verificou se há tuberculose, doutor McCarthy?* Boa parte do meu conhecimento médico viera das discussões, simplesmente ao ouvir, enquanto meus colegas "vagens" dissecavam centenas e centenas de casos. Enquanto eu verificava os sinais vitais, senti a necessidade de lhes mandar uma mensagem de texto: *Me desejem sorte! Ou Sintam-se à vontade para voltar se você estiverem entediados em casa!*

Mas eu não lhes mandei a mensagem. Na verdade, eu peguei o celular do meu bolso de trás da calça e o coloquei no centro da unidade, perto de um teclado de computador. O trabalho era tão tumultuado no hospital que os médicos raramente se comunicavam pelo celular; aquilo serviria apenas como distração, e eu queria imergir na essência do que era estar sozinho e não ter assistência. Eu sabia que precisaria de foco completo para passar a noite sem cometer erros.

Eu havia visto e feito tanta coisa desde o episódio de Gladstone e a nota lamentável que eu escrevera para Baio e que tanta raiva havia provocado em Sothscott. Eu era alguém que sempre gostava de um desafio, mas o incidente de Gladstone havia suprimido aquilo provisoriamente, me transformando em um médico tímido, que ficava com medo de cometer erros. Agora, finalmente, eu havia superado aquilo, ao receber avaliações positivas dos médicos supervisores – por conta da minha habilidade tanto em realizar procedimentos quanto em apresentar casos complexos de forma concisa durante as discussões –, e, assim, ser responsável pelo cuidado dos pacientes já não era um pensamento que me dava frio na barriga. Agora, eu conseguia olhar para um paciente como Carl Gladstone, com pupilas desiguais, e fazer uma longa lista de causas possíveis para aquilo. Eu conseguia refinar e rearranjar aquela lista, criando uma hierarquia de causas prováveis, e, a partir dali, poderia enviar uma mensagem para um especialista – um neurologista, um neurocirurgião ou um oftalmologista – para confirmar ou desaprovar minhas suspeitas. Eu me sentia de forma diferente porque eu me tornara diferente. Depois de quase um ano como interno, eu sabia que já era quase um médico de verdade. *Quase.*

Após examinar o restante dos pacientes na UTI do Hospital Allen – não havia emergências médicas, apenas algumas conversas com familiares confusos e angustiados dos pacientes –, outra voz despontou em minha cabeça. *Quando você puder comer, coma.* Enquanto eu andava até uma caixa de donuts de chocolate no centro da unidade, o funcionário da enfermagem me entregou um telefone e disse, "é da sala de emergência". E lá vamos nós.

Um médico da emergência chamado dr. Brickow se apresentou rapidamente. "Eu acabei de examinar um rapaz de vinte e cinco anos chamado Dan Masterson", ele disse. "O rapaz está em mau estado, ele vai precisar da UTI. Eu presumo que você tenha leitos disponíveis, certo?"

Eu me lembrei das idas e vindas entre Baio e Don, em que eles tentavam encontrar uma cama de UTI para Benny, enquanto eu comia um donut. "Nós temos, sim." Masterson seria o primeiro paciente de quem eu cuidaria sozinho. Aquela responsabilidade já não me parecia um fardo; era algo que eu queria. "Qual é o problema dele?", perguntei.

"É uma história estranha", Brickow continuou. "A esposa está grávida de seu segundo filho, então, ele muda de trabalho para pagar as contas. Ele precisou tirar uma licença do trabalho para começar a trabalhar e, do nada, seu exame deu positivo para hepatite C."

Peguei uma cadeira de plástico e me sentei. "Hum."

"Isso aconteceu há alguns meses."

"Então, o que ocorreu depois? Por que ele está aqui?" Comecei a criar uma narrativa para a doença desse novo paciente. Era algo que eu havia aprendido com o Don. Era a forma dele de transformar uma história bidimensional sobre um conjunto de sintomas discretos em uma imagem tridimensional de um ser humano lutando contra uma doença. Aquilo era útil, mas, ocasionalmente, me levava a conclusões prematuras e infundadas.

A narrativa começou a fazer sentido na minha mente: eu imaginei o corpo convulso de Dan Masterson indo parar na sala de emergência do Allen, com dor de barriga ou cirrose. Ele havia envelhecido prematuramente – Dan era provavelmente um jovem velho – e havia atribuído seus sintomas, inicialmente, ao estresse. Problemas no trabalho, o nascimento de outro filho, algo assim. Ele havia ignorado alguns sinais de alerta – perda de peso, falta de ar – e agora ele estava conosco, lutando pela vida. Fiquei me perguntando se ele era frágil e como ele estava vestido. Eu queria saber quando ele tinha contraído o vírus e como sua esposa havia reagido.

Tomei um trago de uma lata de refrigerante e olhei ao redor em busca de um copo de isopor, me perguntando se eu precisaria daquilo, depois. Quão doente aquele rapaz estava? E será que eu saberia o que fazer? Subitamente, eu não estava me sentindo tão ávido para receber um novo paciente. Eu esperava que não fosse ver uma nova doença, naquela noite. Eu queria algo rotineiro, algo com que eu pudesse lidar. Eu não estava buscando um momento de aprendizagem, especialmente porque não havia ninguém ao meu redor para me ensinar.

"Aqui começa a parte estranha", disse o dr. Brickow, e o tom da sua voz subiu levemente. "O cara chegou aqui, do trabalho, há algumas horas – andando, falando, um rapaz totalmente normal – e me disse que achava que ia morrer."

Novamente, me lembrei do terror que senti depois da picada de agulha. Eu havia me sentido assim mais do que algumas vezes, e eu não estivera doente *daquela maneira*. "Sim."

"E ele me disse que tem feito alguns tratamentos experimentais. A terapia de inalação do óxido nítrico."

"Sério?"

"Sim. Ele descobriu isso na internet. Leu alguns depoimentos de que isso cura a hepatite C, então ele resolveu tentar."

Balancei a cabeça. "Isso é estranho." Mais cedo naquele ano, eu havia aprendido um pouco sobre a terapia de inalação do óxido nítrico, depois que um paciente da minha clínica, com doença da célula falciforme, perguntou sobre isso. Parece que havia um mercado negro para essa coisa, e as pessoas estavam usando essa terapia para todos os tipos de doenças. Mas esse não era um tratamento para a hepatite C.

O dr. Brickow cobriu o gancho do telefone e deu uma ordem para alguém, na sala de emergência. Algo sobre uma tomografia computadorizada.

"Então", eu disse, "eu presumo que a esposa dele saiba que ele...".

"Essa é a outra coisa... ele disse que não contou nada para a esposa. E o segundo filho nasceu há um mês."

"Ai..."

"Sim, e eu preciso avisar você, ele está ficando mal rapidamente. A pressão sanguínea está caindo. Provavelmente, vamos precisar entubá-lo. Eu não sei se foi por causa do óxido nítrico ou algo assim."

"Tudo bem", eu disse, "mande-o para cá. Estou pronto". Era a única resposta aceitável, mas eu estava lutando contra meus nervos. Esse quadro era uma área em branco na minha tela.

Alguns minutos depois, as portas da UTI se abrem e uma equipe de médicos e enfermeiras da sala de emergência trazem Dan Masterson para a última cama da unidade. Diferentemente da UTI de Columbia, não havia um canto do azar em Allen. Uma energia frenética tomava a sala. "Perdeu o pulso", alguém gritou enquanto eu me achegava. "Comece a fazer compressões peitorais", disse outra pessoa. Minha nova internação, meu primeiro novo paciente havia ficado sem pulso a caminho da UTI.

Rapidamente, fui até à cabeceira da cama e passei a comprimir o esterno de Dan Masterson com a palma das mãos. Antes que tivesse visto seu rosto e tivesse notado a cor de seus olhos, eu quebrara uma de suas costelas. Provavelmente, duas. Pressionei para cima e para baixo sobre seu peito quebrado, enquanto outro médico gritava ordens, e em meio àquela loucura – enquanto um tubo respiratório foi introduzido rapidamente através de sua traqueia e uma enfermeira injetava adrenalina em seu corpo sem vida – dei uma rápida olhada para meu novo paciente. Dan Masterson não parecia como eu o imaginara. O homem era grande – ele tinha bem mais do que 1,80 m –, peito dilatado e braços grossos e musculosos. Ele tinha cabelos loiros e curtos, olhos verdes tempestuosos e tatuagens por todo o peito e abdômen. Ele parecia um rapaz jovial e saudável, e não alguém que estávamos resgatando do limiar da morte.

Um médico da emergência alto e esguio estava junto ao pé da maca, calmamente conduzindo a ressuscitação, enquanto eu esmagava furiosamente o peito de Masterson. "Eu preciso de cálcio, insulina e bicarbonato de sódio", disse o médico para a enfermeira próxima a ele. Dirigindo-se ao restante de nós, ele disse, "O paciente está assistólico há três minutos. Por favor, continue a ressuscitação cardiopulmonar".

Suor se acumulava em minha testa, enquanto eu usava as mãos para comprimir o peito desigual e afundado de Dan Masterson. Algumas gotas caíram da ponta do meu nariz e atingiram seu pescoço. Logo, as gotas estavam caindo no seu rosto. Depois de cinco minutos de compressões, o topo do meu jaleco estava encharcado. Conforme os minutos passavam, me vi comprimindo o corpo sem vida com cada vez mais força, buscando em vão por uma nesga de vida em seus olhos. Mas não havia nada. Apenas uma face sem expressão cujas cores iam sendo gradualmente drenadas.

Em algum momento durante tudo isso, meu supervisor apareceu. Ele era um homem jovial, de quarenta e tantos anos, chamado dr. Jang, que estivera atendendo pacientes em outro andar. Ele era rechonchudo – um dos poucos médicos que encontrei que poderiam ser descritos como acima do peso – e nós trocamos um breve grunhido de saudação, enquanto eu continuava a bombear o peito de Masterson.

Sempre depois de alguns minutos, quando eu pensava que meus braços já não iam mais aguentar, Jang tomava o meu lugar e assumia as compressões. Durante esses momentos, enquanto eu ficava atrás dele tentando recobrar a respiração, fiquei me perguntando que papel o óxido nítrico havia desempenhado em tudo isso. O que estava acontecendo dentro do corpo de Masterson? E por quanto tempo nós tentaríamos revivê-lo? Eu nunca vira uma equipe passar de trinta minutos. Mas esse rapaz era jovem e tinha uma esposa e dois filhos em casa. Como é que nós poderíamos parar de fazer a ressuscitação cardiopulmonar? Enquanto eu estava ali, exausto, com as mãos nos joelhos, eu pensei, *não o deixem morrer, não deixem esse maldito morrer.*

Ao longo do ano, eu havia desenvolvido uma crença de que, se eu tivesse tocado em um paciente – se nossos corpos houvessem mantido o mais leve contato –, aquela pessoa passava a estar sob minha responsabilidade profissional. Essa visão assumidamente incomum da relação médico-paciente havia começando algum tempo depois da minha interação com aquela dominicana que portava drogas, quando pensei sobre a maneira ausente como eu havia entrado em contato com ela. Aquela era a minha pior maneira de agir, um médico que apenas realizava os movimentos, insensível às súplicas daquela jovem amedrontada. Aquele não era o médico que eu queria ser. Não era a pessoa que eu queria ser. Uma vez que minhas palmas houvessem tocado o peito de Dan Masterson, eu o considerava meu. Meu paciente. Minha responsabilidade. Meu problema.

Ao me levantar e me endireitar, ouvi, novamente, a voz do médico da emergência ao pé da cama. "Nós estamos fazendo a ressuscitação há vinte minutos. Durante esse tempo, o paciente permaneceu sem pulso. Ele recebeu três doses de epinefrina e..."

Senti um tapinha no ombro e fui instruído a parar com as compressões peitorais. Mais suor caiu, enquanto era feita uma inserção intravenosa na virilha de Masterson e dúzias de medicações eram administradas. Em algum momento, talvez aos 25 minutos da ressuscitação, houve um pequeno ruído no monitor cardíaco, possivelmente representando uma fibrilação ventricular. Era um bom sinal, potencialmente um sinal de vida, e todos éramos instruídos a recuar, enquanto Dan Masterson recebia um choque de 120 joules de eletricidade. Mas aquilo não resultou em nada. Não havia pulso e o monitor mostrava uma linha reta.

A fagulha de esperança nos havia dado razão para continuar, mas, conforme os minutos passavam, uma intervenção atrás da outra falhava. Eu me vi segurando a respiração inadvertidamente, enquanto cada nova medicação era ministrada. Conforme eu me preparava para recuar e parar as compressões, o dr. Jang limpou a garganta e perguntou, "Alguém se opõe a que interrompamos o procedimento?".

Eu congelei. Nós havíamos realizado a ressuscitação cardiopulmonar por quase o dobro de tempo que já a vira ser feita, mas, ainda assim, eu não esperava que fôssemos parar. Dan Masterson era meu primeiro paciente, meu primeiro paciente solo. Nas discussões da manhã seguinte, eu deveria apresentar cada paciente que havia sido trazido para a UTI em meu plantão, e, agora, teria que me levantar e dizer que nós não conseguíramos salvá-lo. Imaginei os médicos atendentes da UTI trocando olhares, enquanto eu tentava dar uma explicação sobre o porquê de termos falhado.

Imaginei os sussurros: *Será que o McCarthy sabe o que está fazendo?* Eu não queria que isso terminasse daquela forma. Dan Masterson tinha muita coisa em jogo.

Há sempre alguém na roda que quer continuar a realizar o procedimento. Olhei ao redor em busca daquela pessoa, mas ninguém falou nada. Aquele alguém era eu. *Vamos dar um choque nele de novo, eu queria dizer. Vamos dar mais dez choques, se for preciso.* Mas eu sabia que aquela não era a resposta. Você não dá um choque em alguém com uma linha reta no monitor e que está sem pulso. Você precisa de um coração que está fibrilando para usar um desfibrilador.

"Vocês têm certeza?", perguntei. Meus olhos mapearam a sala, procurando por alguém que dissesse algo. Busquei um pulso uma última vez. Nada.

"Alguém tem alguma objeção?", Jang perguntou, novamente. As cabeças balançaram gentilmente da esquerda para a direita, exceto a minha. Eu sabia que eles estavam certos, mas eu não queria reconhecer aquilo formalmente. Eu não queria aceitar que nós havíamos falhado. "Tudo bem", disse Jang, quando ele pôs a mão direita no pé esquerdo de Dan Masterson, "a morte ocorreu às vinte e uma horas."

Minha cabeça caiu. Meu primeiro paciente estava morto poucos minutos depois de eu o ter conhecido. Eu não pudera ajudá-lo. O que isso dizia sobre mim, como médico? Claro, eu era não responsável pelo que havia acontecido antes que ele chegasse – e não fora eu que liderara a emergência –, mas eu não fora capaz de fazê-lo reviver. Eu queria acreditar que a repetição melhorava todas as minhas habilidades clínicas, cada uma delas, do diagnóstico de pneumonia até a ressuscitação cardíaca. Mas esse não era o caso.

Então, muitas partes da medicina dizem respeito ao processo, e as ressuscitações não fogem à regra. Havíamos aprendido um algoritmo para o auxílio avançado à vida cardíaca. Se não há pulso, comece as compressões peitorais. Coloque o paciente em um monitor cardíaco para ver o que está acontecendo. Não há batimentos cardíacos ou um coração a fibrilar? Os melhores médicos se movem continuamente segundo o algoritmo, e o médico que havia comandado a ressuscitação de Dan Masterson fizera um trabalho perfeito, ficando bem concentrado durante o esforço mais longo de que eu fizera parte, ao longo do ano. E eu havia sido, assim eu pensava, uma peça perfeita na engrenagem. A ressuscitação inteira fora um peça de medicina bem orquestrada. O único problema é que o paciente havia morrido.

Aquela fora uma lição objetiva sobre as horríveis limitações da medicina. Eu segui a técnica apropriada – comprimir, ao menos, cinco centímetros, e permitir o recuo completo do peito –, e o paciente viveria ou morreria. Não há uma arte nesse sentido, não há um caminho nuançado para inocular vida em um corpo sem vida. É preciso comprimir o peito e esperar que isso funcione. Olhando para o corpo de Dan Masterson, fechei a mão esquerda em punho, e com ela golpeei a palma da mão direita. Qual era o sentido de ter todo esse treinamento e tecnologia se não conseguíamos fazê-los funcionar?

Eu tinha visto tantos pacientes serem trazidos do limiar da morte, tantos haviam sido salvos quando toda a esperança se perdera, mas não daquela vez. Baio havia me mostrado como era a sensação de ser especial, de ser um salvador de vidas, mas, naquela noite, eu fazia parte do time derrotado. E aquilo me fez pensar que eu não era tão especial sem ele. Ou o Don. Ou a Ashley. Ou o Moranis. Talvez eu precisasse daqueles médicos mais experientes para realizar o meu trabalho com efetividade. Meus braços e minhas costas doíam, mas meu coração estava ainda mais dolorido pela família de Dan Masterson. *Por que isso aconteceu?*

Eu me afastei do corpo, e o dr. Jang colocou o braço ao redor do meu ombro suado. Ele via que eu estava triste. "Nós fizemos tudo o que pudemos", ele disse.

"Eu sei", eu respondi, e meus olhos estavam repletos de lágrimas. "É que é uma merda. Sabe?" Eu não conseguia explicar muito bem por que eu era tão emocional. O que é que envolvia esse Dan Masterson? Eu vira muitos pacientes morrer – às vezes isso poderia ser uma ocorrência cotidiana – e raramente ficava chocado. A quinta morte não o choca da mesma forma que a primeira ou a segunda. Mas a maioria das pessoas que eu vi morrer eram mais velhas ou estavam doentes há um bom tempo. Eu havia participado de várias ressuscitações falhas antes dessa, mas elas haviam envolvido octogenários que, provavelmente, não precisariam ter tido as costelas quebradas. Dan Masterson era um rapaz jovem e bonito que acabara de chegar da rua e morrera. "Eu sei", eu disse novamente. Enxuguei as lágrimas com a minha camisa.

Nós olhamos novamente para o corpo de Masterson, enquanto a enfermeira pegava os papéis e os plásticos que se haviam espalhado caoticamente pela sala durante a emergência, frascos e mais frascos de medicações que haviam sido administrados em vão. Há algo estranho em reconhecer que a vida saiu de um corpo. Eu não acredito em espíritos subindo aos céus ou algo assim, mas eu realmente sentia que algo palpável havia saído do corpo, algo havia sido extinto e removido da sala quando o manto da morte chegou. Logo, o *rigor mortis* se estabelecia, e os membros de Dan Masterson ficariam rígidos e seu corpo ficaria gelado. Eu me concentrei por um momento nesses processos bioquímicos para me defender do tormento mental da sua morte e da nossa falha.

"Há uma papelada que precisa ser preenchida", disse Jang. Ele sacou uma lista de atividades de seu jaleco branco e colocou um par de óculos de tartaruga. O homem havia passado claramente à próxima tarefa. Será que eu ficaria assim daqui a alguns anos? Eu não queria saber o que fora preciso acontecer para que ele se tornasse assim. "Você sabe como realizar um exame *post-mortem*?", ele perguntou.

"Sim."

"Você também precisa contar para o parente mais próximo e requisitar uma autópsia", ele disse. "Você já fez isso antes?"

"Sim." A morte era uma parte comum e raramente inesperada do meu trabalho, e um membro da família geralmente estava por perto para que as notícias pudessem ser transmitidas pessoalmente. Mas, me dei conta de que essa conversa com o parente seria muito diferente. Eu estava para ligar para alguém que sequer sabia que seu marido estava no hospital. "Eu nunca relatei algo assim pelo telefone", eu disse. "Nunca liguei para alguém que eu não conheço." Tentei imaginar como isso se daria. Cada cenário parecia horrível.

"Você só tem que fazer o que é preciso."

"Certo."

"Eu sei que isso não ajuda", Jang disse com mais firmeza, "mas você tem que fazer o que é preciso".

Enquanto eu buscava o nome da esposa de Masterson no histórico médico, meu coração começou a se acelerar. O que é que eu ia dizer para ela? Essas são as tarefas – os deveres horríveis de um médico – que nunca eram suficientemente ensinados na faculdade de Medicina, os momentos terríveis com os quais você nunca ficaria confortável, não importa há quanto tempo você lidasse com eles. Ocasionalmente, nós dávamos más notícias – um novo diagnóstico de câncer ou algo equivalente –, mas nada parecido com isso.

Naquele momento, enquanto eu digitava seu número vagarosamente, eu queria desaparecer. Olhei para Jang depois de digitar o último número. Eu me senti como se fosse vomitar. O que eu deveria dizer? O que eu quereria ouvir? Se recebesse uma ligação assim, provavelmente largaria o telefone e perderia a cabeça.

Ouvi o telefone tocar e respirei fundo. Eu ainda não tinha ideia do que ia dizer. Dar as notícias rapidamente, como tirar um band-aid? Ou dá-las devagar, para que a mulher tivesse tempo de acostumar o cérebro com a sua nova e terrível realidade?

O telefone tocou novamente, e eu senti o meu pulso se acelerar ainda mais. Eu estava respirando rápida e irregularmente. Jang estava sentado ao meu lado, estalando seus dedos rechonchudos.

Depois de cinco toques, uma secretária eletrônica atendeu a ligação, e eu desliguei o telefone. "Devo deixar um recado?", perguntei.

Jang balançou a cabeça. "Tente de novo."

Liguei novamente, e uma mulher imediatamente atendeu ao telefone. "Senhora Masterson?"

"É ela."

"Quem fala é, hum, o doutor McCarthy, de Columbia... do Centro Médico da Universidade de Columbia. Estou ligando para lhe falar a respeito do seu marido."

"Ele está aí? O que aconteceu? Ele está bem?" Era possível ouvir uma televisão ao fundo. *Você tem que fazer isso.*

"O que aconteceu com o meu marido?", ela disse rapidamente. "Me diga o que está acontecendo."

Da mesma forma que eu fizera com relação a seu marido, comecei a imaginar como essa mulher parecia – confusa, exausta, debilitada –, talvez fosse uma forma de procrastinar. Será que ela estava segurando uma de suas crianças? Como era o seu cabelo? "Me diga", ela repetiu.

Olhei para Jang, e ele acenou com a cabeça. Tirei o rosto de sua direção e balancei a cabeça, olhando para os sapatos, que haviam sido aspergidos com o sangue de Dan Masterson. No instante final, naquele último momento antes de eu explicar o que havia acontecido, meus pensamentos se apagaram e não senti nada. "Senhora Masterson, seu marido foi trazido para a nossa emergência hoje à noite."

"Oh, meu Deus", ela sussurrou ao telefone. "Ele está... Por favor, me diga..."

"Ele teve um ataque cardíaco pouco depois da chegada e faleceu há dez minutos. Nós fizemos tudo o que pudemos. Eu sinto muito." Afastei o telefone alguns centímetros da minha orelha, mas ela não disse nada. Então, falei para preencher o vazio. "Nós tentamos ressuscitá-lo por quase uma hora, mas nossos esforços não tiveram sucesso."

Um grito abafado e horripilante pôde ser ouvido ao fundo. Por um tempo que não se pode quantificar, eu só ouvia gritos. Fechei os olhos e lutei contra a necessidade de gritar, para fugir dos pensamentos terríveis que transpassavam minha cabeça. *Eu falhei com ela. Eu falhei com sua família. O mundo é um lugar horrível. Suas crianças nunca vão conhecer o pai, e eu tenho responsabilidade nisso. A vida é uma merda.*

"Senhora Masterson", eu disse, pouco depois. "Eu quero que você saiba que Dan, senhora Masterson, está no Hospital Allen."

"Qual é o seu nome?", ela perguntou suavemente.

"Matthew McCarthy", eu disse. "Ele... o senhor Masterson está no Hospital Allen, que fica na rua 220. Não é o hospital da Rua 168."

"E você é o responsável?", ela disse mais alto. "Você é o responsável por isso?"

"Eu sou um dos médicos que tentaram revivê-lo, sim."

"Eu estou indo agora", ela disse, "eu estou indo encontrá-lo, doutor McCarthy." Ela desligou o telefone, e eu comecei a esperar.

41

Jang deu um tapinha nas minhas costas e sussurrou, "Bom trabalho", enquanto eu desligava o telefone e ficava relembrando a conversa em minha cabeça. Será que ela estava me ameaçando? Aquilo pareceu uma ameaça. O que ela ia fazer? Será que eu deveria me preocupar? Tentei bloquear suas palavras em minha cabeça. Eu tinha trabalho a fazer.

Eu me sentei em um computador, no centro da UTI, e me preparei para escrever um laudo de morte – um documento médico-legal que explicava o que havia acontecido a Dan Masterson e o que fizéramos a respeito disso –, mas eu não conseguia me concentrar, eu não queria reviver a ressuscitação fracassada.

Eu me afastei do computador e me inclinei para trás, na cadeira. O que eu ia dizer para Darby Masterson? E o que dizer da hepatite C? Será que eu deveria lhe contar sobre isso também? Quanta merda eu poderia jogar em cima de uma pessoa? Seu marido está morto, Darby, e, aliás, eu acho que ele tinha hepatite. Eu verifiquei meu *pager* e vi que, enquanto eu estava fazendo a ressuscitação cardiopulmonar, eu perdera quase uma dúzia de mensagens.

Enquanto eu lia as mensagens perdidas, eu lutava para voltar ao trabalho como se nada tivesse acontecido. Era isso o que eu precisava fazer. Aquela hora que eu passara com Dan Masterson fora uma hora em que eu não estivera pensando em meus outros pacientes criticamente doentes e, quando verifiquei meu *pager*, uma fila de enfermeiras havia se formado para me dizer o que estava acontecendo na unidade. O italiano havia contraído febre, e a vietnamita estava com muito dióxido de carbono no sangue. O oxigênio estava chegando aos seus pulmões, mas o dióxido de carbono não estava saindo, e essa disfunção logo faria com que seu sangue se tornasse perigosamente ácido.

Pulei da cadeira enquanto uma série de equações de gás no sangue transpassavam minha cabeça, como se o noticiário de emergência interrompesse a programação normal. Eu precisava ajustar tanto a frequência quanto a quantidade de ar que estava sendo entregue pelo ventilador mecânico – e precisava fazer isso rapidamente.

"Vá respirar um pouco", disse Jang, cruzando comigo, enquanto eu me aproximava do quarto da mulher. "Vá respirar."

Eu não tinha certeza sobre o porquê de ele ainda estar na UTI; ele tinha que ver pacientes em outras alas do hospital. "Eu estou bem", disse.

Ele sorriu e, gentilmente, colocou sua mão sobre o meu peito. "Eu sei que você está. Apenas descanse por cinco minutos. É por isso que estou aqui."

"Eu estou bem. Eu juro que estou bem."

Ele apontou para a saída. "Vá."

Com relutância, saí da unidade e fui buscar comida e um lugar para comer, e, então, notei que minhas axilas estavam encharcadas de suor. Havia manchas escuras nas minhas calças – presumivelmente sangue ou algum outro fluido corporal oriundo de Dan Masterson –, e eu ainda tinha mais umas doze horas de plantão e obstáculos imprevisíveis com as quais precisaria lidar antes de poder tomar um banho.

O que a senhora Masterson quis dizer com *Eu estou indo aí agora para te encontrar*? Enquanto eu ficava olhando para uma máquina de alimentos, vários minutos depois, minha mente vagava pelas centenas de familiares com os quais eu havia interagido, ao longo do ano. Eles eram tão imprevisíveis, tão diferentes. Fora com eles que eu ficara sabendo que Carl Gladstone era um fã dos Yankees, que o melhor amigo de Denise Lundquist era seu irmão. As famílias forneciam janelas valiosíssimas para as vidas dos pacientes, transformando histórias bidimensionais sobre dores peitorais em experiências tridimensionais, para que nós as dissecássemos e analisássemos conforme os dias passavam. Peter Lundquist nunca saiu do lado de Denise, chorando gentilmente, enquanto a observava dormir. Cada pergunta dele era antecedida por um *Eu não quero aborrecê-lo, doutor McCarthy, mas eu tenho uma pequena pergunta sobre Denise*. Então, ele fazia uma pergunta que não era uma pequena questão, algo como *Será que nós ainda conseguiremos ter filhos?* (Eles iriam ter filhos.)

As famílias, de algum modo, se tornavam nosso segundo conjunto de pacientes. Eles precisavam de tempo e atenção, e se você falhasse em fornecer isso, as coisas poderiam se deteriorar rapidamente. A medicina é complicada, e trata-se de uma habilidade conseguir simplificar as coisas de forma a não simplificá-las em demasia, para expressar em linguagem corrente o que, efetivamente, estava acontecendo dentro do corpo de uma pessoa. Fiz um esforço consciente para realizar isso, então, era irritante ver outros médicos usarem jargões médicos com as famílias. Apenas fale como uma pessoa normal, eu queria dizer. Finja que você não é um médico. Mas, para alguns, aquela simplicidade não era possível.

Meia hora depois, a gerente da enfermagem me mandou uma mensagem pelo *pager* dizendo que a parente responsável por Dan Masterson havia chegado e perguntara pelo meu nome, no atendimento. Passei pelo dr. Jang quanto voltei à UTI – ele estava sendo chamado na sala de emergência – e, quando sentei diante do computador e passei a esperar a chegada de Darby Masterson, a voz dela começou a ressoar continuamente na minha cabeça: *Eu estou indo até aí agora para encontrar você, doutor McCarthy. O responsável.*

E se ela estivesse armada? Não havia detector de metal na entrada do hospital, só um segurança sonolento. E, se ela usasse uma arma, será que seria culpada de alguma coisa? Não seria aquela coisa de calor do momento? *Um médico me disse que meu marido estava morto, Excelência, e eu fiquei temporariamente louca. Comecei a atirar e agora eu me ajoelho diante da misericórdia do júri.*

Quando Darby Masterson entrou na UTI, um trio de enfermeiras a encontrou junto à porta. Eu a olhei de soslaio à distância – a uns seis metros, do outro lado da unidade – e logo descobri que ela não era como eu havia imaginado. Ela era alta, com a pele bem pálida e tinha uma leve pancinha das mães que deram à luz recentemente. Cabelos negros longos iam até o meio de suas costas. Ela estava usando calças jeans, suéter azul-escuro e tênis cinzas. Ela não parecia uma mulher que estava para cometer um ato violento; ela parecia mais uma vítima, como de fato o era.

Enquanto as enfermeiras a guiavam até o quarto para onde o corpo de seu marido fora levado, nós não mantivemos contato visual. O quarto estava fechado com uma cortina, e as enfermeiras saíram para lhe dar privacidade. Eu olhei através da divisória, tentando imaginar o que estava acontecendo do outro lado e o que ia dizer para ela.

Não muito tempo depois de ela ter entrado no quarto, eu conseguia ouvir os choros e gemidos – os mesmos sons que ela fizera ao telefone quando lhe disse o que havia acontecido –, mas eles estavam um oitavo mais baixo, agora. Recuei alguns passos, como se a distância a mais pudesse lhe dar mais privacidade.

Conforme os minutos passavam, eu tentava me ocupar com outros trabalhos – ajustar os ventiladores mecânicos, escrever notas, dar ordens –, mas eu não conseguia me concentrar. Eu fiquei esperando que Darby Masterson saísse do quarto onde estava o corpo do marido, mas ela não o fez. Ouvindo seus soluços sem fim através da cortina, eu sabia que ela não era uma mulher que planejava me atacar; ela era uma viúva arrasada que estava lá para chorar. E ela merecia alguma explicação, mesmo se ela fosse incompleta. Eu precisava ir até lá; precisava falar com ela. Mas dada a quantidade de trabalho que havia diante de mim, aquilo não poderia esperar pela disponibilidade dela. Eu precisava lidar com isso logo.

Eu podia ver as enfermeiras me observando enquanto eu andava vagarosamente através da unidade até o quarto de Masterson. *Você precisa fazer isso.* Não havia como tergiversar. Parecia que eu estava para fazer algo muito ruim, como se meus passos vagarosos refletissem minha convulsão interna. Minha mente queria uma coisa – entrar no quarto –, mas meu corpo queria outra coisa. Quando eu estava a pouco mais de um metro da cortina, eu me anunciei e lhe perguntei se poderia entrar. Uma voz débil me disse que eu poderia.

Abri as cortinas e me deparei com Darby Masterson chorando ao lado do marido. "Me desculpe interrompê-la", eu disse, me aproximando gentilmente da cama, "mas acredito que você estava procurando por mim. Eu sou o doutor McCarthy". Ela se levantou e deu, momentaneamente, as costas para o corpo do marido. Ela passou as mãos pelos cabelos negros e veio até mim. Nós ficamos a alguns centímetros um do outro, dois estranhos inexplicavelmente aproximados pela catástrofe. Precisei de muita força para não sair correndo dali. "Eu sinto muito", disse.

Ela se precipitou em minha direção, e eu recuei brevemente, mas resolvi ficar onde estava. Não houve violência, é claro. A senhora Masterson lançou os braços ao meu redor e me abraçou. Fechei os olhos, enquanto sua bochecha molhada resvalava minha clavícula e nossos abdômens se tocavam levemente. Novamente, meus olhos ficaram tomados por lágrimas. "Eu só quero alguém aqui que saiba a respeito do meu marido", ela sussurrou. "Isso é tudo o que eu quero."

"Nós fizemos tudo o que pudemos. Nós ainda estamos tentando entender o que aconteceu. Eu sinto muito pela sua perda."

"Eu só quero alguém que saiba."

"Me conte... Me conte sobre ele."

Ela se sentou e chorou por vários minutos. Enxuguei meus olhos em minha roupa quando me sentei perto dela e fiquei tentando imaginar pelo que ela estava passando. Mas eu simplesmente não conseguia. Busquei um cobertor ou uma toalha para cobrir minhas calças, para esconder as marcas de sangue do marido dela. "Meu marido", ela disse, enquanto enxugava a ponta do nariz com um lenço, "eu o amava muito".

Acenei com a cabeça, ainda sem saber o que deveria dizer. "Como ele era?"

Darby sorriu através das lágrimas e olhou para o marido. "Ele era um cara estranho." Ela soltou um som que quase poderia ser descrito como um riso, e eu tentei acompanhar sua expressão facial. "Ele não era uma pessoa sociável, não era alguém com um monte de amigos. Ele era um cara excêntrico que me fazia rir. Não importa o tipo de dia que eu tivera, eu sabia que ele me faria rir quando eu chegasse em casa."

"Me parece um homem maravilhoso." Fiquei pensando sobre o tempo verbal que eu deveria usar. Será que era cruel usar o passado, ou era algo simplesmente preciso? "Eu o queria ter conhecido."

"Ele também podia ser temperamental", ela disse. "Ele se fechava em um quarto e ficava navegando na internet por horas. Ele, provavelmente, poderia fazer isso por dias a fio se eu não o interrompesse." Inclinei a cabeça e pensei em Dan lendo sobre a terapia do óxido nítrico, lendo testemunhos, pedindo o pacote, o escondendo e, de alguma forma, inalando tudo aquilo. Aquele cara engraçado e temperamental tinha um segredo, e eu ainda não tinha certeza se o meu trabalho envolvia revelá-lo. "Eu só não entendo", ela disse. "Como é que isso aconteceu?"

Olhei para ela e perguntei, "O que você sabe sobre os problemas de saúde do seu marido?".

Ela balançou a cabeça. "Ele era um homem com ótima saúde."

"E ele tomava alguma medicação?"

"Não que eu saiba. Talvez um multivitamínico ou algo assim."

Fiquei em silêncio e tentei buscar a sabedoria para lidar com isso de forma apropriada. Por um lado, ela merecia saber de tudo. Por outro lado, eu não havia visto a documentação de que ele, de fato, tinha hepatite C ou qualquer outra doença. Aquilo era algo que me fora dito por outro médico; algo que Dan Masterson disse sobre si mesmo, mas ele não chegou com nenhum histórico médico para prová-lo. E se ele não houvesse usado o óxido nítrico? E se ele não tivesse hepatite? "Seu marido perdeu a consciência pouco depois que ele chegou à nossa sala de emergência. Nós ainda não sabemos por quê, mas parece que ele estava fazendo uso da medicina alternativa para tratar uma doença. Uma infecção. Nós não pudemos fazer exames antes..."

Seu rosto ficou lívido. "Uma infecção?"

"Sim".

"Que infecção? Que medicina alternativa?" Ela balançou a cabeça. "Do que você está falando?"

"Ele mencionou algo para um médico da emergência a respeito de uma terapia com óxido nítrico."

"Óxido nítrico?" Ela endireitou as costas e olhou para o teto. "Para quê?"

Era isso. Darby Masterson merecia a verdade, mas eu não tinha certeza sobre qual era a verdade. "As pessoas tentam todos os tipos de coisas", eu disse. "Eu não consegui falar com o seu marido, e ele não chegou com o histórico médico, então, nós não temos certeza. Mas você vai precisar fazer um exame..."

Darby recuou. "Exame para quê?" Ambos olhamos para o cadáver, e eu ponderei minhas palavras. "Exame para quê, doutor McCarthy?"

Eu não sabia o que dizer. "Seria irresponsável da minha parte ficar especulando", eu disse, "mas seria irresponsável da nossa parte ignorar o que ele disse na sala de emergência".

"O que ele disse?" Seus olhos se estreitaram levemente, esperando pela minha resposta.

Pelo que entendi, a hepatite C geralmente era transmitida pela partilha de agulhas; eu não tinha certeza sobre se ela também poderia ser transmitida sexualmente. "Você precisará fazer exames para uma série de coisas, sobretudo para doenças virais. Eu realmente não consigo dizer muito mais do que isso. Não sem ter mais informações."

Ela se levantou, e eu a acompanhei nisso. Ao lado de seu marido, eu disse, "Eu vou fazer uma lista de coisas para as quais você precisa fazer exames. E se eu descobrir mais informações, lhe direi mais. Eu lhe prometo. Nós ainda estamos tentando descobrir o que aconteceu aqui, hoje à noite".

"Eu só estou muito confusa agora." Ela tomou a mão do marido em sua mão e acenou com a cabeça. Ambos enxugamos lágrimas de nossos olhos.

"Eu... eu só quero que você..."

"Você poderia me deixar mais um momento sozinha com ele?", ela perguntou. "Com o meu marido. Nós podemos falar sobre tudo isso mais tarde?"

"Claro." Eu me afastei vagarosamente dos Mastersons e contornei a cortina para sair do quarto.

42

Nós nunca descobrimos por que Dan Masterson morreu pouco depois de ter chegado à sala de emergência. Mas, antes de ela sair do hospital, entreguei para Darby Masterson uma lista de doenças para as quais ela precisaria fazer exames e também lhe dei o número do meu celular e lhe disse que me ligasse quando ela quisesse. Eu tinha uma ligação estranha com ela – eu não chamaria isso de vínculo – e me sentia vagamente responsável por assegurar que tudo sairia bem para ela. Eu sabia que me lembraria dos gritos horripilantes de Darby Masterson pelo resto da vida e suspeitava de que ela se lembraria de mim, da minha mensagem terrível, também por muito tempo.

O restante do meu período no Hospital Allen foi intenso até o fim. As noites eram exaustivas e difíceis – as lágrimas por Dan Masterson não foram as únicas que chorei naquele mês –, e aquelas quatro semanas na UTI foram uma parte crucial do meu desenvolvimento como um médico autônomo. Eu me senti como se houvesse assimilado conhecimento médico com habilidade técnica, empatia com tato, e, em algum lugar do caminho, talvez perto da segunda semana, eu finalmente parei de ouvir as vozes. Quando eu examinava meus pacientes, eu já não pensava em Don, Baio ou Ashley, porque eu não precisava mais. Eu sabia o que fazer quando encontrasse um novo paciente e não precisava ser lembrado a respeito disso. E se algo me deixasse perplexo, eu era capaz de buscar ajuda e encontrar a resposta. Finalmente, depois de quase um ano como aprendiz, eu me senti capaz de supervisionar outro médico menos experiente.

Ao fim do mês no Allen, recebi o contato do dr. Petrak – aquele com as sobrancelhas lituanas que uma vez havia dito que eu estava trabalhando sob um microscópio –, que me ligou para dizer que havia ficando sabendo sobre um diagnóstico inteligente que eu havia feito e queria celebrar aquilo tomando uma xícara de café. Ele estava se referindo ao italiano debilitado, aquele que tinha febres inexplicáveis que haviam confundido minha equipe por dias. Depois de repassar seu histórico médico, descobri que seu médico de primeiros socorros lhe havia prescrito, recentemente, uma nova medicação, e aquela droga, em vez de curar uma infecção, lhe havia trazido febre. Contei um pouco da história ao telefone – "Quando parei com a droga, as febres foram embora!" –, mas disse a Petrak que lhe explicaria o resto pessoalmente. Ele estava muito contente, e, sem que nada tivesse sido dito, eu sabia que o microscópio já não estava sobre mim.

•••◆•••

O ano como interno chegou ao fim em um dia pantanoso de junho, um dia que forçou Ali a vestir algo parecido com um short pela primeira vez no ano. Na viagem de metrô até o trabalho, ele parecia estar vestindo calças bávaras e pedia dinheiro para um grupo chamado *Meninos cuidando de crianças pequenas*, o qual, segundo seu cartão de negócios artesanal, procurava conectar jovens não privilegiados a *yuppies* privilegiadíssimos que precisavam de uma babá.

Era uma sensação estranha entrar no hospital principal naquela manhã final, sabendo que ela seria a minha última como um interno, a minha última com o benefício de um supervisor do segundo ano e a minha última como um cara que poderia ser forçado a uma ida ao Starbucks, antes do amanhecer. O ano como interno me consumira muito, e a minha preocupação com o que estava acontecendo no mundo gradualmente diminuía, enquanto eu me jogava mais profundamente no trabalho. (Eu só tinha uma vaga noção de que estávamos em meio a uma recessão global e de que coisas misteriosas, chamadas hipotecas subprime, eram responsáveis por ela.)

A medicina havia se tornado minha vida. Tudo o mais, tudo o que não era uma questão de vida ou morte, se tornara secundário. De algum modo, eu era como uma pichorra, o meu interior fora removido e substituído com algo novo – algo especial –, enquanto meu exterior havia se acostumado com as pancadas.

Esse ano de noites insones me havia feito sofrer. Eu tinha mais cabelos grisalhos, ganhara muitos quilos ao redor da cintura e, agora, tinha um queixo duplo. Meus olhos pareciam dois buracos em meu rosto, e eu havia desenvolvido uma característica perturbadora de cair no sono em meio a uma frase. Eu parecia um pouco o Axel quando o conheci.

Cenas daquele ano ficavam despontando, enquanto eu andava pelo hospital, naquela manhã brilhante de junho: fiquei sabendo que Carl Gladstone voltara para casa e já estava fazendo planos para o currículo do verão; joguei fora minha reserva de camisinhas depois que meu exame de HIV dera negativo; consumi mais Frostys do que era seguro para qualquer ser humano. Um dos pontos altos fora ficar sabendo que Peter e Denise Lundquist haviam saído do hospital juntos, de mãos dadas. A única coisa que faltava, é claro, era um coração para Benny.

Mais de uma vez eu fizera a comparação do *Mágico de Oz* em sua presença. Ele era o Homem de Lata, à procura de um coração, e eu era o espantalho, à procura de um cérebro. Ou ao menos à procura de um cérebro melhor. Mas, conforme o ano passava, eu havia deixado, em grande medida, de ver minha vida pelas lentes de uma câmera; eu havia deixado de ver o meu trabalho como um filme, um filme em que eu tinha o papel principal. Aquele não era o *Show de Truman*. Conforme fiquei mais confortável para desempenhar meu trabalho, me senti menos como um ator, menos como alguém que estava desempenhando seu papel. A medicina era um trabalho, e agora eu me sentia confortável em desempenhá-lo. Eu não precisava seguir um roteiro.

O ano terrível e inspirador em Columbia havia tornado meu cérebro repleto de todos os tipos de conhecimento – informações médicas, certamente, mas havia muito mais –, coisas que eu não conseguiria processar inteiramente por anos. Eu ainda estava tentando encontrar um equilíbrio razoável entre vida e trabalho, e através dessa luta, comecei a ver o meu trabalho como um novo membro da família, um meio-irmão imprevisível que eu adorava, mas que, ocasionalmente, eu não conseguia suportar.

Ao vestir meu jaleco branco naquele dia final de junho, pensei sobre algo que Baio havia dito bem no começo do ano. *Todo mundo entra em colapso.* Eu havia entrado em colapso? Possivelmente. Provavelmente. E então acontecia o quê? Ele e eu nunca discutimos sobre o que vinha depois disso. Eu, provavelmente, entrara em colapso muitas vezes, mas, agora, eu me sentia como se tivesse me recomposto, como se meus pedaços fossem postos no lugar, novamente, como eles tentaram fazer com Humpty Dumpty.[21] As rachaduras eram evidentes – elas sempre estariam ali –, mas eu estava inteiro de novo, apenas com uma iteração um pouco diferente. O *patchwork* havia sido feito por aqueles que me eram

21 Humpty Dumpty é uma personagem criada na Inglaterra para uma rima infantil da Mamãe Ganso. Ele é representado como um ovo antropomórfico ou personificado. (N. do T.)

próximos – meus colegas, minha família, meus amigos, meus conselheiros –, aqueles que queriam que eu tivesse sucesso. Acima de tudo, eu estava em um bom lugar, aliviado pelo fato de a privação de sono e a agonia mental não terem causado danos mais duradouros. Eu havia sobrevivido ao ano como interno em Columbia, e agora, quando eu dizia, "Coisas incríveis estão acontecendo aqui", eu realmente queria dizer isso.

Na maioria das vezes.

Apesar dos primeiros meses acidentados, havia sido a escolha certa deixar a cirurgia de lado, dizer adeus a Axel, a McCabe e ao Hospital Geral de Massachusetts e me mudar para Manhattan. Eu não estava destinado a suturar lacerações ou a remover vesículas biliares; eu estava destinado a fazer qualquer coisa que estivesse relacionado ao trabalho extraordinário que fazíamos em Columbia. O ano como interno me havia transformado de maneira fundamental – ele havia alterado a forma como eu via o mundo e a mim mesmo –, e era, inquestionavelmente, a maior curtição pela qual eu não queria passar de novo.

Agora, eu podia tomar decisões rápida e confiantemente, eu tinha mais tempo para estabelecer relações com meus pacientes, para ver as coisas a partir de suas perspectivas. Para explorar o que, de outra forma, poderia não ser dito durante uma breve visita ao hospital ou à minha clínica. E, depois de um ano de entrega à medicina, eu agora conseguia responder à pergunta de Diego com confiança: eu estava cuidando dos meus pacientes, não de mim.

Enquanto eu subia para a cafeteria do segundo andar, meus pensamentos se voltaram para outro lugar, para uma conversa que eu tivera com Petrak alguns dias antes, sobre a tempestade que estava se aproximando da educação superior. Educadores poderosos estavam, agora, defendendo a ideia de que a faculdade de Medicina poderia ser plausivelmente reduzida de quatro para três anos. Grosso modo, o argumento era que muito da medicina era aprendida no trabalho e que as dívidas da faculdade de Medicina estavam levando muitas das melhores cabeças para outros campos. Tratava-se de um tópico altamente questionável para mim, e eu sentia emoções contraditórias a esse respeito.

Aprendi muito pouca fisiologia ou farmacologia com Jim O'Connell, mas as lições de vida que aprendi com ele ficariam comigo pelo resto da minha carreira. Como é que se mede objetivamente o valor de algo assim? Será que eu teria tempo de andar pelas ruas de Boston com Jim se a faculdade de Medicina fosse compactada em três anos, em vez de quatro? Enquanto eu colocava algumas panquecas no meu prato no dia final, ouvi uma voz chamando o meu nome.

"Matisyahu!", disse Mark, vindo em minha direção. "Nós conseguimos!"

"Sim, nós conseguimos", respondi, com uma ponta de alívio e uma ponta de arrependimento. Fiquei imaginando as emoções que ele estava sentindo. Será que Mark estava extenuado? Se ele estava, o sorriso apatetado em seu rosto conseguia esconder isso muito bem. Eu realmente não sabia o que estava se passando dentro da cabeça dele. Ele e eu éramos colegas de trabalho, e isso era tudo. Nossas rotinas se imbricavam tão raramente que a maioria dos planos para tomar uma cerveja e nos conhecermos melhor era inevitavelmente cancelada. E, frequentemente, era mais por minha culpa do que por culpa dele.

"Você vai ao karaokê hoje à noite, Matty?"

"Claro." Naquela noite, os residentes sêniores iam cobrir os plantões noturnos dos internos; seria a primeira vez, desde aquele retiro de outono em Palisades, que todos os internos teriam uma noite livre juntos.

"O que você vai cantar no karaokê?", ele perguntou. "Eu vou cantar Cher e/ou Naughty by Nature." Franzi uma sobrancelha. Ele pôs uma mão na cintura e apontou um dedo indicador para mim. "*Eu sou safado por natureza, não por odiar você.*"

Mark claramente não estava vivenciando a mesma pontada de arrependimento que eu estava. Naquele momento, eu queria saber mais sobre ele. Mais sobre todos os meus colegas, de fato. Eu tivera conversas substantivas com tão poucos dentre eles. Será que Mark já havia chorado copiosamente? Será que ele já havia se picado com uma agulha cheia de sangue de um paciente? Será que ele já havia pensado em deixar a medicina? Eu não fazia ideia.

"Acho que vou cantar Journey", eu disse, enquanto saíamos do elevador. "Ou talvez algo da banda The Outfield." Ele encolheu os ombros; o nome da banda não lhe era conhecido. Talvez fosse uma escolha ruim para o karaokê. "Sabe, uma que vai bem é 'I Don't Wanna Lose Your Love Tonight'. Era a música que tinha passado por minha cabeça enquanto o Banderas me aconselhava após a picada de agulha, e era a canção que Heather e eu tocaríamos em nosso casamento.

"Hum."

"Eu também poderia cantar Goo Goo Dolls."

"Oh, por favor, não faça isso!"

"Talvez eu tenha que cantar essa", eu disse. "E*u vou pôr a culpa no saquê.*"

"Não ponha a culpa no sol nascente", Mark cantou com um falsete, "*não ponha a culpa na luz da lua... Apenas culpe o saquê*".

"Muito bem."

"Michael Jackson, 1978."

"Muito bem." Eu não conseguia me lembrar da última vez em que eu estivera na presença de um interno tão alegre. Talvez o ano tivesse sido mais duro para ele do que eu pensava. Ou talvez ele fosse um bufão que, de fato, amava diversão.

"Talvez o seu grupo de 'vagens' pudesse cantar Black Eyed Peas", ele disse. "Eu posso imaginar você como Fergie. Corset e os fishnets." Fiquei pensando em quanto saquê seria necessário para convencer Lalitha a ser will.i.am. "Para o *gran finale*, eu vou cantar Celine", ele disse, colocando a mão esquerda no meu antebraço. "*If I touch you like this.*" Ele pegou minha mão esquerda e a colocou em seu peito. "*And if you kiss me like that.*" . Tirei minha mão dali quando uma enfermeira olhou para nós.

“Você é maluco.”

“Eu sou, Matisyahu. Eu sou maluco! Vejo você à noite, velho.”

Nós comemos rapidamente e tomamos caminhos distintos. Eu estava terminando o ano no serviço geral de cardiologia, e Benny, um caso conflituoso de pneumonia, era um dos meus pacientes. Eu me dirigi ao seu quarto para verificá-lo, mas ele não estava lá. Diferentemente de Dre, no entanto, eu sabia que ele não podia ir muito longe.

Segui por um longo corredor e o encontrei em uma área comum, o que me chamou a atenção. Sentados em forma de ferradura, ao redor dele havia cinco homens e mulheres de meia-idade, acenando com a cabeça e tomando notas enquanto ele falava. Benny parecia um médico conduzindo discussões, e aqueles que o cercavam pareciam pacientes, ou familiares dos pacientes, presumivelmente lidando com problemas médicos similares. Alguns, provavelmente, estavam na lista de espera para transplantes.

“O ponto é que”, disse Benny, “a coisa não é fácil. E não é algo que vai ser curado rapidamente”. Ele estalou os dedos e uma mulher levantou a mão.

“Como você sabe se está retendo fluido? Eles me disseram para tomar uma dose extra de Lasix se eu comer carne com sal, mas, às vezes eu não consigo saber.”

“Boa pergunta”, disse Benny. “Eu me peso todos os dias. Se estou um pouco mais pesado, tomo uma dose extra...” Ele olhou para mim e deu uma interrompida.

“Eu vou voltar”, sussurrei. “Em trinta minutos?”

“Legal”, ele disse, sorrindo, enquanto se voltava para o grupo. “Onde é que eu estava?”

...◆...

Nós nos reencontramos em seu quarto tedioso e monocromático pouco depois, e eu me sentei na ponta da cama de Benny. A relativa calma do andar de cardiologia geral destoava das sirenes e alarmes com as quais nos havíamos acostumado, na UCC. “Será que eu deveria chamá-lo de professor?”, perguntei. “Ou doutor?” Eu sorri e lhe dei um tapinha nas costas.

“Só estou tentando retribuir aos demais.”

“Isso é formidável.”

“Então, é isso”, ele disse. “Último dia, certo? Você conseguiu.”

“Eu consegui. Foi uma loucura. Foi uma loucura incrível.”

“Estou orgulhoso de você, Matt.”

Pensei em lhe dizer algumas coisas que eu havia preparado vagamente. Algumas palavras que eu ruminara em minha cabeça por meses e que sintetizariam o que a presença de Benny, no hospital, havia significado para mim e para os demais. Eu queria falar para ele sobre sua reputação como a encarnação da coragem e paciência – um homem gentil que passava por coisas terríveis e raramente reclamava.

Eu queria dizer algo de que nós dois nos lembrássemos. Mas eu não disse. Em vez disso, repeti aquela frase que eu dizia para ele com tanta frequência – as palavras que eu dizia para incontáveis pacientes, colegas e, mais frequentemente, para mim mesmo: "Você vai sair dessa". Mas, aqui, aquilo significava algo diferente, algo bem mais pessoal. Eu não estava dizendo isso por dizer; eu estava dizendo isso porque eu precisava acreditar nisso. E queria que ele acreditasse. Eu havia acusado os outros de usarem máscaras, mas, nesse caso, era eu quem estava maquiando algo, tentando adornar uma situação difícil com um otimismo injustificado. Mas eu precisava dizer isso.

Eu me lembrei do dia em que eu topara com Baio junto à máquina de alimentos, no desenlace da minha picada de agulha, quando ele disse, "Você vai sair dessa". Aquelas palavras haviam significado algo para mim, naquele momento, mesmo depois de ele ter admitido que dizia aquilo para todo mundo. Sorri para Benny e peguei um dos seus CDs da Babyface. "Alguns de nós vamos ao karaokê hoje à noite. Talvez eu devesse cantar isso aqui. Um ritmo mais cadenciado."

Benny balançou a cabeça. "Essa eu pagaria para ver."

Ele se virou para a televisão e ficou trocando de canais metodicamente, e eu suspirei. "Oh, por favor, não coloque na *Juíza Judy*". Eu senti meu *pager* tocar. "Ouça", eu disse. "Eu preciso ir para as discussões. É a última como interno. Vou tentar não fazer feio por lá."

"Com certeza, nos veremos por aqui", ele disse, me estendendo o punho.

"Sem dúvida."

Saindo do quarto, olhei para uma casca de banana em sua lata de lixo e sorri. "Benny", eu disse, enquanto fechava a porta, "você, com certeza, vai sair dessa".

Epílogo

Poucas semanas depois, eu me vi de volta à UCC, em frente ao leito de Carl Gladstone, tentando fazer minha melhor imitação de Baio. Agora eu era um residente do segundo ano, e diante de mim havia quatro internos ansiosos e entusiasmados – uma nova equipe de "vagens" – esperando pelo início das discussões.

Eu passara as últimas semanas como interno dissecando meus esforços iniciais e chegara à conclusão de que, no início do ano, eu simplesmente não tinha a capacidade de imergir completamente nas realidades dos pacientes. Eu tinha estado tão ocupado tentando dominar a medicina – ouvindo com atenção um murmúrio ou uma respiração ofegante, em vez de uma mensagem de desespero – que eu perdera oportunidades cruciais para intervir nas vidas dos meus pacientes.

Na clínica de primeiros socorros, passei a maior parte do ano tentando garantir que meus pacientes recebessem as medicações corretas – às vezes, excedendo a quantidade apropriada em uns vinte comprimidos diferentes – e deixei de perguntar se aquilo era muita coisa. Eu falhei em notar uma sobrancelha franzida ou um olhar de aflição na cara daqueles a quem eu entregava duas dúzias de receitas médicas. Mas à medida que o ano se desenrolava, desenvolvi a habilidade de pensar além do diagnóstico, passando da ciência da medicina à arte da medicina. Descobri que ser um médico é muito mais do que pedir exames e prescrever remédios. E não há como ensinar isso. Simplesmente requer tempo e repetição.

Não houve uma cerimônia para marcar minha transição de interno para residente-supervisor; uma nova designação havia surgido um dia, com uma nova lista de pacientes e um novo de grupo de novatos exuberantes e despreocupados. Eu queria ver quanto eu poderia cobrar deles.

"Ok, Frank", eu disse, apontando para um afro-americano alto. "Uma garota negra de vinte e quatro anos é encontrada inconsciente em seu leito no hospital. Você é o primeiro a chegar. E agora?"

Frank apertou o estetoscópio antes de passar as mãos por seu novo jaleco branco. "Vinte e quatro, deixe eu ver... vinte e quatro... E você disse que é uma mulher, certo?"

"O tempo está passando, meu amigo. E você ainda não fez nada."

Enquanto meu interno ponderava o cenário, eu me voltei para o grupo. "Um sábio certa vez disse que, quando se chega a uma emergência, o primeiro pulso que você deve tomar é o seu." Eles tomaram nota daquela afirmação tão cheia de significado, e eu arrumei o estetoscópio ao redor do meu pescoço. "No ano passado", eu continuei, com um pouco mais do que uma pitada de arrogância, "meus residentes tinham uma tabela de pontuação. Havia uma coluna para as emergências, outra para as vidas salvas, e até mesmo uma para emergências anunciadas enquanto eles estavam no banheiro. Eu ainda estou esperando por...".

Uma voz vinda do intercomunicador a poucos metros da minha cabeça ressoou: EMERGÊNCIA, JARDIM SEIS SUL! EMERGÊNCIA, JARDIM SEIS SUL!

Uma escala rotativa havia predeterminado que, naquele dia, véspera do meu plantão de trinta horas na UCC, eu iria comandar qualquer emergência cardíaca que ocorresse em meio ao Centro Médico da Universidade de Columbia. Era um dia no qual eu vinha pensando havia meses. Anos, na verdade. Aquela seria a primeira emergência em que eu comandaria o show. Era a hora do show. Larguei minha lista de atividades e sai correndo.

"Boa sorte!", disse Frank, enquanto eu irrompia pelas portas da UCC. "Não faça merda!"

Eu ensaiara aquele momento em minha mente centenas de vezes. Eu pensava sobre isso em jantares com amigos, no metrô, em bares, aviões, na cama. Essa responsabilidade, mais do que qualquer outra parte do ofício de médico, era o que me consumia. As apostas não poderiam mais altas.

Corri pelo longo corredor e subi um lance de escadas, tentando me manter calmo. Ao menos um pouco calmo.

VRRC, VRRC.

O tempo se desacelerava, enquanto coisas relacionadas ao meu ano de interno passavam em câmera lenta. À minha esquerda estava o escritório de Dave, à minha direita a máquina de alimentos da qual eu havia abusado após a sessão inicial de feedbacks. Quando passei pelo elevador que a dra. Chanel e eu havíamos tomado após a minha picada de agulha, outros médicos se juntaram a mim na corrida até o Jardim Seis Sul: Ashley, Lalitha, Mark e Don. Outros os seguiam. Parecia uma cena de Pamplona, com a exceção de que nós é que estávamos fazendo a perseguição. Quando chegamos ao sexto andar, uma ajudante da enfermagem apontou para outro corredor e disse, "Catorze. Leito catorze."

Quando entrei na sala cheia de gente, a voz de Baio ressoou em minha cabeça: Você tem que assumir o comando da sala.

"Eu sou o Matt", disse vigorosamente, "e eu sou o residente da emergência". Essas foram palavras que eu dissera diante do espelho centenas de vezes, palavras que, eu esperava, fossem estabelecer minha autoridade. Uma dúzia de cabeças se voltaram para a minha direção, assim como eu havia imaginado, e eu me posicionei ao pé da cama. Quando olhei para o paciente à minha frente, uma mulher branca, inconsciente e de meia-idade, palavras vieram aos gritos em minha direção.

"Senhorita Cardiff, de quarenta e sete anos, com doença na artéria coronária..."

Um fluxo de frases continuou a chegar a mim como uma estrofe adicional de "We Didn't Start the Fire", de Billy Joel12.

"Hepatite C, em 1993."

"Açúcar no sangue, 103."

"Trombose profunda na veia, em 2006."

"Plaquetas, 170."

"Sem pulso."

Essas duas palavras foram um soco na minha cara. "Mark", eu disse, me dirigindo ao colega junto à cabeceira da cama, "as vias respiratórias estão liberadas?".

Ele levantou o polegar e disse, "Sim".

"Ela está respirando?", perguntei o mais calmamente possível.

Ele introduziu uma bolsa de oxigênio através da garganta da paciente e disse, "Não está respirando sozinha, mas eu a estou fazendo respirar."

Uma equipe de anestesistas chegou, um momento depois, e inseriu um tubo respiratório em sua traqueia. "Lalitha", eu disse, "ela tem um pulso?".

Minha colega "vagem" tocou a virilha da mulher. "Não."

"Don", eu disse, "por favor, comece as compressões peitorais". Don já havia começado a fazer compressões peitorais.

"Há muitas pessoas aqui", anunciou uma enfermeira que começou a retirar os estudantes dali.

Respirei fundo e disse à enfermeira que estava ao meu lado, "Por favor, me dê uma dose de epinefrina e uma de atropina." No momento seguinte, as medicações estavam ao meu lado e, um segundo depois, foram injetadas no braço pálido e magro da mulher. Fiquei observando enquanto Don continuava a quebrar suas costelas ao ritmo da batida dos Bee Gees, e os cardiodesfibriladores eram postos sobre o peito e as costas da mulher.

A paciente inconsciente era muito magra, como se fosse um esqueleto envolto por uma pequena camada de carne. Talvez ela tivesse uma doença crônica – câncer, tuberculose ou cirrose – que lhe drenasse o excesso de músculo e gordura. Mas não havia tempo para pensar sobre isso. Eu sabia que todos os olhares estavam fixados em mim. Alguém me entregou os resultados dos exames laboratoriais que haviam sido feitos com a paciente pela manhã. Estava tudo normal. "Nós temos um acesso central?", perguntei.

"Quase", disse Lalitha, brandindo uma grande agulha através da virilha da mulher. "Ok", ela disse, "consegui".

"Epi e atropina foram ministradas", disse a enfermeira.

Olhei para o monitor cardíaco. "Por favor, pare as compressões", eu disse, "e verifique o pulso".

Enquanto Lalitha tocava a virilha buscando um pulso femural, nós esperamos. E esperamos. Os olhos se voltaram vagarosamente para mim.

"Eu estou vendo um sinal!", uma voz próxima à porta gritou. "Nós temos um pulso!"

Lalitha olhou para mim e balançou a cabeça. Não há pulso.

"Definitivamente, há um pulso no monitor!", disse outra voz.

Elas estavam cometendo o mesmo erro que eu cometera um ano antes, na UCC. Um sinal no monitor não era a mesma coisa que um pulso. Na verdade, as duas coisas poderiam estar inteiramente não relacionadas, mas esse era um ponto sutil nem sempre percebido pelos médicos em treinamento. "Não", eu disse com firmeza. "Nós não temos um pulso. Reinicie as compressões peitorais."

Houve sussurros débeis ao redor – estudantes e residentes discutiam minha decisão – enquanto a equipe voltava a trabalhar. Mais epinefrina era ministrada no corpo da mulher, enquanto uma nova interna, chamada Claire, tentava, em vão, extrair sangue arterial do pulso da paciente, para que nós pudéssemos saber quão ácido havia se tornado o corpo sem vida. Ela reajustou a agulha várias vezes, tentando encontrar a pequena artéria, e sua testa ficava cada vez mais empapada. Claire sabia que todos ali, no quarto, estavam olhando para ela agora, vendo-a falhar seguidamente.

Ela se afastou do corpo, fechou os olhos e respirou fundo. Eu já passei por isso, eu quis dizer, vamos, prossiga. O pijama cirúrgico novo e verde de Claire agora tinha uma pequena mancha de suor em expansão sob cada axila. Um momento depois, ela fora substituída por Mark, que pegou a agulha de sua mão e imediatamente atingiu a artéria. A seringa rapidamente se encheu de sangue, e ele a enviou ao laboratório segundos depois, enquanto a interna estava ali, cabisbaixa.

Analisei o histórico médico da paciente em busca de pistas. Por que aquela mulher havia perdido o pulso subitamente? Nada me vinha à mente. E eu não tinha tempo para ler o histórico com profundidade. Eu sentia os olhos me fulminando e sabia que eles estavam esperando que eu tomasse uma decisão e que todos contavam comigo para saber o que fazer. Eu sentia a premência de dizer algo, de dar mais instruções, mas não havia nada a ser dito. Nós estávamos seguindo o protocolo, e as coisas não estavam funcionando.

"Por favor, pare as compressões", eu disse, um minuto depois, "e busque um pulso". O quarto ficou em silêncio, enquanto Lalitha explorava a virilha da mulher. Vários minutos haviam se passado desde que nós começáramos a ressuscitação e, como ocorria diante do caso de uma criança desaparecida, a esperança diminuía a cada momento. Cerrei os dentes, enquanto esperava pela voz de Lalitha. Duas dúzias de pessoas me observavam enquanto eu a observava.

Por favor, apareça, maldito pulso, apareça!

Eu me imaginei dizendo as palavras "Alguém se opõe a que paremos a ressuscitação?", enquanto eu esperava. E se alguém se opusesse, será que eu precisaria dar ouvidos? Será que precisaria ser unânime? Eu nunca vira alguém se opor. Certamente, seria uma ocasião infeliz para ser confrontado com isso...

"Nós temos um pulso", disse Lalitha, suavemente, "nós realmente temos um pulso".

"Nós temos um pulso", eu repeti. Alguém ouviu isso? Nós temos um pulso! "Nós precisamos medir a pressão sanguínea", eu disse calmamente, enquanto Don colocava o medidor azul ao redor do braço da mulher. "Nós precisamos da pressão", eu disse novamente.

"110 por 60", disse Don. "Ótimo!"

"Nós temos uma cama na UTI", uma voz lá atrás disse. Era Ashley. "Elas estão prontas. Vamos levá-la."

"Vamos levá-la", eu disse bem alto. "UTI. Agora. Lalitha, mantenha uma mão nesse pulso. Me diga se ela o perder."

Ela acenou com a cabeça. A multidão se dispersou e nós levamos a paciente em direção à UTI. Enquanto saíamos do quarto, vi Baio em um canto, assistindo aos eventos. Ele piscou para mim. Ao menos eu acho que ele piscou para mim.

Em meados de maio, os residentes do segundo e do terceiro anos e alguns membros da faculdade se reuniram para celebrar o fim do ano acadêmico. Era uma ocasião ébria, uma chance de se despedir dos residentes que estavam se graduando, tirar sarro do chefe dos residentes (eu fiz várias sugestões nesse sentido) e agradecer aos nossos professores. Nós também entregávamos prêmios. Alguns eram sérios – Provável Ganhador do Prêmio Nobel, Melhor em Emergência Cardíaca – e alguns eram de gozação – Uniforme Mais Bem-Apresentado e Mais Belo Casal. Enquanto o jantar era servido e se faziam os brindes, os rostos dos finalistas, em quem todos havíamos votado, apareciam em uma grande tela. Era uma noite muito divertida e também uma das poucas vezes em que nos socializávamos coletivamente. Era, talvez, a única vez em que víamos uns aos outros com coquetéis, e certamente a única em que veríamos o Fodão tomando um trago.

Era o fim do meu segundo ano de residência, e na minha mesa estavam Lalitha, Meghan, Ariel, Ashley, Heather e Mark. "Alguém quer mais coquetéis?", perguntei ao grupo.

Eu estava vestindo o único terno que tinha – aquele que eu usara na entrevista para a faculdade de Medicina e nas entrevistas para a residência – e o mesmo que eu sacara do guarda-roupa um mês antes para as entrevistas da minha bolsa de estudos sobre doenças infecciosas. Eu havia considerado brevemente a ideia de me tornar um médico de atendimentos emergenciais, responsável por comandar uma UTI, mas eu ficava voltando àqueles momentos no nono andar do hospital, com a Dre, a dra.

Chanel e a picada de agulha. Eu havia visto o mundo da medicina relacionada ao HIV e tivera um pequeno insight sobre aquilo com que aqueles homens e mulheres estavam lidando, e eu queria mais. Eu também queria entender por que as bactérias e os fungos estavam devastando o corpo de Benny, atacando seus pulmões, seu fígado e seus seios nasais. "Coquetéis?", perguntei novamente.

"A mesa educadamente declina de sua proposta", disse Ariel, bebendo um pouco de Chardonnay.

Era emocionante ver minhas colegas "vagens" maquiadas e de vestido, e eu estava começando a ficar um pouco bêbado; ao menos uma vez, nós parecíamos as personagens da revista Us Weekly. Eles eram a razão pela qual eu havia sobrevivido ao trabalho duro da residência, mas eu não entenderia tudo aquilo até que me separasse deles e começasse a praticar a medicina sozinho, como um médico atendente de um outro hospital, em uma parte diferente de Manhattan.

Além de estar levemente bêbado, senti um toque de melancolia, enquanto olhava para a sala ornamentada e repleta de painéis. Havia tantas pessoas com as quais eu nem chegara a trabalhar e sequer conhecera. Todas elas pareciam muito mais felizes agora, fora do hospital. Olhando ao redor, me dei conta de que eu nunca conhecera o dr. Sothscott, depois daquele telefonema fatídico, na UCC, há tantos meses. Será que eu ouvira seu nome errado? Eu nunca o encontrei no diretório do hospital. Será que alguém usara um pseudônimo para me fustigar livremente? Eu olhei para a multidão e parei no Mark, que, cordialmente, apontava o indicador em minha direção.

"Acrediteee", ele cantava para a nossa mesa, "quando eu digo... que eu... quero que seja assim!".

Eu estava olhando para baixo, já curtindo uma ressaca tempestuosa e pensando em ir ao banheiro quando Heather tocou no meu cotovelo e sorriu.

"Estou bem", eu disse.

Ela apontou para a tela e me cutucou; meu rosto acabara de aparecer como um dos cinco finalistas para o Melhor na Emergência Cardíaca.

Uma onda de orgulho me transpassou. Eu trabalhara duro para mostrar que conseguia comandar calmamente uma sala caótica, não apenas para parecer calmo, mas para que, de fato, me sentisse calmo. Para esmagar a sensação de ai-que-merda-está-acontecendo quando uma emergência fosse chamada, e agir como se trazer alguém de volta à vida fosse uma parte rotineira do meu dia. Mas saber que outros médicos haviam votado em mim era particularmente especial. "É uma honra", eu disse, sem que houvesse um interlocutor em particular, "apenas ser nomeado já é uma honra". Era para que as palavras parecessem uma brincadeira, mas eu realmente queria dizer aquilo.

Meghan colocou o indicador na boca e fingiu ficar sufocada. Quando o rosto de Baio apareceu na tela como um dos outros finalistas, olhei para ele, mas Baio estava no meio de uma conversa com as sobrancelhas lituanas. E ao lado deles estava Banderas. Será que Banderas estava usando uma blusa?

Um residente chefe leu nossos nomes e, então, afunilou os finalistas em dois competidores finais: Baio e eu. Olhei para ele novamente, mas ele ainda não estava prestando atenção à cerimônia. Mas como é que ele não estava prestando atenção àquilo? Eu estava ansioso e empolgado, provavelmente mais nervoso agora do que durante uma emergência cardíaca efetiva. Eu também estava confuso e com medo. Como é que meu nome havia sido mencionado ao mesmo tempo que o de Baio? "O que a América vai decidir?", eu disse, em voz baixa, enquanto pegava meu prato de entrada. "É como se fosse o People's Choice Awards."

"E o melhor em emergência cardíaca é...", anunciou o chefe da residência, "Matt McCarthy".

De todas as coisas que passaram pela minha cabeça, naquele momento, meu primeiro pensamento foi sobre spaghetti cru – a sensação que eu havia vivenciado quando fiz, pela primeira vez, uma ressuscitação cardiopulmonar em uma mulher de noventa e cinco anos, na UCC, no turno da minha primeira noite. Era inconcebível que os médicos da Universidade de Columbia achassem que eu merecia esse prêmio mais do que Baio, o homem que me havia ensinado a fazer uma ressuscitação cardiopulmonar. O cara que me havia ensinado praticamente tudo o que eu sabia. Ele era o melhor médico com o qual eu havia trabalhado, alguém que, aparentemente, sabia como lidar com qualquer situação. Se eu tivesse uma questão médica, eu recorreria a ele. Se alguém chegasse morto à sala de emergência, eu quereria que ele conduzisse a ressuscitação.

Heather me deu um beijo no rosto e sussurrou, "Parabéns!", enquanto Lalitha, Meghan e Ariel me cumprimentaram.

"Senhoritas", eu disse, tentando esconder o meu leve embaraço, "se alguma de vocês quiser um tutorial avançado sobre a arte da ressuscitação cardíaca, nós podemos marcar aulas particulares. Vocês verão que meus índices são páreos para os...".

"Ora, ora!", disse Lalitha. "Por favor, pare. Nada de discurso da vitória."

"Cala a boca", disse Heather.

Talvez eu tivesse evoluído; talvez eu fosse melhor do que Baio. A curva de aprendizagem era íngreme, e talvez eu mal o tivesse ultrapassado. Olhei ao redor da sala para saborear o momento, para ouvir as saudações dos meus colegas. O dr. Petrak me deu um joia, e Mark estava assoviando de forma selvagem com os dedos. Eu sorri, beijei Heather e fiz uma banana para o Mark. Respirando profundamente em meio à ressaca profunda – uma respirada que poderia me tirar da bebedeira e me levar à intoxicação –, senti alguém chegando atrás de mim, apertando meu pescoço e sussurrando, "De nada".

Um ano depois, quando eu estava para me graduar no programa de treinamento de residência da Universidade de Columbia, aquilo aconteceu. Eu estava na sala de conferências – a mesma sala onde Dave havia mostrado a maneira correta de se realizar uma flebotomia, depois da minha picada de agulha –, e senti meu *pager* vibrar. Diante de mim estava um jovem estudante de Medicina promissor, chamado Christopher, que eu estava supervisionando como Baio fizera comigo. Eu havia superado completamente a urgência paranoica e a trepidação do ano de interno, e agora estava vestido casualmente – calças cáquis e camisa de botões –, porque eu estava na equipe de pesquisa, e Petrak havia me pedido para passar meus momentos livres ensinando os estudantes de Medicina. "Uma mulher de quarenta e sete anos é encontrada inconsciente", eu disse, me lembrando da primeira emergência que eu comandara. "E aí?"

"Ok, ok", disse Christopher, passando a mão por seus cabelos crespos e negros. "Ok, o que mais?"

"É isso."

Olhando para aquele rapaz, pensei em todas as experiências que ele ainda estava por vivenciar: as emergências, as lágrimas, a dor, a alegria, o êxtase. O estranho encantamento da medicina. Eu também não conseguia deixar de me lembrar de tudo o que eu havia visto e feito nos três anos de Columbia. Excepcionalmente, eu havia usado o botão de responder a todos uma única vez durante a residência, depois do nosso jantar de premiação tresloucado, quando escrevi, "Heather está grávida. Estou brincando", e compartilhei com eles um link para uma canção da Semana do Vampiro chamada "I Think Ur A Contra" [eu acho que você é um rebelde].

Meu *pager* tocou novamente. Parei o jogo de perguntas e respostas com Christopher e olhei para as quatro palavras na pequena tela do meu *pager*: ELE CONSEGUIU O CORAÇÃO.

"Meu Deus", eu disse. "Vamos lá". Peguei Christopher pela manga da camisa e o levei comigo para fora do quarto. "Meu Deus, vamos!"

Descendo um lance de escadas em direção à UTI cardíaca, Christopher deve ter pensado que estávamos indo para uma emergência cardíaca real. Eu quase colidi com um casal de judeus ortodoxos e comecei a observar os leitos da unidade rapidamente. Não, não, não é ele, não é ele, não, não, SIM!

A mensagem não tinha remetente, mas muitos médicos sabiam que eu tinha uma relação próxima com Benny e que eu queria ser avisado sobre qualquer coisa que acontecesse com ele, boa ou ruim. Fiquei ao lado da equipe de cirurgiões e anestesistas que estava em frente a seu quarto. Benny estava ligado a um ventilador e uma dúzia de tubos em seus braços, como eu o havia visto muitas vezes antes. Enquanto nos aproximávamos, um interno da cirurgia estava apresentando seu caso a uma equipe de médicos de transplante, "homem de... anos, transplante pós-cardíaco com o dia pós-operatório em status zero. Correntemente sedado e estabilizado...".

"Vocês conhecem a história desse paciente?", perguntei, me colocando em meio a eles para me dirigir à equipe médica. "Vocês sabem algo sobre esse Benny Santos?"

Como Darby Masterson, eu só queria que alguém soubesse. Qualquer um. Os jovens médicos olharam para mim inexpressivamente, piscando com rapidez, antes de consultar suas listas de atividades. Mas não havia nada em seus papéis que indicasse quão especial era Benny. Para eles, Benny provavelmente era mais um paciente transplantado. Meus olhos topavam com olhares em branco. Nós ficamos em silêncio até que soltei um grito de alegria. "Ele conseguiu a porra do coração!"

Um dos cirurgiões franziu a sobrancelha. "Você é do trabalho social?"

Coloquei luvas e o pijama cirúrgico e me preparei para entrar no quarto de Benny. "Não", eu disse, lhe devolvendo um sorriso "Eu não sou do trabalho social."

"Terapeuta de respiração?", outro perguntou.

Sem o pijama cirúrgico e o jaleco branco, eu não parecia, de fato, um médico. Era apenas um cara entusiasmado e lunático, que não se importava em interromper as discussões deles. Acenei para Benny e disse, "eu conheço esse cara há bastante tempo". Eu ia continuar a falar, ia contar uma piada que dava uma ideia da vida desse homem notável, mas me contive. Como é que eu poderia explicar aquilo pelo que Benny havia passado ou o que aquela luta significava para mim? Eu dei as costas para a equipe de médicos e uns passos para perto dele – seu corpo estava mais uma vez ligado ao ventilador respiratório, mas, dessa vez, finalmente, com um novo coração, e então eu sorri. As histórias poderiam esperar. "Cuidem bem desse cara", eu disse suavemente. "Eu não sou mais o seu médico. Agora... sou apenas um amigo."

Peguei um controle remoto que estava no criado-mudo, ao lado da cama de Benny, liguei a televisão e comecei a zapear pelos canais até que encontrei o programa Judge Judy.

Agradecimentos

Este livro existe por causa de uma pessoa: meu editor, Kevin Doughten. Um cara formidável.

Heather, minha querida, você suportou muitos momentos em que, ao olhar para os seus olhos, meus pensamentos estavam a quilômetros de distância, revivendo uma emergência cardíaca. Você é a melhor pessoa que eu conheço, e cada dia em que acordo ao seu lado é um bom dia.

Os agradecimentos não estariam completos sem dizer obrigado à minha família: à minha mãe, Belinda, que me apresentou aos Talking Heads; ao meu pai, Bernie, que ainda mantém a esperança de que eu me torne um dermatologista; e à minha irmã, Megan. *Who loves you, baby?*[22]

Eu tenho muita sorte de estar cercado por um grupo de amigos muito talentosos – Rach, Charlie, Bem e John – e por pessoas capazes, que trabalharam duro para que esse livro viesse à tona: Claire Porter, Lauren Kuhn, Danielle Crabtree, Jessica Miele e Sarah Kwak, para mencionar apenas alguns. Scott Waxman, ótimo agente e amigo, muito obrigado pelo apoio e encorajamento contínuos.

Também quero agradecer aos homens e mulheres que trabalharam comigo em Columbia, tornando o mundo um lugar melhor e mais digno. E, aos pacientes que confiaram em nós, muito obrigado

22 O autor pode ter feito menção à canção homônima de Frankie Vallie, cantor norte-americano, vocalista da banda The Four Seasons. (N. do T.)